KB123384

의사소통을 위한

생활한자

의사소통을 위한

생활한자

안기수 지음

보고사
BOGOSA

머리말

외래어가 난무하는 21세기에도 한자는 우리의 일상생활에서 의사소통의 중요한 도구가 되고 있다. 우리 국어의 70% 이상이 한자어라는 사실에서 증명해준다. 비록 글쓰기에서 표기방법이 한글일지라도 그 의미는 한자를 알지 못하면 중요한 의미 파악이 되지 않는다. 뜻글자를 빌어다가 소리글자의 한글에 사용하다 보니 이러한 문제는 어찌 보면 당연한 일이다.

전문적인 학술용어나 깊이 있는 글쓰기가 아닌 일상생활 언어임에도 이러한 현상이 빈번한 것은 결국 일상생활에서 원활하고 품위 있고 교양 있는 의사소통을 위해서도 한자어를 이해해야 하겠고, 생활한자를 학습해 두어야 하겠다. 특히 대학생들이 꼭 익혀서 배워야 전공서적을 이해하는 것은 물론 사회에 나가서 구성원들과의 원활한 의사소통을 위해서도 생활한자를 익혀야 할 것이다. 한자의 올바른 이해가 우리 언어의 올바른 이해로 직결된다고 하겠다.

한자를 공부한다는 것은 우리 문화의 근원을 이해하는 것이며, 나아가 동양문화를 이해하는 것이기도 하다. 동양문화의 유일한 원천이 되어있는 한자는 하루아침에 생성 발전된 것이 아니며, 수천 년 유구한 역사 동안 찬란한 문화를 꽃피운 언어이기에 우리는 한자을 연구하고 이해할 필요가 절대적으로 필요한 것이다. 이에 한자의 올바른 이해를 위하여 기초적인 것부터 익혀둘 필요가 있다.

이러한 한자공부의 필요성을 인식하면서 이 책을 엮었다. 특히 기초적인 한자의 이해와 기초 한문의 이해, 일상생활을 하는 데 있어서 필수적으로 익혀두어야할 생활한자를 다양하게 분류해 보았다. 뿐만 아니라, 생활한자를 활용하는 데 중요한 어휘들에 활용되고 있는 사자성어나 고사성어를 스스로 쓰면서 익힐 수 있도록 배려하였다.

아무쪼록 이 책을 통하여 의사소통에 도움이 되는 생활한자를 체계적으로 배우고자 하는 학생들에게 길잡이가 되었으면 한다. 무더운 여름에 별다른 이득 없이 흔쾌히 이 책을 만들어 주신 출판사의 김흥국 사장님께도 감사를 드린다.

2024년 6월 화정관 연구실에서
저자 씀.

차 례

I

한자의 이해

1. 한자와 한자어

1) 한자의 기원

漢字의 起源에 대해서는 定說이 없다. 伏羲氏가 八卦를 만든 것으로부터 由來되었다거나 혹은 神農氏가 새끼줄의 매듭을 지어 意思를 전달했다는 結繩文字에서 由來되었다고 보는 이도 있다. 그런가 하면 지금으로부터 5,000年 전에 黃帝의 신하로서 史官 벼슬에 있던 蒼頡이란 이가 새 발자국을 보고 지은 象形文字로부터 시작되었을 것으로 보는 사람도 있다. 모두가 그 근거가 확실하지 않은 전설에 불과하다. 근년에 殷墟에서 발굴된 甲骨文字를 漢字의 시초로 보기도 하였는데, 이에 대해서도 최근에 甲骨文字의 권위인 董作賓에 의하여 漢字의 발생은 甲骨文字보다도 약 1천 5백 년쯤 앞선 것으로 추정된다.

2) 한자의 전래

우리나라에 漢字가 들어온 것이 어느 때인지 확실하지는 않으나, 여러 정황을 종합해 보면, 지금으로부터 2천 년 전에 이미 전래되었을 것으로 추측된다. 樂浪文化의 유적에서 漢字를 발견한 것으로 미루어 볼 때, 三國時代 이전에 漢字가 傳來된 것임은 의심할 여지가 없다. 『三國史記』에 따르면 高句麗 小獸林王 2年(西紀 372年)에 大學을 설치한 것으로 보아 高句麗에서는 4世紀 후기에 학교 교육을 통하여 널리 漢文 보급에 힘썼음을 알 수 있으며, 百濟 또한 近肖古王代(西紀 346~375年)에 高興이 書記를 지었다는 기록이 있다. 이러한 국내 기록보다 더 이른 것으로 日本 측 기록에는 古爾王 52年(西紀 285年)에 이미 博士 王仁이 論語와 千字文을 日本에 전해 주었다는 기록이 있다. 新羅에서도 眞興王 6年(西紀 545年)에 居漆

夫가 國史를 지은 史實이 있는 것으로 보아서 三國 어디에서나 5세기경에는 널리 漢字를 사용하고 있었던 것이다.

3) 한자의 形·音·義의 이해

주지하다시피, 漢字는 모양[形]·소리[音]·뜻[義]의 세 요소로 구성되어 있다. 表音文字의 경우라면 하나의 單語에서나 볼 수 있는 構成要素가 漢字에서는 하나의 글자로 結合되어 있다. 즉, 하나의 形象이 동시에 한 單語의 發音과 한 單語의 意味를 나타내도록 되어 있다는 말이다. 그래서 漢字를 가리켜「單語文字」라고 일컫게도 된 것이다. 한자 학습은 그러므로 形·音·義를 동시에 有機的으로 알아 나가야 한다. 아래에서 漢字學習의 요령 터득에 주안을 두고 구체적인 字例를 통하여 形·音·義에 대해 살펴보기로 하자.

① 漢字 構造의 理解

한자는 본래 字形의 視覺的 呼訴에 의해 意味를 表達하도록 만들어진 문자다. 따라서 字形 構造에 대한 이해는 意味 이해의 기초가 된다.

㉮ 六書에 대하여

한자의 字形 構造는「六書」를 떠나서 생각할 수 없다. 六書는 한자의 造字 때부터 있었던 演繹的 規定이 아니고 일정하게 축적된 한자들에서 歸納된 原理다. 따라서, 개별 글자들의 여섯 範疇에의 分屬에는 견해에 따라 出入이 있으나 漢字 理解의 기초적 안목임에는 틀림없다. 六書라고 하지만 字形 構造에 관계되는 것으로는 象形·指事·會意·形聲 넷에 한하고, 나머지 轉注와 假借는 글자의 運用 原理다.

ㄱ. 象形 : 物體의 形象을 正面·側面 등 적절한 視點에서 본뜬 造字法이다. 象形字는 처음에는 물체의 본래 형상에 접근된 것이었으나, 시간의 경과에 따른 大衆

因襲으로 말미암아 그 字形이 점차 변형되어서 마침내 原物體와 거리가 멀어지게 되었다. 가령 오늘날 「日·月」字의 어디에서도 해·달의 모양을 찾을 수 없으나 당초에는 해와 달의 모형과 유사했음을 잘 알고 있다. 아래의 象形字들도 이에 준해서 이해할 일이다. 전체 한자의 약 2.5% 정도다.

山·水·川·泉·雨·火·人·女·耳·目·口·手·首·心·鳥·烏·燕·羽·虫·魚· 龜·貝·牛·羊·犬·馬·虎·象·鹿·兎·鼠·角·肉·竹·瓜·艸·木·禾·米·衣· 巾·糸·門·戶·田·土·瓦·井·鼎·豆·皿·壺·弓·刀·矛·戈·車·舟·臼·冊· 果·谷·石·州·兒·眉…….

ㄴ. 指事 : 본뜰 수 있는 形體가 없는 事象을 일정한 符號로써 지시한 造字法이다. 이 부호에는 구체적인 物象을 본뜬 象形的인 것이 많이 동원되어 있으나, 이 경우 상형적인 부호는 물체의 모양 그 자체를 나타내려는 것이 아니라 그 물체의 모양을 매개로 그와는 다른 어떤 事象을 나타내려는 象徵的인 道具에 불과하다. 이에 대한 見解差로 個別字의 分屬에 있어 象形과 出入이 심하다. 그 字數는 전체 한자의 약 0.5% 정도에 불과하다.

一·二·三·上·下·入·出·大·生·飛·凶·本·末·中·立·旦·叉·寸·尺·父· 母·子·夫·引·之·不·曰…….

이 象形과 指事는 한자 형성의 원초적 단계로서, 여기에 속하는 글자들은 그 構造의 성격이 대체로 단일한 單體字다. 따라서 會意·形聲의 複體字 構造의 元素 기능을 한다. 字典의 部首를 이루고 있는 글자들이 모두 여기에 속한다.

ㄷ. 會意 : 두 글자 이상을 합쳐서 다른 새 글자를 만들되 뜻과 뜻의 暗示的 結合에 의해 제3의 다른 뜻을 나타낸 造字法이다. 예를 들면 「武」자는 「止(그치다) + 戈(창 → 전쟁)」로 이루어졌는데, 여기에서 우리는 전쟁을 그치게 할 수 있는 어떤 힘을 가지고 바로 「武威」라는 개념을 나타내려고 했음을 알 수 있다. 한편,

이 「武」자에 대해서는 「止(발→나아가다) + 戈(창)」로 이루어졌다고 보아 창을 꼬나쥐고 전진하는 행동을 가지고 武力이나 武功을 표시하는 것으로 보는 학자도 있다. 또 「信」자는 「人(사람) + 言(말)」으로 이루었는데, 사람이 자기가 한 번 한 말을 꼭 실현하려는 그런 성질의 事爲를 가지고 바로 「믿다·믿음」의 개념을 가리키려 했음을 알 수 있다. 그 字數는 전체 한자의 약 3% 정도가 된다.

林 [木+木 → 여러 그루의 나무 → 숲]
竝 [立+立 → 땅 위에 서 있는 두 사람 → 나란히]
友 [두 손(又)의 포갬 → 벗]
炎 [火+火 → 불길]
北 [두 사람(人)이 등짐 → 陽을 등짐 → 북쪽]
比 [두 사람(人)이 나란함 → 비교]
步 [止(발)+止 → 좌우의 발이 앞뒤로 교대 → 걷다]
仁 [人+二 → 두 사람이 서로 친함 → 仁]
伐 [人+戈(창) → 치다]
伏 [人+犬 → 사람 곁에 개가 엎드려 外人을 살핌 → 엎드리다]
休 [人+木 → 사람이 나무에 기대어 그늘 아래서 쉼 → 쉬다]
亡 [ㄴ+入 → 숨을 곳(ㄴ)을 찾아 들어가다 → 도망하다]
光 [火+人 → 사람이 불을 들고 있음 → 밝다]
先 [之(발)+人 → 발을 사람에 앞세움 → 앞서다. 먼저]
及 [人+又(손) → 앞에 가는 사람을 뒤로 가는 사람이 손으로 닿아 잡음 → 미치다]
古 [十+口 → 어떤 일을 입으로 전해 내려옴이 열에 이르다 → 옛]
否 [不+口 → 그렇지 않다(不)고 말함(口) → 부정]
鳴 [鳥+口 → 새가 지저귀다 → 울다]
集 [隹(새)+木 → 새들이 나무 위에 모이다 → 모이다]
囚 [口+人 → 사람이 사방을 둘러친 경계 안에 갇히다]
國 [戈(창)+口(사람의 입 백성) +一(領土를 상징) +囗(사방의 경계) → 나라]
解 [刀+牛+角 → 칼로 소의 뿔을 가르다 → 풀다]

ㄹ. 形聲 : 두 글자 이상을 합해서 다른 새 글자를 만들되 그 중 어떤 글자는 뜻을 나타내는 表意符로서, 다른 어떤 글자는 音을 나타내는 表音符로서 취해와 만든 造字法이다. 예를 들면, 「花」자에서 「艸」자는 뜻을. 「化」자는 음을 나타내도록 만든 방법이다. 表意符가 뜻을 나타낸다고 하나 구체적이지는 못하고 그 本義의 대체적인 방향만 암시할 뿐이다. 그리고 「江」·「河」등의 글자에서 보듯이 오랜 音韻變遷으로 形聲에 의해 만들어진 글자의 音價와 여기에 사용된 表音符 單獨字로서의 음가 사이에 일치하지 않는 경우가 허다한 점에도 특히 유의할 일이다. 한자의 90% 좌우를 이 形聲字가 차지하고 있다.

村[木, 寸]·時[日, 寺]·伴[人, 半]   → (左形右聲)
鳩[九, 鳥]·郡[君, 邑]·雅[牙, 隹]·剛[岡, 刀]   → (右形左聲)
莊[艸, 壯]·霜[雨, 相]·箋[竹, 戔]·定[宀, 正]   → (上形下聲)
驚[敬, 馬]·烈[列, 火]·吾[五, 口]·摩[麻, 手]   → (下形上聲)
閭[門, 呂]·術[行, 朮]·裵[衣, 非]·固[口, 古]   → (外形內聲)
聞[耳, 門]·問[口, 門]·吝[口, 文]·衡[角+大, 行]   → (內形外聲)

위의 會意와 形聲은 한자 형성의 二次的 단계로서, 여기에 속하는 글자들은 기존 글자들이 합쳐져 만들어졌다는 점에서 複體字로서의 구조상 공통성을 지닌다. 그런데 造字 원리상으로도 會意·形聲 두 가지를 兼有하고 있는 글자가 많아 個別字의 分屬에 있어 역시 상당한 出入이 있다. 가령 「佳」字의 「圭」는 形聲의 表音符이면서 동시에 「옥(圭)같이 곱다」는 뜻을 가지고 있다. 「供」字의 「共」도 표음부이면서 본래는 「두 손을 모아 윗사람에게 물건을 바친다」는 뜻을 가지고 있기도 한 것과 같은 경우들이다.

六書 中 나머지 두 가지 轉注·假借는 특히 글자의 意味의 이해에 관련되므로 뒤에서 살펴보기로 한다.

위의 네 가지 造字原理는 한자의 字形 構造에 대해 분석적인 접근의 길을 열어 줌으로써 한자의 意味, 특히 그 原初的 本義의 파악에 막대한 기여를 함에는 틀림없다. 그러나 學習실제에 있어서는 다음과 같은 한계를 가지고 있기도 하다. 첫째, 現行 楷書體 字形이 造字 原初의 字形, 특히 象形·指事字의 字形에서 너무나 먼 거리에 있다는 점. 둘째 字形에 의한 의미 파악에 있어 다분히 語源的 本義에만 국한되는 점. 셋째 形聲字 表音符 音價의 非一貫性. 넷째 個別字의 당초 소속의 模糊性이 그것이다. 이러한 한계에도 불구하고 六書는 한자 이해의 길잡이로서의 效能性이 결코 부정되는 것은 아니다.

㉴ 形似字의 辨別

한자에는 字形이 비슷하여 混同할 가능성이 높은 글자들이 많다. 아래에 字形에 있어 비슷한 글자들을 用例를 붙여 제시한다.

干 간(방패)	~涉, 若~	己 기(몸)	~出, 自~
于 우(어조사)	~今, ~勒	已 이(이미)	~往, 不得~
千 천(일천)	~里, 萬~	巳 사(뱀)	~時, 辰~
日 일(날)	~新, 生~	斤 근(낱근)	~量, ~重
曰 왈(가로)	子~	斥 척(물리칠)	~邪, ~逐
未 미(아닐)	~完, ~詳	延 연(뻗칠)	~期, 遲~
末 말(끝)	~端, 月~	廷 정(조정)	朝~, 法~
戊 무(천간)	~子	切 절(끊을)	~開, 懇~
戍 수(수자리)	~樓, 衛~	功 공(공)	~過, 成~
戌 술(개)	~時, 甲~	巧 교(공교할)	~妙, 技~
旦 단(아침)	元~, ~暮	汗 한(땀)	~蒸, ~顔
且 차(또)	~置, 苟~	汚 오(더러울)	~點, 貪~
亘 긍(뻗칠)	~하여	朽 후(썩을)	不~
住 주(살)	~所, 永~	冒 모(무릅쓸)	~險, ~瀆
佳 가(아름다울)	~景, 絶~	胃 위(밥통)	~腸, 脾~
往 왕(갈)	~來, 旣~	冑 주(투구)	甲~
冶 야(쇠불릴)	陶~, ~金	枚 매(낱)	~擧, ~數
治 치(다스릴)	~家, 政~	枝 지(가지)	~葉, 垂~
明 명(밝을)	~月, 月~	宜 의(마땅)	~當, 便~
朋 붕(벗)	~黨, ~友	宣 선(펼)	~告, ~敎

刺 자(찌를)	~客, ~殺	苗 묘(싹)	~木, ~畓
剌 랄(어그러질)	撥~	笛 적(피리)	汽~, 鼓~
怒 노(노할)	~濤, 憤~	衷 충(정성)	~心, 折~
恕 서(용서할)	容~	哀 애(슬플)	~悼, 悲~
柱 주(기둥)	四~, ~礎	客 객(손)	~觀, 旅~
桂 계(계수나무)	~樹, 月~	容 용(얼굴)	~貌, 內~
栗 율(밤)	生~, ~谷	捐 연(버릴)	~金, 義~
粟 속(조)	~米, 一~	損 손(덜)	~失, 缺~
貪 탐(탐할)	~欲, ~官	陟 척(오를)	進~
貧 빈(가난할)	~民, 淸~	涉 섭(건널)	干~, 交~
閉 폐(닫을)	~門, 開~	逐 축(쫓을)	~出, 角~
閑 한(한가할)	~眼, 等~	遂 수(이룰)	~行, 未~
瑞 서(상서)	~氣, ~運	幹 간(줄기)	~部, 主~
端 단(끝)	~正, 極~	斡 알(주선할)	~旋
閣 각(누각)	~下, 樓~	綠 록(푸를)	~陰, 新~
閤 합(침방)	~夫人	緣 연(인연)	~故, 因~
微 미(작을)	~笑, 輕~	幟 치(기)	旗~
徵 징(부를)	~集, 特~	熾 치(성할)	~烈
徽 휘(휘장)	~章	織 직(짤)	~物, 紛~
遝 답(모아들일)	~至	藉 자(방자할)	狼~, 慰~
還 환(돌아올)	~甲, 返~	籍 적(호적)	戶~, 書~
麾 휘(기)	~下	眠 면(잠잘)	睡~, 永~
靡 미(쓰러질)	~寧, 風~	眼 안(눈)	~鏡, 主~
魔 마(귀신)	~鬼, 惡~		
徒 도(무리)	~步, 學~	侮 모(업신여길)	~辱, 受~
徙 사(옮길)	移~	悔 회(뉘우칠)	~改, 後~
屈 굴(굽을)	~曲, 卑~	互 호(서로)	~選, 相~
屆 계(이를)	~出, 缺席~	亙 긍(뻗칠)	~하여, ~古

㉰ 字體 問題

한자는 通時的으로 筆記 材料(龜甲·獸骨·金石·竹簡·布帛·紙)의 조건과도 관련

을 가지며 甲骨文·金文·篆體·隷體·楷體·行體·草體 등 여러 차례 字體의 변천을 겪어 왔으나, 4세기경 楷體의 성립·보급 이래로는 이것이 通行의 標準字體가 되어 오늘에 이르고 있다. 여기서는 이런 통시적 변천에 관한 논의는 그만두고 현행 正體字인 楷書體에 대한 異體字, 즉 현행의 俗字·略字 등에 대한 일정한 관심을 환기시키는 데 그치려는 것이다.

ㄱ. 正本字에 대한 俗·略字

豐 → 豊   蟲 → 虫   姉 → 姊   敍 → 叙   閒 → 閑   巖 → 岩
館 → 舘   冰 → 氷   牀 → 床   竝 → 並   嶽 → 岳   卻 → 却
劍 → 剣   同 → 仝   辯 → 弁   涼 → 凉   弔 → 吊   礙 → 碍
癡 → 痴   蓋 → 盖   糧 → 粮   鹽 → 塩   鬱 → 盃   蠶 → 蚕
證 → 証 …….

ㄴ. 原字에 대한 代字

齡 → 令   歲 → 才   鬪 → 斗   一 → 壹   二 → 貳   三 → 參
四 → 肆   五 → 伍   六 → 陸   七 → 柒   八 → 捌   九 → 玖
十 → 拾 …….

ㄷ. 同字

個 = 箇   雞 = 鷄   棋 = 碁   拿 = 拏   脈 = 脉   盂 = 杯
飜 = 翻   泛 = 汎   佑 = 祐   裏 = 裡   歎 = 嘆 …….

② 字音의 實際 問題

漢字음의 이론적 영역은 곧 中國의 聲韻學이고, 우리나라 한자음을 이론적 차원에서 논의하자면 중국의 성운학과 國語의 音韻史와의 관계 위에서 진행되어야 할 것이다. 그러나 여기에서 의도한 바는 그런 전문적 차원에서의 理論의 추구가 아니라 學習 實際에 따르는 몇 가지 문제의 검토다. 아래에서 우리나라 現行 漢字음을 전제로 하여 그 문제들을 살펴본다. 다만 참고로 밝혀 두는 것은 우리나라 현행

한자음은 대체로 6~7세기에 隨·唐初의 北方 中原音을 대표하는 「切韻」(韻書, 601년에 隨의 陸法言 등이 편찬)系의 音을 基層으로 하여 성립. 후세의 중국 韻書의 干與와 國語의 音韻變遷의 영향을 다소 받으며 형성되어 온 결과라는 것이다.

㉓ 形聲字 表音符의 이용 문제

한자의 대부분은 形聲字이고 형성자는 表音符를 가지고 있다는 점에서 字音의 이해에 이 表音符의 寄與度를 짐작하고도 남음이 있다. 그러나 앞에서도 잠시 지적했고 아래의 예에서 보듯이 오랜 음운 변천의 결과로 表音符字의 音과 字音과의 사이에 不一致가 너무 많은 점이 한계다.

可(가) → 歌(가)·河(하)·阿(아)
兼(겸) → 謙(겸)·廉(렴)·嫌(혐)
工(공) → 功(공)·江(강)·紅(홍)·肛(항)
圭(규) → 佳(가)·桂(계)
今(금) → 衾(금)·吟(음)
明(명) → 盟(맹)
巽(손) → 選(선)·饌(찬)
羊(양) → 洋(양)·詳(상)
甬(용) → 勇(용)·誦(송)·通(통)
艮(간) → 艱(간)·根(근)·眼(안)·痕(흔)
者(자) → 著(저)·諸(제)·奢(사)·暑(서)
戔(전) → 錢(전)·殘(잔)·踐(천)
曾(증) → 增(증)·層(층)·僧(승)
靑(청) → 淸(청)·情(정)

이러한 불일치는 字音의 발음에 오히려 混沌을 야기하기도 하지만, 그럼에도 불구하고 表音符는 한자음의 계통적 인식을 위해서는 일정한 효용성을 가지고 있다. 뿐만 아니라 표음부라고 해서 단순히 음만을 나타내는 데에 그치지 않고 다분히 表音的 기능도 겸하는 경우가 많아 字義의 이해에도 상당한 효용성이 인정된다.

㉯ 同字異音

한자에는 같은 字形을 가지고 音을 달리해서 쓰는 경우가 많다. 예외가 없는 것은 아니나, 이때 글자의 뜻도 따라서 달라지는 것은 말할 것도 없다. 그 用例를 보면 다음과 같다.

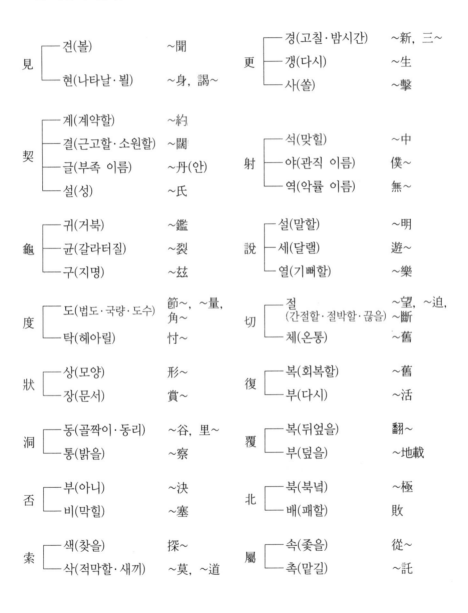

見 ┬ 견(볼)　　　　　　　~聞
　 └ 현(나타날·뵐)　　　~身, 謁~

契 ┬ 계(계약할)　　　　　~約
　 ├ 결(근고할·소원할)　~闊
　 ├ 글(부족 이름)　　　~丹(안)
　 └ 설(성)　　　　　　　~氏

龜 ┬ 귀(거북)　　　　　　~鑑
　 ├ 균(갈라터질)　　　　~裂
　 └ 구(지명)　　　　　　~玆

度 ┬ 도(법도·국량·도수)　節~, ~量, 角~
　 └ 탁(헤아릴)　　　　　忖~

狀 ┬ 상(모양)　　　　　　形~
　 └ 장(문서)　　　　　　賞~

洞 ┬ 동(골짝이·동리)　　~谷, 里~
　 └ 통(밝을)　　　　　　~察

否 ┬ 부(아니)　　　　　　~決
　 └ 비(막힐)　　　　　　~塞

索 ┬ 색(찾을)　　　　　　探~
　 └ 삭(적막할·새끼)　　~莫, ~道

更 ┬ 경(고칠·밤시간)　　~新, 三~
　 ├ 갱(다시)　　　　　　~生
　 └ 사(쏠)　　　　　　　~擊

射 ┬ 석(맞힐)　　　　　　~中
　 ├ 야(관직 이름)　　　僕~
　 └ 역(악률 이름)　　　無~

說 ┬ 설(말할)　　　　　　~明
　 ├ 세(달랠)　　　　　　遊~
　 └ 열(기뻐할)　　　　　~樂

切 ┬ 절(간절할·절박할·끊을)　~望, ~迫, ~斷
　 └ 체(온통)　　　　　　　　~舊

復 ┬ 복(회복할)　　　　　~舊
　 └ 부(다시)　　　　　　~活

覆 ┬ 복(뒤엎을)　　　　　翻~
　 └ 부(덮을)　　　　　　~地載

北 ┬ 북(북녘)　　　　　　~極
　 └ 배(패할)　　　　　　敗

屬 ┬ 속(좇을)　　　　　　從~
　 └ 촉(맡길)　　　　　　~託

| 殺 | 살(죽일) | ~傷 |
| | 쇄 (덜·신속히·대단히) | 相~, ~到 |

| 塞 | 색(막을) | 閉~ |
| | 새(변방) | ~翁之馬 |

| 省 | 성(살필) | 反~ |
| | 생(덜) | ~略 |

| 衰 | 쇠(쇠할) | ~亡 |
| | 최(상복) | 斬~ |

惡	악(악할)	善~
	오(미워할)	憎~
	악(풍류)	~曲

| 率 | 솔(거느릴) | 統~ |
| | 율(비례) | 比~ |

數	수(숫자·두엇)	~量, ~年
	삭(자주)	頻~
	촉(빽빽할)~	罟

樂	락(즐길)	和~
	요(좋아할)	~山~水
	악(풍류)	音~

| 食 | 식(음식물·먹을) | 飮~物,~後 |
| | 사(밥·먹일) | 一簞~, ~馬 |

| 識 | 식(알) | ~者 |
| | 지(기록할) | 標~ |

| 易 | 역(바꿀) | 交~ |
| | 이(쉬울) | 難~ |

| 咽 | 인(목구멍) | ~喉 |
| | 열(흐느낄) | 嗚~ |

| 徵 | 징(부를·징험할·거둘·조짐) | ~集, ~驗, ~收, ~候 |
| | 치(5음의 하나) | 宮商角~羽 |

| 則 | 즉(-하면) | 然~ |
| | 칙(법칙) | 規~ |

| 參 | 참(참여할) | ~與 |
| | 삼(셋) | ~拾 |

| 沈 | 침(잠길) | ~沒 |
| | 심(성) | ~氏 |

| 便 | 편(편할·편) | ~利, 人~ |
| | 변(오줌 똥) | ~所 |

| 暴 | 포(사나울) | ~虐 |
| | 폭(드러날) | ~露 |

| 降 | 강(내릴) | 下~ |
| | 항(항복할) | 投~ |

| 滑 | 활(미끄러울) | 潤~ |
| | 골(익살) | ~稽 |

| 行 | 행(다닐·행할) | 通~, ~政 |
| | 항(줄) | ~列 |

㉯ 俗音·特殊音

한자의 本音에서 逸脫된 음으로 俗音·特殊音이 있다. 본음을 제쳐놓고 세속 일반에 통용되는 음이 俗音인데, 이 속음은 字音에 대한 形聲的 推理의 착오, 두 가지 이상의 음과 이에 상응하는 의미 사이의 상응관계의 혼란 등으로 말미암아 본음이 잘못 발음된 음을 말한다. 예를 들면 「褪色」(퇴색)의 「褪」는 본음이 「톤」인 회의자인데 「退」를 表音字로 오인한 데에서 「퇴」로 그릇 발음되어 일반화된 것 같은 경우는 전자에 해당되고, 「覆面」(복면)·「覆蓋」(복개)의 「覆」은 그 의미로 보아 마땅히 「부」로 발음되어야 함에도 불구하고 이 글자의 다른 뜻(넘어지다·뒤엎다)을 나타내는 음 「복」에 이끌리어 잘못 발음되어 일반화된 것 같은 경우는 후자에 해당된다. 본음이 잘못 발음되었더라도 그것이 言衆 일반에 두루 통용되는 음으로 정착해 버리면 字音의 사회적 권능은 결국 그 잘못된 음으로 돌아가게 마련이며, 세월이 오래 되면 그 음이 새로 발생하는 訛音에 대해서 상대적으로 본음의 성격을 갖게 되는 것이 언어의 생리다. 따라서 특수한 경우를 제외한 日常 通用에서는 군이 本音을 고집할 이유는 없으나 言衆 개개인으로서는 적어도 당대의 通用音에 대해서는 정확히 발음하려는 자세를 가져야 할 것은 말할 것도 없다.

우리나라 漢字音으로 보아 本音에서 일탈되기로는 마찬가지이나, 우리나라 漢字音의 基軸이 된 중국의 어떤 지방의 음과는 다른 어떤 지방의 음, 이를테면 중국의 北方音에 대한 南方音의 영향이나, 또는 國語에의 同化 및 특수한 이유에서 연유된 言語慣習에 의해, 위의 非意識的인 경우와는 달리 다분히 意識的으로 일탈된 特殊音의 사례가 있다. 특히 佛敎用語에 이런 예가 많다. 이 경우는 본음의 고집이 오히려 오류로 간주된다. 例示하면 다음과 같은 것들이다.

金(김)氏·南(나)無·內(나)人·水剌(라)·牧丹(모란)·道場(도량)·木(모)果·白(배)川·十(시)方世界·般若(야)·六(유)月·祭(좨)酒[官名]·佐(자)飯·宅(댁)內·波(바)羅蜜多·初八(파)日·牌(배)旨·布(보)施·鹿皮(비)·陜(합)川

㉣ 高低長短에 대하여

漢字는 그 음이 單音節이므로 音形式이 같은 글자가 너무나 많아, 이들을 聲調로 구분하지 않으면 의미 전달에 혼란이 있을 수밖에 없다. 그래서 高低長短의 聲調가 발달하게 되어 이른바 「平・上・去・入」의 四聲 체계를 이루게 되었던 것이다.

이 四聲의 聲調値는 물론 실제로 들어서 聽覺으로 인식해야 구분될 터이지만, 대체로 平聲은 안정을 유지하며 처음과 끝 사이에 오르내림이 없이 고르게 나가는 소리이고, 上聲은 처음이 다소 세게 나가면서 끝이 쳐들리는 소리이고, 去聲은 처음이 다소 무겁게 처지는 듯이 나가서 약간의 굴곡을 거쳐 끝이 멀어지는 소리이고, 入聲은 곧바로 아래로 내리닫는 소리라고 설명할 수 있다.

이 四聲에 의한 字音의 변별적 발음은 일상 회화 간에 同音異義語의 구분을 위해서도 당연히 요청되었지만 韻文文學의 創作과 享受를 위해서는 필수적이었기 때문에 옛날 우리나라 識者層 社會에서 이에 대한 일정한 숙달이 이루어져 왔던 것이다.

③ 字義의 增殖 樣相과 辨別的 理解

한자에는 多義字가 많다. 通時的으로 增殖되어 온 그 新舊 字義가 더러는 代替되어 쓰이는 경우가 없지 않지만 대부분의 경우는 共時的으로 공존하면서 각기 그 效用性이 살아 있어 字義 파악에 단순하지 않은 점이 있다. 뿐만 아니라, 이 同字異義의 증식・축적과도 무관하지 않은 현상으로 異字同義의 경우도 또한 많아 보다 정밀한 辨別的 理解가 요구된다.

㉠ 字義 增殖의 經路

글자의 뜻이 불어나게 된 경로로는 派生과 假借와 品詞轉成 등을 들 수 있다. 아래에 예를 통하여 살펴본다.

ㄱ. 派生

글자의 뜻이 불어나게 된 경로로서 비중이 가장 큰 것은 역시 自然的 派生이다. 즉, 原初의 本義가 言衆에 의해 사용되어 오는 과정에 言衆의 이러저러한 心理的 契機가 가해져 그 本義로부터 부차적으로 새로운 의미가 생성·발전되어 나오는 有機體的 움직임을 가리킨다. 이를테면, 「道」字의 本義는 「한 줄기로 뻗은 이쪽에서 저쪽으로 도달해 가는 길」이었는데, 여기에 言衆의 類推的 想像이 가해져 마침내 「萬物이 따르고 있는 바 原理」·「人間이 따라야 하는 바 倫理」라는 새로운 의미가 생성되어 나온 것과 같은 것이다. 이러한 語義의 派生 현상은 물론 漢字에만 국한되어 있는 것이 아니라, 어느 언어에나 있는 일반적 현상이므로 별달리 볼 것은 없다. 아래에 몇 가지 예를 제시해 보인다.

習[羽 + 白(自)] : (本義) 새가 자주 날다(새끼가 나는 법을 익히기 위해서)
→ (第1副義) 익히다(익힘은 여러 차례 반복하는 행위이므로)
→ (第2副義) 익숙하다(익힌 결과로)
→ (第3副義) 습관(익숙함의 체질화이므로)

朝 : (本義) 아침
→ (제1副義) 신하가 궁궐에 나아가 임금을 뵈다(시간적으로 아침에 뵈는 것이 상
　　　　　　 례이므로)
→ (第2副義) 朝廷(임금과 신하가 만나 정사를 의논하는 곳)
→ (第3副義) 朝代(조정은 한 王朝의 상징이므로)

引[弓 + ㅣ] : (本義) 활시위를 당기다
→ (第1副義) 늘이다(당기면 늘어지므로)
　 (第1副義) 이끌다(활시위를 당기는 동작은 곧 화살을 끌어당기는 동작이므로)
　 (第1副義) 물러나다(활시위는 뒤쪽으로 당겨지므로)

發[弓+癹] : (本義) 쏘다

→ (第1副義) 떠나다(활시위에서 화살이 떠나므로)

(第1副義) 보내다(쏘는 것은 화살을 보내는 행위이므로)

(第1副義) 발생하다(활을 쏘는 행위는 강한 動的인 상황을 인상지으므로)

→ (第2副義) 피어나다(발생은 어떤 潛在의 向外的 發現이므로)

→ (第3副義) → 드러나다(피어남으로써 잠재해 있던 어떤 것이 드러나므로)

理[玉+里] : (本義) (玉의 原石에서) 玉의 결을 따라 쪼아내다

(옥의 결) → (第1副義) 물건, 살갗 등의 결

→ (第2副義) : 이치(일의 결)

(第2副義) : 도리(행위의 결)

(쪼아내다) → (第1副義) 다스리다

위의 예에서 보듯이 本義로부터 副義로의 파생은 類推的 想像을 주축으로 하여 繼起的 聯想, 因果的 思考, 象徵的 投射 등 여러 형태의 심리적 계기의 單一的 또는 複合的 介入에 의해 이루어져 가되 新舊 字義의 관계는 連鎖形과 放射形 두 가지를 취하고 있음을 알 수 있다. 字義 파생의 이러한 내부구조에 대한 파악은 곧 字義를 보다 정밀하게 構造的으로 이해하는 길잡이가 될 것이다. 앞에서 살펴본 바 있는 象形·指事·會意·形聲에 대한 이해가 여기에 가담되어야 함은 물론이다. 六書의 다른 한 가지 「轉注」를 바로 이 字義 파생을 규정한 것으로 이해한 학자도 있으나 이는 단정하기 어렵다.

ㄴ. 假借

字義 增殖의 다른 한 가지 경로는 六書 중의 하나인 「假借」다. 假借란 어떤 의미를 지닌 音과 같은 音의 글자를 빌어다가 그 의미를 붙여 사용하는, 말하자면 人爲的 字義 증식의 방식이다. 예를 들면 다음과 같은 글자들이다.

然(연·불타다) ← 그러나	耳(이·귀) ← 할 따름이다.
來(래·보리) ← 오다	其(기·키) ← 그
西(서·새둥지) ← 서쪽	云(운·구름) ← 이르다, 말하다.
之(지·가다) ← 그것, ~의	而(이·턱수염) ← ~하여, ~하나

이 밖에 「與·因·以·猶·於·于·矣·乎·則」 등 文法的 機能語와, 「丁丁·關關·堂堂」과 같은 擬聲語·擬態語에 쓰인 글자들, 그리고 「佛·般若·南無」와 같은 外國語의 音譯에 쓰인 글자들도 일단 모두 假借의 범주에 들어간다. 그러나 外國語 음역에 쓰인 글자들의 경우는 특수한 예 — 가령 「佛」과 같은 — 를 제외하고는 字義 增殖의 계기는 못 된다.

ㄷ. 品詞轉成

漢語는 孤立語로서 단어들의 語法的 관계나 성분은 形態素 아닌 일정한 語順에 의해서 나타나므로 단어들의 固有品詞 파악에 다소 곤란은 있다. 그러나 고유 품사가 없는 것은 아니므로 고유 품사가 文章 안에서 轉成的으로 사용되는 것이 일정하게 관습화되면 이것이 의미 증식의 계기로 작용된다. 예를 들면 「枕」자는 「베개」의 뜻을 가진 名詞이나 「曲肱而枕之」(『論語』)에서 「(베개를)베다」라는 動詞로 사용되었다. 이러한 전성적 사용은 마침내 「임하(여 내려다보)다」라는 뜻을 辭典에 올리게 되었다. 베개를 벤 머리 부위의 空間的 構圖가 낮은 곳의 사물에 대한 높은 곳의 사물의 관계 구도로 類推되어 일반화된 결과인 것이다.

㈃ 異字同義의 辨別

글자가 다르면서 뜻은 서로 같은 경우도 한자에는 적지 않다. 이 경우 뜻이 서로 같다고는 하지만, 基本 範疇에 있어서는 같으나 그 語義 實質이나 語感, 用法 등에 있어 미세하나마 차이가 있는 수가 많다. 이러한 차이의 辨別的 認識은 글자의 보다 구체적인 의미와 용법의 이해를 도울 것이다. 아래에 몇 가지를 例示한다.

疾-病 : 「병이 나다」는 뜻에 있어서는 서로 같으나, 「疾」은 보통 상태의 병, 「病」은 보다 重病을 가리키는 수가 많다.

聽-聞 : 「聽」은 능동적인 들음에 「聞」은 피동적인 들음에 중점이 두어져 있다.

能-得 : 可能을 표시하나 「能」은 主體의 能力에 의해서 가능함을 「得」은 客觀的 條件의 허용에 의해서 가능함을 나타낸다.

逝-去 : 다 같이 「떠나가다」를 뜻하나 「逝」는 멀리로 떠나감을 「去」는 멀 수도 가까울 수도 있는 보통 떠나감을 가리킨다. 그리고 「去」는 대개 구체적인 어떤 지역을 전제로 하고 쓰인다.

視-見-觀-看 : 「視」는 능동적으로 보는 행위에 「見」은 피동적으로 보는 행위에 중점이 두어져 있다. 앞의 聽-聞에 대응됨직하다. 「觀」은 자세히 봄을 뜻하고, 의식적으로 본다는 점에서 「視」와 공통된다. 또 「觀」은 비교적 큰 어떤 場面을 전체로서 보는 것을 뜻하기도 한다. 「視」에는 이런 면이 없다. 「看」은 그 적용 범위가 비교적 광범하여 멀리나 가까이 자세히 보는 것, 예사로 보는 것 어디에도 해당된다.

征-伐-侵-襲-攻-擊 : 「征」·「伐」은 義가 不義를 침을 뜻하고, 「侵」은 명분이 떳떳지 않은 군사 행동을 「襲」은 돌연한 습격을 뜻한다. 그리고 「攻·擊」은 대개 中性的이되 보다 구체적인 상황에 연결되어 쓰이는 것이 보통이다.

㉲ 形·音·義의 相似로 字義의 誤解·誤用 可能字

字形·字音의 相似로 字義를 잘못 알고 쓰거나 形·音의 相似에 字義까지도 서로 비슷하여 잘못 알고 쓸 가능성이 높은 글자들을 아래에 자료로 제시한다.

ㄱ. 字形과 字音의 相似

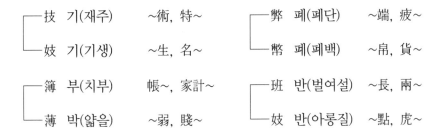

┌ 技 기(재주)   ~術, 特~   ┌ 弊 폐(폐단)   ~端, 疲~
└ 妓 기(기생)   ~生, 名~   └ 幣 폐(폐백)   ~帛, 貨~

┌ 簿 부(치부)   帳~, 家計~   ┌ 班 반(벌여설)   ~長, 兩~
└ 薄 박(얇을)   ~弱, 賤~   └ 妣 반(아롱질)   ~點, 虎~

搏 박(칠)	~殺, 相~	
博 박(넓을)	~學, 賭~	
縛 박(얽을)	束~	
侯 후(제후)	諸~, ~爵	
候 후(기후)	氣~, ~補	
慢 만(교만할)	怠~, 傲~	
漫 만(부질없음)	~談, 散~	
堤 제(제방)	~防	
提 제(들)	~供, 前~	
曆 력(책력)	~書, 陽~	
歷 력(지낼)	~史, 經~	
槪 개(대개)	~觀, 大~	
慨 개(슬퍼할)	~嘆, 感~	
悔 회(뉘우칠)	~改, 後~	
誨 회(가르칠)	~諭	
兢 긍(조심할)	~兢, ~懼	
競 경(다툴)	~走, ~爭	
姿 자(모양)	~勢, ~態	
恣 자(방자할)	~意, 放~	
栽 재(심을)	~培, 移~	
裁 재(마를)	~縫, ~量	

嘔 구(토할)	~吐, ~泄	
歐 구(구주)	~洲, ~美	
毆 구(칠)	~打, ~殺	
密 밀(빽빽할)	~林, 秘~	
蜜 밀(꿀)	~柑, ~蜂	
賭 도(도박)	~博	
睹 도(볼)	目~	
廷 정(조정)	朝~, 法~	
庭 정(뜰)	家~, ~園	
朗 랑(밝을)	~讀, 明~	
郞 랑(사내)	~君, 花~	
輝 휘(빛날)	~惶, 光~	
揮 휘(휘두를)	~發, 指~	
渴 갈(목마를)	~望, ~急	
喝 갈(꾸짖을)	恐~, 大~	
彊 강(군셀)	自~不息	
疆 강(지경)	~土, ~域	
粹 수(순수할)	純~, 精~	
碎 쇄(부술)	~身, 粉~	
旺 왕(왕성할)	~盛	
枉 왕(굽을)	~臨, ~駕	

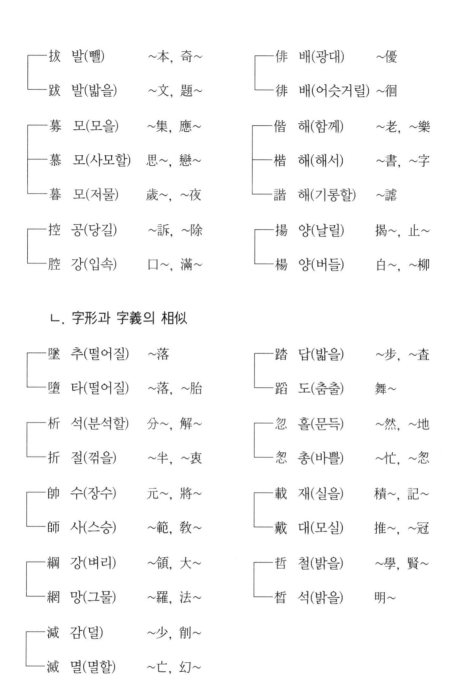

┌ 拔 발(뺄)	~本, 奇~	
└ 跋 발(밟을)	~文, 題~	
┌ 募 모(모을)	~集, 應~	
├ 慕 모(사모할)	思~, 戀~	
└ 暮 모(저물)	歲~, ~夜	
┌ 控 공(당길)	~訴, ~除	
└ 腔 강(입속)	口~, 滿~	

┌ 俳 배(광대)	~優	
└ 徘 배(어슷거릴)	~徊	
┌ 偕 해(함께)	~老, ~樂	
├ 楷 해(해서)	~書, ~字	
└ 諧 해(기롱할)	~謔	
┌ 揚 양(날릴)	揭~, 止~	
└ 楊 양(버들)	白~, ~柳	

ㄴ. 字形과 字義의 相似

┌ 墜 추(떨어질)　　~落
└ 墮 타(떨어질)　　~落, ~胎

┌ 析 석(분석할)　　分~, 解~
└ 折 절(꺾을)　　~半, ~衷

┌ 帥 수(장수)　　元~, 將~
└ 師 사(스승)　　~範, 敎~

┌ 綱 강(벼리)　　~領, 大~
└ 網 망(그물)　　~羅, 法~

┌ 減 감(덜)　　~少, 削~
└ 滅 멸(멸할)　　~亡, 幻~

┌ 踏 답(밟을)　　~步, ~査
└ 蹈 도(춤출)　　舞~

┌ 忽 홀(문득)　　~然, ~地
└ 忩 총(바쁠)　　~忙, ~忽

┌ 載 재(실을)　　積~, 記~
└ 戴 대(모실)　　推~, ~冠

┌ 哲 철(밝을)　　~學, 賢~
└ 晳 석(밝을)　　明~

ㄷ. 字音과 字義의 相似

┌ 煩 번(번거로울) ~惱, ~熱
└ 繁 번(번성할) ~榮, ~雜

┌ 現 현(나타날) ~象, 實~
└ 顯 현(나타날) ~著, ~花

┌ 元 원(으뜸) ~帥, 紀~
├ 原 원(근본) ~稿, 草~
└ 源 원(근원) ~泉, 資~

┌ 古 고(예) ~今, 萬~
└ 故 고(연고) ~人, 事~

┌ 詞 사(말) 歌~, 祝~
└ 辭 사(말씀) ~書, ~任

┌ 怨 원(원망할) ~恨, ~讐
└ 冤 원(원통할) ~痛, ~魂

ㄹ. 字形·字音·字義의 相似

┌ 辨 변(분별) ~別, ~償
└ 辯 변(말 잘할) ~士, 能~

┌ 獲 획(얻을) ~得, 捕~
└ 穫 확(거둘) 收~, 秋~

┌ 復 복(회복할) ~歸, 回~
├ 複 복(거듭) ~數, ~合
└ 覆 복(덮을) ~面, 反~

┌ 植 식(심을) ~物, 移~
└ 殖 식(번식할) ~産, 生~

┌ 准 준(승인할) 批~
└ 準 준(법도) 標~, ~備

┌ 卷 권(책) ~頭, 上~
└ 券 권(문서) 證~, 入場~

┌ 迷 미(혼미할) ~宮, 昏~
└ 謎 미(수수께끼) ~題

┌ 象 상(코끼리) ~牙, 對~
└ 像 상(형상) 銅~, ~想

┌ 低 저(낮을) ~級, 最~
├ 底 저(밑) ~力, 海~
└ 邸 저(집) ~宅, 官~

┌ 制 제(억제할) ~服, 抑~
└ 製 제(지을) ~造, 新~

┌ 括 괄(쌀) ~弧, 總~償
└ 刮 괄(긁을) ~目相對

2. 한자어의 유형적 이해

　漢字語는 單音節語로서 제한된 音數로 수많은 글자를 포용하자니 同音異義字가 많게 되어 그 字音만으로는 意味 구별이 어려울 수밖에 없다. 중국에서는 四聲의 발달로 이런 문제가 어느 정도 극복은 되었지만, 이 역시 한계가 있을 수밖에 없었다. 그리하여, 單音節語인 漢字가 결합된 단어가 필요하게 되었고, 이로써 복잡한 意味內容을 감당해 나갈 수 있게 되었다. 旣存 漢字語의 몇 가지 類型을 提示하여 體系的 理解의 기틀이 되게 하고자 한다.

1) 構造의 性格·成分上의 類型

　여기서는 構造의 性格과 成分을 중심으로 유형을 나누되, 먼저 편의상 그 分類體系를 圖示하고 자료를 중심으로 검토해 가기로 한다.

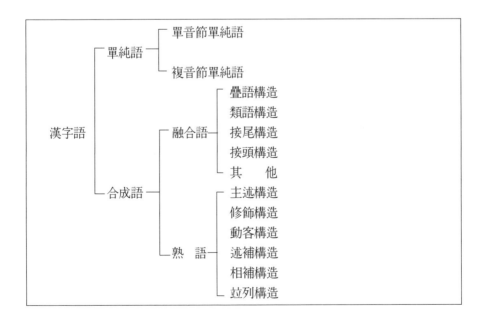

① 單純語

그 意味構成이 단순하여 더 이상 成分을 分解할 수 없는 어휘를 가리킨다.

㉮ 單音節單純語

음절이 하나로 된 어휘이니, 의미를 가진 모든 漢字는 일단 여기에 속한다.

  房 冊 門 對(하여) 關(하여) 依(하여) 甚 數 生 …….

㉯ 複音節單純語

음절이 둘 이상으로 된 어휘다. 음절은 複數라도 의미는 單一하여 더 이상 분해할 成分이 없다. 漢文의 擬聲語·擬態語類가 모두 여기에 속하고 한자로 이루어진 모든 音譯語도 여기에 속한다.

  葡萄 嗚呼 呵呵 亭亭 洋洋 堂堂 丁寧 亞細亞 …….

② 合成語

둘 이상의 분해할 수 있는 最少單位의 말의 成分으로 이루어진 어휘로, 融合語와 熟語가 있다.

㉮ 融合語

어휘의 기초로 돌아가 形式上 분해는 할 수 있어도 그 意味實質에 있어서는 한 덩어리로 融合되어 있는 어휘를 가리킨다. 이를테면 「身體」는 「몸」이지 「몸과 몸」일 수 없음과 같은 경우의 말들이다.

ㄱ. 疊語構造 : 같은 글자가 중첩됨으로써 强調된 意味를 나타내는 어휘 구조다. 앞에서 본 의성어·의태어로서의 疊語가 글자의 音만을 취해 이루어진 경우와는 다르다.

急急　　默默　　微微　　紛紛　　徐徐　　戀戀　　切切
奇奇妙妙　句句節節　時時刻刻　　年年歲歲 …….

ㄴ. 類語構造 : 뜻이 유사한 글자의 중복으로 개념을 보다 분명하거나 강하게
　　가지게 되는 어휘 구조다.

覺悟　　巨大　　孤獨　　群衆　　歸還　　末尾　　悲哀
思考　　生活　　安易　　永遠　　優秀　　停止 …….

ㄷ. 接尾構造 : 「然·如·乎·者」와 같은 接尾語를 가진 구조다.

公然　　果然　　肅然　　偶然　　毅然　　超然　　缺如
一如　　斷乎　　確乎　　近者 …….

ㄹ. 接頭構造 : 「所」 접두어와 어울린 구조다.

所感　　所見　　所期　　所屬　　所用　　所持　　所行　　所爲 …….

기타 융합어로는 語原的으로는 다음에 살펴볼 熟語와 같거나 비슷한 성격을 가
졌을 것이나 나중에는 그 의미 구조가 거의 單一化되어 쓰이는 어휘들이 있다.
이를테면 「大門」은 규모가 작은 문에 대한 「큰 문」이 아니라 「건물의 주된 출입
문」을 가리키는 단일한 의미를 가지고 쓰임과 같은 경우이다.

國家　　君子　　小人　　大丈夫　　青春　　黑字　　赤字
甘草　　小說　　飛行機　　顧客 …….

㉯ 熟語
두 字 이상의 단어가 일정한 關係로 結合되어 관습적으로 쓰이되, 어휘의 成分
들이 어휘 안에서 각기 單語로서 獨自性을 잃지 않은 가운데 쓰이는 어휘들이다.

이 규정의 후반부 내용이 앞의 융합어와 다른 점이다. 이 熟語의 構造에는 漢文의 文章構造의 原形이 깃들어 있다.

ㄱ. 主述構造 : 主語 - 述語의 구조다.

　　日出　　人造　　國立　　頭痛　　年老　　花開　　海溢 …….

ㄴ. 修飾構造 : 두 字(단어) 이상이 修飾 - 被修飾의 관계로 만나 이룬 구조다. 피수식어는 비단 명사에만 한하지 않고 동사·형용사에까지 이르며, 수식어도 형용사와 동사의 冠形的 사용뿐 아니라 부사·명사 그리고 동사에 대한 助動詞까지도 포함한다.

古人	困境	先行	遠路	卓見	流水	行人
動態	過客	春風	木器	海物	必勝	逆流
雲集	粉粹	林立	完美	痛快	過敏	極甚
不可	不動	不足	可笑	可憐	將來 …….	

ㄷ. 動客構造 : 動詞 - 客語의 구조다. 客語가 특히 目的語인 경우(아래의 예 ㉠)와 그렇지 않은 경우(아래의 예 ㉡)가 있다.

　㉠ 讀書　加熱　開會　決心　握手　延期　點火　避難　飲酒 …….
　㉡ 歸家　登山　上陸　入門　下山　在野　遲刻　就職　退學 …….

ㄹ. 述補構造 : 述語 - 補語의 구조다.

有識	有用	有料	無理	無人	如一	如流
難解	多數	寡德	非常	非凡 …….		

ㅁ. 相補構造 : 앞뒤 단어들이 상호보완 관계로 어울린 구조다.

擊敗　　敗走　　決定　　呼出　　廣大　　進駐　　推薦
迎合　　探索　　肥大 …….

ㅂ. 竝列構造 : 두 자(單語) 이상이 각기 대등한 자격으로 나란히 만나 어휘를
이룬 구조다. 대체로 成分끼리의 對立關係, 非對立關係, 縮約語의 竝列 등으로
나뉜다.

加減　　强弱　　去來　　輕重　　功過　　攻防　　難易(이상은 대립)
山川　　河海　　知行　　視聽言動(이상은 비대립)
羅麗　　亞阿　　中蘇(이상은 축약어의 병렬) …….

2) 成語·故事熟語의 意味方式上의 類型

어느 언어의 語彙에서나 다 나름대로의 妙味는 가지고 있는 법이지만, 漢字의
이해 과정에서 이미 보았듯이 漢字語는 그 成分인 글자 자체부터가 比喩·象徵 등의
修辭法的 機制에 의해 대부분 매우 多義的 含蓄性을 가지고 있다. 게다가 어휘의
형성 배경으로서의 중국의 장구한 역사·문화가 어휘의 意味를 보다 다채롭고 풍부
하게 해 주었다. 漢字語彙의 이러한 特質은 특히 주로 四字合成으로 된 成語·故事熟
語에 의해 집약적으로 함유되어 있다. 물론 한자어라고 해서, 그리고 성어나 고사숙
어라고 해서 그 意味가 다 含蓄的인 것은 아니다. 여기에 그 意味表現의 방식을
크게 세 가지 유형으로 나누어 예를 제시한다.

① 단순히 指示的인 것

아래의 어휘들은 그 意味가 단순히 逐字的으로 쓰일 뿐, 별다른 轉換이 없는 것들이
다. 물론 단순히 지시적인 어휘라 하더라도 特定人의 特定文脈 속에서는 의미가 전환
적으로 쓰일 수 있지만, 여기서는 어디까지나 辭典的 語彙의 차원에서 논의되고 있다.

敢不生心	改過遷善	居安思危	見利思義	勸善懲惡
妄自尊大	明哲保身	物我一體	傍若無人	不偏不黨
憑公營私	事必歸正	殺身成仁	生者必滅	手不釋卷

② 指示와 比喩·象徵이 섞인 것

아래의 어휘들은 그 어휘를 구성하는 단어의 일부는 指示的으로 참여하고 다른 일부는 比喩的이거나 象徵的으로 참여한 것들이다. 이를테면 「刻骨難忘」에서 「刻骨」은 象徵化한 의미이고 「難忘」은 逐字的 의미 그대로인 것과 같은 경우들이다.

擧世皆濁	牽强附會	曲學阿世	刮目相對	捲土重來
金科玉條	金城鐵壁	錦衣還鄕	東問西答	同病相憐
白衣從軍	一刻千金			

③ 全面 比喩·象徵的인 것

아래의 성어·고사숙어들은 그 어휘 全面이 逐字的 意味에서 比喩的이나 象徵的 意味로 轉變된 것들이다. 일반적으로 낯익은 성어·고사숙어 가운데는 이 부류가 가장 많다.

刻舟求劍	錦上添花	九折羊腸	隔靴搔痒	近墨者黑
金蘭之契	得隴望蜀	馬耳東風	百年河淸	三顧草廬
塞翁之馬	四面楚歌	脣亡齒寒	十匙一飯	我田引水
羊頭狗肉	漁父之利	緣木求魚	吳越同舟	玉石俱焚
臥薪嘗膽	龍頭蛇尾	電光石火	切磋琢磨	頂門一鍼
走馬加鞭	天衣無縫	快劍亂麻	他山之石	風前燈火
汗牛充棟	紅爐點雪	畫龍點睛	鷄肋	杞憂
白眉	矛盾	逐鹿	泰斗	推敲
紅一點	效嚬	嚆矢	李下不整冠	

3. 한자의 부수

部首는 字形을 構造上 分析하여 일정한 部類로 나눌 때 그 나뉜 부류에 공통되며, 그 部를 대표하는 基本 字이다. 해당 글자의 構造 內에서 변·몸·머리·받침 등으로 위치해있는 이 部首는 일반적으로 象形·指事文字로서 해당자의 字義를 일정하게 한정해 두고 있기 때문에, 이 부수가 가진 形·義에 대한 정확한 인식은 해당 개별자의 形·義의 파악에 일정한 도움을 준다. 部首의 數는 歷代로 변동이 있었으나, 1615년 明나라 梅膺祚의 「字彙」에 이르러 214 部首로 낙착되어 오늘에 이르고 있다.

1) 一(한 일) 部

손가락 하나 또는 선(線) 하나를 가로 그어 수효의 '하나'를 가리킨 자. 문자의 구성요소로서 一을 기초로 하여 二·三의 숫자가 만들어진다. 그리고 이 부수에 속하는 上·下의 가로선은 어떤 기준, 즉 수평선을 나타낸다.

> * 一(하나 일), 丁(장정 정), 七(일곱 칠), 三(석 삼), 上(윗 상), 下(아래 하),
>   丈(어른 장), 不(아닐 불), 且(또 차)

2) 丨(뚫을 곤) 部

셈대를 세워 놓은 모습이다. 위에서 아래로 통하는 모양이다. 그래서 이 글자의 부수에 실려 있는 글자는 꿰뚫는다는 의미가 있다. 亅(갈고리 궐)과 혼동하기 쉽다. 亅은 내려 긋다가 끝을 갈고리처럼 삐쳐 올려야 한다.

> * 中(가운데 중), 串(익힐 관), 丰(예쁠 봉)

3) 丶(점 주) 部

점을 찍어서 표해 둔다는 뜻이 있다. 또는 떨어져 나간 '불똥' 같은 물체를 나타낸 자로서 중요하다는 것을 강조한 글자이다.

* 丸(탄알 환), 丹(붉을 단), 主(주인 주)

4) 丿(삐칠 별) 部

오른쪽에서 왼쪽으로 '삐치면서' 당기는 모양을 나타낸 글자. 丿이 독립된 문자로 쓰인 예는 없다. 서법(書法)에서는 이처럼 왼쪽 아래로 삐쳐 쓴 것을 '별', 왼쪽 위에서 오른쪽 아래로 삐쳐 쓴 것을 '파임'이라고 한다. '파임'은 받쳐주고 고여서 지탱해 주는 뜻을 나타내는 글자다.

* 乂(어질 예), 乃(이에 내), 久(오랠 구), 之(갈 지), 乎(어조사 호), 乏(없을 핍), 乘(탈 승), 乍(잠깐 사), 乖(어그러질 괴)

5) 乙(새 을) 部

오리나 백조가 물위에서 헤엄치고 있는 모습을 상형한 글자라고 한다. 또는 초목의 새싹이 나오는 모양을 본뜬 글자라고 하기도 한다. 부수자로서의 乙은 몸을 웅크리고 있거나 굽히고 있는 모양, 또는 꺾인 곡선의 모양을 나타낸다.

* 九(아홉 구), 乞(빌 걸), 也(어조사 야), 乾(하늘 건), 乳(젖 유), 亂(어지러울 란)

6) 亅(갈고리 궐) 部

갈고리의 모양을 본뜬 상형글자이다. 끝이 구부러져서 물건을 걸어 잡아당길 수 있게 생겼다. 그러나 부수로 쓰일 때에는 특정한 의미는 없고, 독립된 문자로 쓰인 예도 없다.

* 了(마칠 료), 予(나 여), 事(일 사)

7) 二(두 이) 部

손가락 두 개 또는 두 선을 그어 둘 또는 거듭 등을 나타낸 글자이다. 부수로서의 二에는 특정한 의미는 없고, 다만 자형의 분류를 위해서 설정해 놓았다고 할 수 있다.

* 于(어조사 우), 云(이를 운), 互(서로 호), 井(우물 정), 亞(버금 아), 些(작을 사)

8) 亠(돼지해 밑, 머리 두) 部

亥(돼지 해)자의 윗부분만 떼어서 부수로 삼은 글자다. 이 부수는 반드시 글자의 윗부분에 쓰게 마련이므로 '밑'이라는 말이 붙었다. 머리 부분이나 위를 나타내는 글자로 쓰인다.

* 亡(망할 망), 交(사귈 교), 亥(돼지 해), 亦(또 역), 亨(형통할 형), 享(누릴 향), 京(서울 경), 亭(정자 정), 亮(밝을 량), 亢(목 항)

9) 人(사람 인) 部

사람이 두 손을 앞으로 뻗고 두 발로 서 있는 모습을 옆에서 보고 그린 상형글자이다. 어떤 사람은 人자는 작대기를 서로 바쳐 놓은 것을 의미한다고 하면서 사람은 서로 의지해서 살아가는 사회적인 존재라는 주장을 하기도 한다. 人이 부수자로 쓰일 때에는 자형이 亻으로 변하며, 인간이 갖는 성질, 상태를 나타낸다. 그러나 문자의 윗부분에 있을 때는 어떤 사물에 대한 상형이 변화된 것에 불과하다.

* 化(될 화), 仁(어질 인), 今(이제 금), 以(써 이), 仲(버금 중), 俊(준걸 준), 便(편할 편), 假(빌릴 가), 儉(검소할 검)

10) 儿(걷는 사람 인) 部

걸어가는 사람의 다리 모양을 본뜬 글자이다. 人과 뜻은 같고 형태만 다른 글자이다. 儿이 부수자로 들어 있는 글자는 '사람' 또는 두 '다리'와 관계가 있다.

> * 元(으뜸 원), 允(진실로 윤), 兄(맏형), 兆(조짐 조), 光(빛 광), 兎(토끼 토), 先(먼저 선), 兌(기쁠 태), 兒(아이 아)

11) 入(들 입) 部

뾰족한 윗부분이 물체 속으로 들어갈 때, 갈라진 아랫부분도 뒤따라서 들어가는 것을 나타낸 글자이다. 따라서 본래의 뜻은 '들어가다', '가입하다'이다.

> * 內(안 내), 全(온전할 전), 兩(둘 량), 兪(그럴 유)

12) 八(여덟 팔) 部

두 손의 손가락을 네 개씩 펴 서로 '등지게' 한 모양에서 '여덟'을 가리키는 글자이다. 또한 왼쪽과 오른쪽으로 각각 갈라짐을 가리켜 '나누다'의 뜻이 된 글자이다. 이러한 의미는 分, 半 등에 그대로 남아 있다. 그러나 다른 뜻을 나타내는 경우도 있다. 共은 八이 부수이지만 밑에 있는 부분은 廾(두 손 공)의 변형이고, 其자의 밑 부분은 丌(책상 기)자이다.

> * 公(공정할 공), 六(여섯 육), 兵(병사 병), 具(갖출 구), 兼(겸할 겸), 冀(바랄 기), 典(법전 전), 兮(어조사 혜)

13) 冂(멀 경) 部

멀리 둘러싸고 있는 국경선의 성곽을 나타낸 글자다. 또한 글자 안이 빈 모양에서 비다의 뜻으로도 쓰인다. 지금은 본래의 뜻에서 많이 멀어져서 글자의 모양을 위주로 부수가 정해졌다. 그래서 冊자도 이 부수에 나온다.

> * 冊(책 책), 再(두 번 재), 冒(무릅쓸 모), 冑(투구 주)

14) ⼍(덮을 멱 · 민갓머리) 部

一자의 양끝이 아래로 드리워진 것이 마치 보자기로 물건을 덮은 것 같다 하여 '덮다'의 뜻이 된 글자이다. 따라서 ⼍이 들어 있는 글자는 모두 무엇인가를 덮고 있다는 뜻을 나타낸다.

* 冗(쓸데없을 용), 冠(갓 관), 冥(어둘 명), 冡(덮어쓸 몽), 冪(덮을 멱)

15) 冫(얼음 빙 · 이수 변) 部

물이 얼면 조각조각 부서진다. 물이 얼었을 때의 조각을 상형한 글자다. 氷·冰자의 고문자이다. 따라서 冫이 부수자로 들어 있는 글자들은 대체로 차다는 의미를 가지고 있다.

* 冬(겨울 동), 冶(풀무 야), 冷(찰 랭), 准(비준할 준), 凌(얼음 릉), 凍(얼 동), 凝(엉길 응)

16) 几(안석 궤) 部

원래는 옛날 사람들이 자리에 앉을 때 팔꿈치를 받쳐서 몸을 기대도록 만든 안석(案席)의 모양을 그려서 만든 글자이다. 따라서 물건을 올려놓는 탁자를 가리킨다.

* 凱(즐길 개)

17) 凵(입 벌릴 감) 部

위가 터진 모양을 하고 있어서 입 벌릴 감이라고 한다. 땅에 구덩이를 파서 함정을 만들어 놓은 모습을 본뜬 상형자이다. 움푹 파인 곳이나 그릇을 나타내는 경우가 대부분이다.

* 凶(흉할 흉), 出(나갈 출), 函(넣을 함), 凹(오목할 요), 凸(뾰족할 철)

18) 刀(칼 도) 部

한 자루의 칼 모양을 본뜬 글자로 글자의 왼쪽에 오는 일은 없고 오른쪽에만 온다. 이때는 모양이 '刂'로 변하는데, 이것을 '刀'와 구별하여 '선칼 도'라 부른다. 그 쓰임에서 '자르다'·'베다'·'나누다' 등의 뜻으로 쓰이고, 그 속성에서 '위엄'의 뜻으로도 쓰인다.

> * 刃(칼날 인), 分(나눌 분), 切(끊을 절), 利(날카로울 리), 初(처음 초),
> 刻(새길 각), 剝(벗길 박), 剖(가를 부), 劃(그을 획), 劍(칼 검), 劇(심할 극)

19) 力(힘 력) 部

힘 쓸 때 팔이나 어깻죽지에 나타나는 '힘살' 모양을 본뜬 글자이다. 이 부수가 들어있는 글자들은 '힘', '힘을 쓰다'는 뜻을 가지고 있다.

> * 加(더할 가), 功(이바지할 공), 劣(못할 렬), 助(도울 조), 勁(굳셀 경),
> 勝(이길 승), 勞(수고할 로), 募(모을 모), 勢(세력 세), 勳(공로 훈),
> 勸(권할 권)

20) 勹(쌀 포) 部

사람이 몸을 구부려 두 팔로 무엇을 에워싸 품고 있는 모양을 본뜬 글자로, '싸다'의 뜻을 나타낸다.

> * 勺(구기 작), 包(쌀 포), 勿(말 물), 勻(적을 균), 匍(길 포), 匐(길 복)

21) 匕(숟가락 비) 部

끝이 뾰족한 숟가락의 모양을 본뜬 글자로 '숟가락'이란 뜻을 나타낸 글자라고도 하고(匙, 旨), 人자의 반대형으로 사람이 거꾸러지거나 허리가 고부라진 모양에서 '변화하다'의 뜻을 나타낸다고도 하며(化, 北), 비수의 모양을 본떠서 만든 글자라고도 한다.

* 化(화할 화), 北(북녘 북), 匙(숟가락 시)

22) 匚(상자 방) 部

물건을 넣어 두는 네모난 대나무 상자의 모양을 본뜬 글자로, 본래의 뜻은 대나무 상자이다. 이것을 '터진 입구'라고 부르기도 한다.

* 匠(장인 장), 匡(클 광), 匣(궤 갑), 匪(도적 비), 匜(주전자 이), 匱(함 궤)

23) 匸(감출 혜) 部

덮음을 나타내는 一 밑에 감춤을 나타내는 '隱'자의 옛 글자를 받쳐 위를 덮어 '감추다'의 뜻으로 쓰인다. '터진 에운 담'이라고 부르기도 하는데, 부적절한 명칭이다.

* 匹(짝 필), 區(나눌 구), 匿(숨을 닉), 匽(아첨할 암), 匷(눕힐 언)

24) 十(열 십) 部

一의 한가운데를 丨로 내리그은 글자. 수는 '一'에서 시작하여 열에서 한 계단이 끝남을 나타낸 글자이다. 또는, 다섯 손가락씩 있는 두 손을 엇걸어 '열'을 가리킨다고 한다. 그러나 부수자로서의 十에는 특정한 의미가 없다.

* 千(일천 천), 升(되 승), 午(낮 오), 半(절반 반), 卑(낮을 비), 卒(군사 졸),
  卓(높을 탁), 卉(풀 훼), 協(화할 협), 南(남녘 남), 博(넓을 박)

25) 卜(점 복) 部

점치기 위해 거북의 등 껍데기를 태울 때에 나타난 가로 세로의 금을 본뜬 글자이다. 그 금을 보고 길흉을 판단한 데서 '점'이란 뜻으로 쓰인다.

* 卞(법 변), 占(점 점), 卦(괘 괘)

26) 卩(병부 절) 部

구부러진 '무릎의 마디' 모양을 본뜬 글자로 '節'자의 옛 글자이다. 글자를 새긴 것을 쪼개어 그 한 조각을 외지에 나가는 관리에게 주었다가 신분 확인을 위해 맞춰 볼 때 무릎마디처럼 들어맞는다 하여 '병부(兵符)'의 뜻으로도 쓰인다. '卩'은 '卩'이 글자의 아래쪽에 위치할 때의 모양이다.

  * 卯(토끼 묘), 印(도장 인), 危(위태할 위), 却(물러날 각), 卵(알 란),
    卷(책 권), 卽(곧 즉), 卿(벼슬 경)

27) 厂(굴바위 엄) 部

산기슭에 바위가 튀어나와서 비 따위를 피할 수 있게 되어 있는 낭떠러지 모양을 본뜬 것으로 '굴바위', 또는 '언덕'을 뜻한 글자이다. 바위에 기대어 지은 집이란 뜻의 '广'의 대신으로도 쓰인다. 보통 '민엄호'라고 부르는데, 广(집 엄)의 위의 점 'ˋ'이 없다는 데서 나온 말이다.

  * 厄(재앙 액), 厚(두터울 후), 厘(티끌 리), 原(근본 원), 厥(그 궐),
    厭(싫어할 염)

28) 厶(사사로울 사) 部

팔꿈치를 구부려 물건을 자기 쪽으로 감싸 내 것으로 한다는 데서 '사사롭다'의 뜻이 된 글자이다. 나아가 '나'를 가리키기도 한다. 그러나 부수자로서 특정한 의미가 없고, 다만 자형의 분류를 위하여 부수로 설정해 놓은 데 불과하다.

  * 去(갈 거), 參(참여할 참)

29) 又(또 우) 部

'오른손'의 세 손가락을 펴 든 모양을 본뜬 글자이다. 손가락 세 개만 그린 것은, 옛날 사람들은 모두 '셋'으로 많다는 뜻을 나타냈기 때문이다. 오른손은 자주 쓰인다는 데서 '또', '다시'의 뜻으로도 쓰인다. 이 부수자가 들어 있는 글자는 '손의 동작'과 관계가 있다.

> * 叉(깍지낄 차), 及(미칠 급), 反(돌이킬 반), 友(벗 우), 取(취할 취),
> 叔(아자비 숙), 受(받을 수), 叛(배반할 반), 叟(늙은이 수), 叡(밝을 예),
> 叢(모을 총)

30) 口(입 구) 部

사람의 입을 본뜬 글자이다. 입의 기능에서 '말하다', 그 모양에서 '어귀'의 뜻으로도 쓰인다.

> * 古(옛 고), 只(다만 지), 史(역사 사), 可(가할 가), 司(맡을 사), 吏(아전 리),
> 吐(토할 토), 向(향할 향), 呑(삼킬 탄), 呂(등뼈 려), 員(관원 원), 善(착할 선),
> 喜(기뻐할 희), 嘗(맛볼 상)

31) 囗(에울 위) 部

사방을 '둘러싼' 모양을 나타낸 글자로, 圍(에울 위)의 본뜬 글자라기도 하고, 일정한 '경계' 안의 '지역'을 본뜬 글자로, 國(나라 국)의 옛 글자라기도 한다. 자형이 口(입 구)보다 더 크다는 뜻에서 '큰 입 구'라 부르기도 한다.

> * 四(넉 사), 囚(가둘 수), 因(인할 인), 回(돌아올 회), 困(곤란할 곤),
> 固(굳을 고), 圃(밭 갈 포), 圈(우리 권), 園(동산 원)

32) 土(흙 토) 部

싹(十)이 돋아나는 흙(一) 또는 싹이 나올 때의 지층을 본뜬 글자로, 땅을 뜻하는 글자이다. 이 부수가 들어 있는 글자들은 '흙', '대지', '국토', '지방' 등의 뜻으로 쓰인다.

> * 圭(홀 규), 在(있을 재), 坐(앉을 좌), 垂(드리울 수), 執(잡을 집), 堂(집 당)

33) 士(선비 사) 部

十과 一을 합친 글자로, 하나(一)를 들으면 열(十)을 아는 사람이라 하여 '선비'의 뜻이 된 글자이다. 또한 선비는 관리로 출세했던 데서 '벼슬'의 뜻으로도 쓰인다.

* 壬(아홉번째 천간 임), 壯(장할 장), 壽(목숨 수), 壻(사위 서), 壺(병 호)

34) 夊(뒤져올 치) 部

발을 가리키는 止(그칠 지)를 거꾸로 한 모양의 글자로, 머뭇거려서(止) '뒤져옴'을 가리키는 글자이다. 다음의 부수인 夊가 주로 문자의 아래 부분에 놓이는데 반해서, 夂는 주로 문자의 머리 부분에 놓인다.(예 : 冬, 各, 峰……)

* 夆(만날 봉)

35) 夊(천천히 걸을 쇠) 部

두 다리를 가리키는 모양과 발을 끄는 모양을 합친 글자로, 발을 끌면서 '천천히 걷는다' 또는 '편히 걸어감'을 가리킨 글자이다. 夂자의 모양과 비슷하다. 다만 파임을 시작하는 부분이 다르다. 夊자는 파임을 夂자보다 더 위쪽에서 시작해서 쓴다.

* 夏(여름 하), 夌(언덕 릉), 夐(멀 형), 夔(조심할 기)

36) 夕(저녁 석) 部

저무는 하늘에 떠 있는 달의 모양을 본뜬 글자이다. 원래 '月'자와 같은 글자였다. 그 모양이 비슷한 것으로도 알 수 있다. 따라서 이 부수에 나오는 글자들은 '저녁' 또는 '밤'과 관련이 있는 글자들이다.

* 外(바깥 외), 多(많을 다), 夜(밤 야), 夙(이를 숙), 夢(꿈 몽), 夥(많을 과)

37) 大(큰 대) 部

어른이 양팔을 벌리고 서 있는 것을 본뜬 글자로 그 모습이 '큼'을 가리킨다. 사람의 존재는 큰 것이라 하여 '위대(偉大)하다'의 뜻으로도 쓰인다.

* 夭(일찍 죽을 요), 天(하늘 천), 夫(사내 부), 太(클 태), 央(가운데 앙), 失(잃을 실), 夷(오랑캐 이), 奇(기이할 기), 奄(덮을 엄)

38) 女(여자 녀) 部

공손히 자신의 손을 맞잡고 무릎을 모으고 앉아 있는 여자의 모습을 본뜬 글자이다. 이 부수자가 들어 있는 글자들은 여성적인 성질이나 상태, 행위 등과 관련된 뜻을 가지고 있다.

* 奴(종 노), 奸(간사할 간), 如(같을 여), 妄(망령될 망), 妙(묘할 묘), 妓(기생 기), 妨(방해할 방), 妖(요사로울 요), 妾(첩 첩)

39) 子(아들 자) 部

어린아이의 모습을 본뜬 글자이다. 어린이는 머리가 크기 때문에 이 글자도 윗부분이 크다. 이 부수자가 들어있는 글자들은 남자, 아들, 새끼와 관련된 뜻을 가지고 있다.

* 孔(구멍 공), 孕(아이 밸 잉), 字(글자 자), 存(있을 존), 孝(효도 효), 季(끝 계), 孟(맏 맹), 孤(외로울 고),

40) 宀(집 면) 部

집의 지붕의 모양을 본뜬 글자이다. 이 부수가 들어 있는 글자들은 집과 관련이 있다. 冖을 '민갓머리'라고 하는 데 대하여 이 부수는 '갓머리'라고 한다.

* 宅(집 택), 守(지킬 수), 宇(집 우), 宏(클 굉), 官(벼슬 관), 宙(집 주)

41) 寸(마디 촌) 部

손목에서 맥박이 뛰는 데까지의 사이, 또는 손가락의 한 마디가 '한 치'가 됨을 나타낸 글자이다. 한 치는 길이를 헤아리는 기준이 된다는 데서 '규칙' 또는 '법도'의 뜻으로도 쓰인다.

* 寺(절 사), 封(봉할 봉), 射(쏠 사), 將(거느릴 장), 專(오로지 전)

42) 小(작을 소) 部

작고 보잘 것 없음을 나타내기 위하여 점을 세 개 찍었던 글자이다. '적다'의 뜻인 少는 원래는 작은 점 네 개로 이루어져 있었는데, 아래의 점 하나가 삐친 선으로 바뀐 글자이다.

* 少(적을 소), 尖(뾰족할 첨), 尙(오히려 상), 尠(적을 선)

43) 尢(절름발이 왕) 部

한쪽 정강이가 굽은 사람의 모양을 본뜬 글자이다. 곧 사람이 양팔을 벌리고 있는 '大'의 한 획을 구부려 한 발이 굽은 '절름발이'를 뜻한다.

* 尤(더욱 우), 尨(삽살개 방), 就(이를 취)

44) 尸(주검 시) 部

人의 변형으로 사람이 쓰러진 모양을 본떠 '주검'을 뜻한 글자이다. 또 글자의 모양이 집을 덮고 있는 윗부분의 모양을 본떠 '지붕' 또는 '집'을 뜻한 글자이기도 하다. 부수자로는 꽁무니를 나타내는 것과, 집과 관련된 뜻을 가지고 있는 것이 있다.

* 尹(다스릴 윤), 尺(자 척), 局(판 국), 尾(꼬리 미), 尿(오줌 뇨), 尻(꽁무니 고)

45) 屮(싹 날 철) 部

한 포기의 풀이 막 돋아난 모습을 나타낸 상형자이다. '丨'은 줄기, '凵'은 좌우로 뻗은 잎 또는 가지를 뜻한다. 풀이 한 줄기 돋아난 것을 屮이라 하고, 여러 개로 벌어진 것을 艸(풀 초)라 하고, 더욱 많이 늘어난 것을 芔(풀 훼)라고 한다.

* 屯(모일 둔, 진 칠 둔)

46) 山(뫼 산) 部

우뚝우뚝 솟은 산봉우리를 본떠 '산'을 뜻한 글자이다. 이 부수가 들어있는 글자들은 대체로 여러 종류의 산, 산의 형상, 산의 이름 등 산과 관련된 뜻을 가지고 있다.

* 岐(갈림길 기), 岡(멧등 강), 岩(바위 암), 岸(언덕 안), 岫(산굴 수),
  岳(큰산 악), 峙(우뚝 솟을 치), 崔(높은 산 최), 嶼(섬 서), 巖(바위 암)

47) 巜·川(내 천) 部

물이 흐르는 모양을 본떠 '내'를 뜻한 글자이다. 부수에서는 '개미허리'라고도 한다.

* 州(고을 주), 巡(순행할 순), 巢(집 소)

48) 工(장인 공) 部

무엇을 만들 때 사용하는 자 또는 파는 공구의 모양을 본떠 '만들다'의 뜻이 된 글자이다. 이 부수자가 들어 있는 글자들은 '일을 하다', '작업을 하다'는 뜻을 가지고 있다.

* 左(왼 좌), 巧(교묘할 교), 巨(클 거), 差(어지러울 차), 巫(무당 무)

49) 己(몸 기) 部

사람의 척추 마디 모양을 가리켜 '몸' 또는 '자기(自己)'를 뜻하는 글자라고도 하며, 실 끝이 고부라진 모양을 본뜬 글자라고도 한다. 이 부수가 들어간 글자들은 특별한 뜻은 없다.

 * 已(이미 이), 巳(뱀 사), 巴(땅이름 파), 巷(거리 항), 巽(손괘 손)

50) 巾(수건 건) 部

수건을 몸에 걸친 모양을 본뜬 글자이다(冂은 드리워진 천이고, ㅣ은 사람의 몸뚱이다). 수건의 쓰임새에 따라 '건' 또는 '덮다' 등의 뜻으로 두루 쓰인다.

 * 市(저자 시), 市(앞치마 불), 布(베 포), 帆(돛 범), 希(바랄 희), 帖(문서 첩), 帝(임금 제), 帥(장수 수), 師(스승 사), 席(자리 석), 帳(휘장 장), 常(항상 상)

51) 干(방패 간) 部

위가 터진 가닥 진 방패의 모양을 본뜬 글자로 방패로 창이나 화살을 막는다는 뜻으로도 쓰인다. 또한 방패를 창이 뚫음을 가리켜 '범하다'의 뜻으로도 쓰인다. 이 부수가 들어 있는 글자들은 막는다는 뜻보다도 다른 여러 가지 뜻을 가지고 있다.

 * 平(평평할 평), 年(해 년), 幸(다행 행), 幹(줄기 간)

52) 幺(작을 요) 部

아기가 갓 태어날 때의 모양을 본떠 '작다', '어리다'의 뜻을 나타낸 글자라고도 하며, 糸(실 사)가 반으로 잘린 자형으로 실보다 더 가늘고 '작다'의 뜻을 나타낸다고도 한다.

 * 幻(변할 환), 幼(어릴 유), 幽(그윽할 유), 幾(기미 기)

53) 广(집 엄) 部

언덕이나 바위를 지붕 삼아 지은 '바위 집'의 모양을 본뜬 글자이다. 厂은 지붕이 없는 굴집이고, 广은 지붕(丶)이 있는 집이다. 이 부수자가 들어 있는 글자들은 대부분이 집과 관련이 있다.

> * 床(평상 상), 庇(덮을 비), 序(차례 서), 府(곳집 부), 店(가게 점), 座(앉을 좌),
> 庫(창고 고), 庭(뜰 정), 庵(초막 암)

54) 廴(길게 걸을 인) 部

길을 갈 때에 뒷발을 끌어당기면서 '길게 걸음'을 걷는 것을 본뜬 글자이다. 또한 彳의 변형이라고도 한다. 이 부수가 들어 있는 글자들은 모두 걷는 것과 관계가 있다.

> * 廷(조정 정), 延(끌 연), 建(세울 건), 廻(돌아올 회)

55) 廾(들 공) 部

두 손으로 마주 잡아 받들어 올리는 모양을 본뜬 글자로 '손 맞잡다', '팔짱끼다'의 뜻으로 쓰인다. '밑스물 입(卄)'이라고 하는데 서로 별개의 글자이다. 또한 '책상 기(丌)'와도 별개의 글자이다. 이 부수자가 들어 있는 글자들은 대부분이 '잡고 있다'의 뜻을 가지고 있다.

> * 弁(고깔 변), 弄(희롱할 롱), 龡(덮을 엄), 弊(헤칠 폐), 弈(바둑 혁)

56) 弋(주살 익) 部

화살의 모양을 본뜬 글자이다. 끝이 뾰족한 화살은 '弋'으로 쓰고, 자루가 긴 창은 '戈'로 자루 부분에 한 획을 더하여 자루가 긴 것을 나타낸 것이다.

> * 式(법 식), 弒(죽일 시)

57) 弓(활 궁) 部

화살이 없는 활의 모양을 본뜬 글자이다. 이 부수자가 들어 있는 글자들은 활과 관련된 뜻을 가지고 있다.

> * 弔(조상할 조), 引(끌 인), 弘(넓을 홍), 弗(아닐 불), 弛(늦출 이),
> 弟(아우 제), 弦(활시위 현), 弧(활 호), 弱(약할 약), 張(베풀 장),
> 弼(도울 필), 彌(두루 미)

58) 彐 · 彑(돼지머리 계) 部

돼지의 머리 또는 고슴도치의 머리를 본뜬 글자이다. 彐의 모양이 曰자의 왼쪽 획이 없는 것과 비슷하기 때문에 '터진 가로왈'이라고도 부른다.

> * 彖(판단할 단), 彗(비 혜), 彘(돼지 체), 彙(무리 휘), 彛(떳떳할 이)

59) 彡(터럭 삼) 部

보기 좋게 자라난 '머리털' 모양을 본뜬 글자이다. 또한 털로 만든 붓으로 색칠한다 하여 '그리다'의 뜻으로도 널리 쓰인다.

> * 形(형상 형), 彦(선비 언), 彩(채색할 채), 彧(문체 욱), 彬(빛날 빈),
> 彫(새길 조), 彰(밝을 창), 影(그림자 영), 彪(무늬 표)

60) 彳(자축거릴 척) 部

허벅다리, 정강이, 발이 연결된 글자로, 조금씩 걷는 다리 모양을 본뜬 글자로 '자축거리다'의 뜻이 된 글자이다. 行의 왼쪽 부분에 해당한다. 오른쪽 부분인 '亍'은 '자축거릴 촉'자이다. 이 부수자가 들어 있는 글자들은 대부분이 '걷다', '가다'의 뜻이 있다.

> * 彷(방황할 방), 役(부릴 역), 往(갈 왕), 征(칠 정), 待(기다릴 대), 後(뒤 후),
> 徐(천천히 갈 서), 徒(무리 도), 從(따를 종), 徙(옮길 사),

61) 心·忄·㣺(마음 심) 部

마음은 '심장'에서 우러나온다 하여 심장의 모양을 본뜬 글자이다. 心이 변으로 가서 붙으면 忄이 되고, 밑으로 가서 붙으면 㣺이 된다.

   * 必(반드시 필), 志(뜻 지), 忘(잊을 망), 忙(바쁠 망), 念(생각할 념),
     應(응할 응), 恥(부끄러울 치), 惹(이끌 야), 慈(착할 자), 愛(사랑할 애),
     憲(법 헌)

62) 戈(창 과) 部

날 부분에 가지가 있는 '창'의 모양을 본뜬 글자이다. 창은 싸움에 쓰이는 무기라는 데서 '전쟁'의 뜻으로도 쓰인다.

   * 戊(무성할 무), 戍(수자리 수), 戌(개 술), 成(이룰 성), 戎(병기 융)

63) 戶(지게문 호) 部

외짝 문의 모양을 본뜬 글자이다. 대문처럼 양쪽으로 모두 열 수 있는 문은 '門'으로 나타낸다.

   * 戾(어그러질 려), 房(방 방), 所(바 소), 扇(부채 선), 扈(뒤따를 호)

64) 手·扌(손 수) 部

손의 모양을 본뜬 글자이다. '手'자가 부수로 왼쪽에 붙을 때 '재방 변'이라고 하는데, '재주 재(才)'자와 모양이 비슷해서이다.

   * 承(받들 승), 拳(주먹 권), 拏(붙잡을 나), 掌(손바닥 장), 摩(갈 마),
     摯(잡을 지), 打(칠 타), 托(의탁할 탁)

65) 支(지탱할 지) 部

손으로 대나무 가지를 쥔 모양을 본뜬 글자이다. 대나무 가지로 무엇을 버턴다 하여 '지탱하다'의 뜻으로 쓰인다. 枝, 技, 肢, 岐 등은 支를 몸으로 한 글자들이다.

　　* 攲(기울 기)

66) 攴・攵(칠 복) 部

점칠 때 산가지와도 같은 회초리를 들고 때리거나 치는 모양을 본뜬 글자이다. '文'자와 비슷하여 '등글월 문'이라고도 한다. 이 부수자가 들어 있는 글자들은 대부분이 '치다', '때리다'의 뜻이 포함되어 있다.

　　* 收(걷을 수), 攸(아득할 유), 改(고칠 개), 攻(칠 공), 放(놓을 방), 政(정사 정)

67) 文(글월 문) 部

사람 몸에 그린 문신 모양을 본떠 '무늬'의 뜻으로 된 글자이다. 蚊, 紊, 紋, 雯, 閔, 玟, 旼, 룡 등은 文을 몸으로 한 글자들이다.

　　* 斑(얼룩 반), 斐(아름다울 비), 斌(빛날 빈)

68) 斗(말 두) 部

술을 푸거나, 양을 잴 때 쓰는 '말'의 모양을 본뜬 글자이다. 이 부수가 들어 있는 글자들은 대부분이 '양을 재다', '푸다', '국자' 등의 뜻을 가지고 있다.

　　* 料(헤아릴 료), 斜(비낄 사), 斟(술따를 짐), 斡(돌릴 알)

69) 斤(도끼 근) 部

도끼 모양을 본뜬 글자이다. 도끼날을 저울추로 사용했던 데서 그 음을 빌어 무게의 단위인 '근'의 뜻으로도 쓰인다. 이 부수가 들어 있는 글자들은 '도끼', '베다', '자르다' 등의 뜻을 가지고 있다.

* 斥(물리칠 척), 斧(도끼 부), 斬(목 벨 참), 斯(이 사), 新(새 신), 斫(찍을 작),
斷(끊을 단)

70) 方(모 방) 部

쟁기의 모양을 본뜬 글자이다. 보습이 나아가는 '방향'을 나타내기도 한다. 이
부수가 들어 있는 글자 중에는 깃발이 바람에 펄럭이는 모양을 본뜬 글자인 '㫃
(깃발 언)'이 들어 있는 글자가 많다.

* 於(어조사 어), 施(베풀 시), 旁(곁 방), 旅(군사 려), 旌(기 정), 旋(돌 선)
族(겨레 족), 旗(기 기)

71) 无(없을 무·이미기방) 部

旡(이미기방)이라고도 함. 우뚝할 올(兀)의 왼쪽 획(丿)이 치뚫고 허공(一)까지
통하니 그 위가 '없다'는 뜻.

* 旣(이미 기)

72) 日(날 일) 部

해의 모양을 본뜬 상형자로, '해', '날'의 뜻. '해 일, 하루 일, 날자 일, 먼저 일,
날 점칠 일'이라고도 함.

* 旨(맛있을 지), 易(쉬울 이), 昆(형 곤), 明(밝을 명)

73) 曰(가로 왈) 部

입 구(口)의 가운데에 一을 그어 혀를 나타낸 지사자로, '말하다'의 뜻을 나타내
며, 日보다 옆으로 퍼지게 써서 구별하였다.

* 曲(굽을 곡), 書(책 서), 會(모일 회)

74) 月(달 월) 部

초승달의 모양을 본뜬 상형자로, '달'을 뜻하며, 日자는 항상 둥근 태양을 뜻하는 맥락에서, 달은 초승달이 차츰 충만하여 만월이 되었다가 다시 이지러져 그믐달이 원을 본떠 반달의 모양을 본뜬 자임.

* 有(있을 유), 朋(벗 붕), 服(옷 복)

75) 木(나무 목) 部

땅에 뿌리를 박고 자라나는 나무를 본뜬 상형자로, '나무'의 뜻을 나타냄.

* 未(아닐 미), 末(끝 말), 朱(붉을 주)

76) 欠(하품 흠) 部

쌀 포(勹)에 사람 인(人)을 합친 회의·상형자로, 사람이 입을 크게 벌려 하품하는 모양을 본뜬 자라고도 하며, '기지개 켤 흠, 이지러질 흠, 빌릴 흠, 빠질 흠, 구부릴 흠'이라고도 함.

* 次(다음 차), 欲(하고자 할 욕), 歌(노래 가)

77) 止(그칠 지) 部

사람이 서 있는 발의 모양을 본뜬 상형자로, '멈추다', 나아가 '그치다'의 뜻.

* 正(바를 정), 步(걸음 보), 歪(비뚤 왜)

78) 歹(歺)(뼈앙상할 알·죽을사변) 部

歺 모양으로도 쓰며, 骨의 半字 모양으로도 써서, 머리뼈에서 살을 깎아내어 뼈만 남게 한다는 데서 '죽음'의 뜻을 나타냄.

* 死(죽을 사), 歿(죽을 몰), 殆(위태로울 태)

79) 殳(칠 수 · 갖은등글월문) 部

단독으로는 잘 쓰지 않고, 오른손에 무기를 들고 있는 모양을 본뜬 상형자로, 무기를 손에 들고 사람을 죽인다는 데서 창이나 칼 등의 무기를 뜻하게 된 자.

　＊ 段(구분 단), 殺(죽일 살), 殿(큰 집 전)

80) 毋(말 무) 部

계집 녀(女)에 한 일(一)을 합친 회의자로, 여자에게는 남자가 함부로 침범하지 못하게 막는(一)다는 뜻에서 '말라'의 뜻이 됨.

　＊ 母(어미 모), 每(매양 매), 毒(독 독)

81) 比(견줄 비) 部

두 사람이 나란히 서 있는 모양을 본뜬 상형자로, 서로 '견주어' 본다는 뜻.

　＊ 毘(도울 비)

82) 毛(터럭 모) 部

사람의 머리털, 짐승의 꼬리털, 새의 깃을 본뜬 상형자로, '털'을 뜻한 자.

　＊ 毛(털 모), 毫(가는 털 호)

83) 氏(성씨 시 · 각시 씨) 部

땅 속의 나무뿌리가 지상으로 조금 나온 모양을 본뜬 상형자로, 사람의 씨족이 나무뿌리처럼 뻗는다는 데서 '성씨'의 뜻을 나타냄.

　＊ 民(백성 민)

84) 气(기운 기) 部

氣의 약자로도 쓰이나, 단독으로 잘 쓰지 않음. 입에서 나오는 입김의 모양, 혹은 구름이 피어오르는 모양, 김이 모락모락 서려 오르는 모양을 본뜬 상형자. '구할 걸, 가져갈 걸'이라고도 함.

  * 氣(기운 기)

85) 水(氵)(물 수·삼수변) 部

물이 흐르는 모양을 본뜬 상형자, '물'의 뜻을 나타냄.

  * 永(길 영), 氷(얼음 빙), 江(강 강)

86) 火(灬)(불 화) 部

불이 활활 타오르는 모양을 본뜬 상형자로, '불'의 뜻을 나타냄.

  * 灰(재 회), 炎(불탈 염), 烏(까마귀 오), 熙(빛날 희)

87) 爪(爫)(손톱 조) 部

손으로 물건을 집으려는 형상을 본뜬 상형자로, '손톱'의 뜻을 나타냄.

  * 爭(다툴 쟁), 爲(할 위)

88) 父(아버지 부·아비 부) 部

오른손에 도끼를 들고 일하는 남자의 손 모양을 본뜬 상형자로, 도끼는 가장인 아버지에게 중요한 도구라는 데서 '아비'의 뜻이 됨.

  * 爸(아비 파)

89) 爻(사귈 효·점괘 효) 部

육효(六爻)의 머리가 엇갈린 모양을 본떠서 만든 지사자로, 엇갈림의 뜻을 나타냄.

　　* 爽(시원할 상), 爾(너 이)

90) 爿(조각널 장·장수장변) 部

통나무를 두 쪽으로 쪼갠 것 중 왼쪽 것의 모양을 본뜬 상형자, '조각 널'을 뜻하며, '조각널 장'이라고도 함. 단독으로는 쓰지 않음.

　　* 牆(담 장)

91) 片(조각 편) 部

통나무를 반으로 쪼갠 것 중 오른쪽 것의 모양을 본뜬 상형자로, '조각'의 뜻을 나타냄.

　　* 版(널 판), 牌(패 패), 牒(글씨판 첩)

92) 牙(어금니 아) 部

입을 다물었을 때 아래위의 어금니가 맞닿은 모양을 본뜬 상형자로, '어금니'를 뜻함.

　　* 牚(버팀목 탱)

93) 牛(牜)(소 우) 部

머리와 두 뿔이 솟고, 꼬리를 늘어뜨리고 있는 소의 모양을 본뜬 상형자로, '소'의 뜻. 별이름 우라고도 하며, 牛가 붙은 자는 대개, 소의 이름, 소의 모양 등의 소에 관계되는 뜻을 나타냄.

　　* 牡(수컷 목), 牧(칠 목), 物(만물 물)

94) 犬(犭)(개 견 · 개사슴록변) 部

개가 앉아 있는 것을 옆에서 본 모양을 본뜬 상형자로, '개'를 뜻하며, 한자 구성에서 '犭'의 모양으로 쓰고 '개사슴록'이라고도 함.

  * 犯(범할 범), 狂(미칠 광)

95) 玄(검을 현) 部

작은 것이 공기에 가리어 가물가물하거나 검게 보인다는 데서 '검다' 뜻이 됨.

  * 玆(이 자), 率(거느릴 솔)

96) 玉(王)(구슬 옥(임금 왕)) 部

王에 한 점을 더하여 임금의 어진 심성과 높은 덕을 값진 한 점의 옥에 비유한 데서 '옥'의 뜻. 한자 구성에서 '王'으로 쓴다. '임금왕변'이란 속된 이름이다.

  * 玩(희롱할 완), 珍(보배 진), 珠(구슬 주), 班(나눌 반)

97) 瓜(오이 과) 部

덩굴에 꼬부라진 오이의 모양을 본뜬 상형자로, '오이'의 뜻. 瓜자 붙은 자는 대개 오이, 참외와 같이 덩굴에서 열리는 과일의 이름을 나타낸다.

  * 瓣(외씨 판)

98) 瓦(기와 와) 部

기와의 모양을 본뜬 상형자로, '기와'를 뜻한 자. 瓦자가 붙은 자는 대개, 질그릇의 이름 등 흙으로 빚은 그릇을 나타냄.

  * 瓶(병 병), 甕(독 옹)

99) 甘(달 감) 部

입 속에 단 음식을 머금은 모양을 본뜬 지사자로, '달다'의 뜻. 단 것은 많이 먹으면 싫증이 난다는 데서 '싫다'의 뜻도 됨.

   * 甚(심할 심)

100) 生(날 생) 部

싹이 땅에서 솟아나는 모양을 본뜬 상형자로, '나다', '살다'의 뜻.

   * 産(낳을 산)

101) 用(쓸 용) 部

점 복(卜)과 가운데 중(中)을 합친 회의자로, 점(卜)을 쳐서 맞으면 그것을 시행한다는 데서 '쓰다'의 뜻.

   * 甫(클 보), 甬(길 용)

102) 田(밭 전) 部

밭과 밭 사이의 둑을 본뜬 상형자로, '밭'을 뜻한 자. 田자가 붙은 자는 대개, 밭의 모양, 가르다, 경계, 자리 등의 뜻을 나타냄.

   * 由(말미암을 유), 申(펼 신), 男(사내 남), 界(지경 계)

103) 疋 발 소(짝필변) 部

발목에서 발끝까지의 모양을 본뜬 상형자로, '발(足)'의 뜻을 나타내며, '짝 필, 끝 필, 필 필'이라고도 함.

   * 疑(의심할 의)

104) 疒 병들 녁(병질엄) 部

'사람 인'과 '조각널 장'을 합친 회의자로, 사람이 병상에 누워 있는 모양에서 '병이 들다'의 뜻이 된 자. '병들어 기댈 녁'이라고도 함. 疒이 붙은 자는 대개, 병의 이름이나 병에 관계되는 뜻을 나타냄.

   * 疫(염병 역), 疹(홍역 진), 症(증세 증), 疾(병 질), 癌(암 암)

105) 癶(걸을 발·필발머리) 部

두 다리를 뻗친 모양을 본뜬 상형자로, '걷다'의 뜻. 發자의 부수인 데서 '필발머리'라고도 함.

   * 登(오를 등), 發(쏠 발)

106) 白(흰 백) 部

해 일(日)에 삐칠 별(丿)을 한 회의자로, 해가 비치니 '희다'는 뜻. 白자가 붙은 자는 대개, 희다, 깨끗하다의 뜻을 나타낸다.

   * 百(일백 백), 的(과녁 적), 皆(모두 개)

107) 皮(가죽 피) 部

손으로 짐승의 가죽을 벗기는 모양을 본뜬 상형자로, '가죽', '껍질'의 뜻이 됨. 皮자가 붙은 자는 살갗이나 껍질에 관계되는 뜻을 나타낸다.

   * 皺(주름 추)

108) 皿(그릇 명) 部

그릇의 모양을 본뜬 상형자로, 윗부분은 물건을 담는 곳. 몸뚱이, 받침의 모양을 상징하여 '그릇'의 뜻.

* 盆(동이 분), 益(더할 익), 盜(훔칠 도), 盛(담을 성)

109) 目(눈 목) 部

사람의 눈의 모양을 본뜬 상형자로, '눈', '보다' 등의 뜻이나, 초목의 눈, 저울 눈 등 광범위하게 쓰인다.

* 盲(소경 맹), 直(곧을 직), 相(서로 상), 盾(방패 순)

110) 矛(창 모) 部

뾰족한 쇠를 긴 자루 끝에 박은 세모진 창의 모양을 본뜬 상형자로, '창'의 뜻. '무릅쓸 모'라고도 함.

* 矜(불쌍히 여길 긍)

111) 矢(화살 시) 部

화살의 모양을 본뜬 상형자이나 한 방향으로 활줄에 대고 당기는 화살을 나타 내기도 하여, '화살', '곧다'의 뜻.

* 矣(어조사 의), 知(알 지)

112) 石(돌 석) 部

언덕(厂) 아래에 굴러 떨어진 돌덩이(口)의 모양을 본뜬 상형자로, '돌'을 뜻함.

* 砂(모래 사), 破(깨뜨릴 파), 硏(갈 연)

113) 示(礻)(보일 시) 部

제물을 차려 놓는 제단의 모양을 본뜬 상형자, 또는 '二'는 고문에서 하늘을 가 리키고, '小'는 日·月·星의 셋을 가리켜, 하늘에서 日·月·星이 온갖 현상을 보이어 인간에게 길흉을 보여 알림을 뜻하여 '보다'의 뜻이 됨. 그러한 맥락에서 땅에서 하늘에 제사 지낸다 하여 '땅귀신 기'라고도 함.

    * 祀(제사 사), 祈(빌 기), 祉(복 지), 秘(숨길 비)

114) 内(짐승 발자국 유) 部

구부러져 둥그렇게 난 짐승의 발자국의 모양을 나타낸 상형자로, '짐승 발자국'의 뜻이나 단독으로는 쓰지 않는다.

    * 禽(날짐승 금)

115) 禾(벼 화) 部

벼의 줄기(木)의 상단에 벼이삭(丿)이 드리워진 모양을 본뜬 상형자로, '벼'를 뜻함.

    * 秀(빼어날 수), 私(사사 사), 秋(가을 추)

116) 穴(구멍 혈) 部

집(宀) 밑을 좌우로 파헤쳤다(八)는 회의자로, 움을 파서 주택으로 하여 그 속에서 살았던 데서 '구멍'의 뜻이 됨.

    * 究(궁구할 구), 突(갑자기 돌)

117) 立(설 립) 部

큰 대(大) 밑에 한 일(一)을 받친 회의자로, 사람이 땅 위에 서 있는 모양을 본뜬 자로, '서다'의 뜻.

    * 站(우두커니 설 참), 竝(아우를 병), 竟(다할 경)

118) 竹(대 죽) 部

대나무의 잎이 아래로 드리워진 모양을 본뜬 상형자로, '대'를 뜻함. '대죽머리'라고도 함. 대나무로 피리를 만든 데서 '피리 죽'이라고 함.

* 笑(웃을 소), 符(부신 부), 第(차례 제)

119) 米(쌀 미) 部

곡식의 낱알이 따로따로 있음을 나타내고, 十은 많다는 뜻을 나타내어 '쌀'을 뜻함. '낱알 미'라고도 함.

* 粉(가루 분), 粒(알 립), 粧(단장할 장)

120) 糸(실 사, 실 멱) 部

가는 실을 감은 실타래의 모양을 본뜬 상형자로, '실'을 뜻함. 絲(실 사)의 약자로 쓰이나 대개 단독으로 쓰지 않음.

* 系(이을 계), 紅(붉을 홍), 紙(종이 지)

121) 缶(장군 부) 部

배가 불록하고 아가리가 좁은, 물 같은 것을 운반하는 데 쓰이던 질그릇(장군)을 본뜬 상형자로, '장군'의 뜻.

* 缺(이지러질 결), 罌(물독 앵)

122) 网(罒)(그물 망) 部

그물의 벼리(冂)와 그물 코 모양을 본뜬 상형자로, '그물'을 뜻함.

* 罪(허물 죄), 置(둘 치), 罰(죄 벌)

123) 羊(양 양) 部

뿔이 난 양의 머리 모양을 본뜬 상형자로, '양'을 뜻함.

　　＊ 美(아름다울 미), 羞(바칠 수)

124) 羽(깃 우) 部

새의 깃 또는 날개의 모양을 본뜬 상형자로, 새의 '깃'이나 '털'을 뜻함. 五音中
의 하나인 '우성 우'라고도 하며, '모을 우'라고도 함.

　　＊ 翁(늙은이 옹), 習(익힐 습), 翠(물총새 취)

125) 老(耂)(늙을 로) 部

부수로 쓸 때에는 대개 '耂'의 모양으로 쓴다. 머리카락이 길고, 허리가 굽은
노인이 지팡이를 짚고 서 있는 모양을 본뜬 상형자로, '늙다'의 뜻.

　　＊ 考(상고할 고), 者(놈 자)

126) 而(말 이을 이) 部

입의 위아래에 난 수염의 모양을 본뜬 상형자로, 말이 수염 사이로 연이어 나온
다하여 문장 연결의 어조사로 쓰임.

　　＊ 耐(견딜 내)

127) 耒(쟁기 뢰) 部

우거진 잡초(耒)를 나무(木)로 만든 기구로 파헤친다는 데서 만들어진 회의·상
형자로, '쟁기'의 뜻이 됨.

　　＊ 耘(김맬 운), 耕(밭 갈 경), 耗(줄 모)

128) 耳(귀 이) 部

사람의 귀의 모양을 본뜬 상형자로, '귀'의 뜻을 나타내며, 양쪽에 귀가 있다 하여 그릇이나 냄비의 손잡이 등의 뜻을 나타내기도 함.

　　＊耽(즐길 탐), 聚(모일 취), 聞(들을 문)

129) 聿(붓 율) 部

붓대로 획을 긋는다는 데서 '붓'의 뜻이나, 붓은 대죽(竹)을 더하여 '筆'로 씀.

　　＊肅(엄숙할 숙)

130) 肉(月)(고기 육·육달월변) 部

잘라 낸 고기 덩어리를 본뜬 상형자로, '고기'의 뜻. 한자 구성에서 '月, 夕'의 모양으로 쓰고, '육달월'이라고 함. 月(달 월)과는 뜻이 다르다. 月이 붙은 자는 대개, 기르다, 살찌다, 기름, 또는 몸의 부위 이름, 오장 육부의 각 명칭 등의 뜻을 나타낸다.

　　＊肋(갈비 륵), 肛(똥구멍 항), 肝(간 간)

131) 臣(신하 신) 部

임금 앞에서 몸을 구부리고 있는 신하의 모양을 본뜬 상형자로, '신하'의 뜻. 신하는 임금 앞에서 두려움을 갖는다 하여 '두려울 신'이라고도 함.

　　＊臥(엎드릴 와), 臨(임할 림)

132) 自(스스로 자) 部

사람의 코를 본뜬 상형자로, 코를 가리키며 '자기'를 나타낸다 하여 '스스로'의 뜻이 됨. 모든 것은 자기로부터 시작한다 하여 '시작'의 뜻도 됨.

　　＊臭(냄새 취), 皋(부르는 소리 고)

133) 至(이를 지) 部

새가 날아와 땅에 닿는 모양을 본뜬 상형자로, '이르다', '미치다'의 뜻.

　　* 致(이를 치), 臺(돈대 대)

134) 臼(절구 구·확 구) 部

凵은 절구를 나타내고, 그 안의 점들은 곡식알을 본뜬 상형자로, '절구'의 뜻.

　　* 與(줄 여), 興(일 흥), 舊(예 구)

135) 舌(혀 설) 部

방패 간(干)에 입 구(口)한 회의자로, 입이 하는 일을 도와주는 무기(干)라는 데서 '혀'를 뜻함.

　　* 舍(집 사)

136) 舛(어그러질 천) 部

步가 左右의 발을 포개 놓은 모양과 같이 舛도 左右의 발(足)을 上下로 포개놓은 모양이다. 방향이 서로 반대되는 모양에서 '어그러지다'의 뜻이 됨.

　　* 舞(춤출 무)

137) 舟(배 주) 部

통나무 배의 모양을 본뜬 상형자로, '배'의 뜻. 또, 술잔을 올려놓는 잔대의 모양이라고도 함. 舟를 변으로 쓰는 자는 대개, 배의 이름이나 배에 관계되는 뜻을 나타낸다.

　　* 航(배 항), 般(돌 반), 艇(거룻배 정)

138) 艮(그칠 간) 部

目 밑에 匕(비수 비)한 회의자로, 사람이 몸을 뒤로 돌려(匕) 보는 데에는 한도
가 있다 하여 '그치다'의 뜻이 됨.

　　* 良(좋을 량)

139) 色(빛 색) 部

사람 인(人)과 마디 절(卩)을 합친 회의자로, 사람의 마음에 있는 것이 부절(符
節)처럼 나타나는 얼굴빛이라는 데서 '빛'의 뜻이 됨.

　　* 艶(고울 염)

140) 艸(++)(풀 초 · 초두) 部

초목의 싹들(艸)이 돋아 나오는 모양을 본뜬 상형자로, '풀'을 뜻한 자. 한자 구
성에서 머리에 쓰기 때문에 붙여진 이름이다. 머리에 붙을 때는 '++'의 모양으로
4획에 쓴다. '새 초, 풀 파릇파릇 날 철'이라고도 하며, 보통 '풀 초'라고 한다. 단
독으로 잘 쓰지 않으며, 초두가 붙은 자는 대개, 나무가 아닌 풀의 모양, 이름에
관계되는 글자들이다.

　　* 芝(지초 지), 花(꽃 화), 草(풀 초), 萬(일만 만), 藥(약초 약)

141) 虍(범 호) 部

범의 몸에 있는 무늬를 본뜬 상형문자로, '범의 문채 호'라고도 하며, '범'이라는
뜻을 가진다.

　　* 虎(범 호), 虐(잔인할 학), 虔(정성 건), 處(곳 처), 虛(빌 허), 虜(포로 로),
　　　虞(근심할 우), 號(부를 호), 虓(범울 효), 虧(이지러질 휴)

142) 虫(벌레 충) 部

'벌레'라는 뜻이다. 살모사가 몸을 사리고 있는 모양을 본뜬 상형문자이다. 蟲의 약자로 쓰인 데서 붙여진 이름이나, 본음은 '벌레 훼'이다.

* 蛇(뱀 사), 蛤(조개 합), 蛭(거머리 질), 融(화할 융), 螢(개똥벌레 형),
  蟲(벌레 충)

143) 血(피 혈) 部

삐칠 별(丿) 밑에 그릇(皿)을 받친 회의문자로, 칼질(丿)을 하여 흘러나온 피를 그릇에 담아서 신에게 바친 데에서 '피'의 뜻이 되었다. '붙이, 씩씩하다'의 뜻도 있다.

* 衆(무리 중), 衉(토할 객), 衃(어혈 배), 衁(피 황), 衄(코피 뉵), 衊(더럽힐 멸)

144) 行(다닐 행) 部

자축거릴 척(彳)에 자축거릴 촉(亍)을 합친 회의문자. 또는 큰 길 네거리의 모양을 본뜬 상형문자. '행'의 음을 쓰며 뜻으로는 '길, 다니다, 오행, 행서' 등이 있고, '항렬, 굳세다' 등은 '항'으로 읽는다.

* 衍(넘칠 연), 術(재주 술), 衙(관청 아), 衝(찌를 충), 衛(보호할 위),
  衡(저울대 형), 街(거리 가), 衒(자랑할 현), 衢(갈림길 구)

145) 衣(옷 의) 部

사람이 저고리를 입고 옷깃을 여민 모양을 본뜬 상형문자. 옷에 관련된 뜻을 지니고 있다.

* 表(겉 표), 衫(적삼 삼), 衷(속마음 충), 衰(쇠할 쇠), 袖(옷소매 수),
  被(덮을 피), 裔(후손 예), 襄(도울 양), 製(지을 제), 襲(계승할 습)

146) 襾(덮을 아) 部

위에서 덮고(冂) 밑에서 받치고(凵) 또, 위에 덮었다(一)는 회의문자로, '덮어 가린다'의 뜻이다.

* 西(서녘 서), 要(요구할 요), 覆(뒤집을 복), 覈(씨 핵), 覂(엎을 봉), 覃(뻗을 담)

147) 見(볼 견) 部

눈 목(目) 밑에 어진 사람 인(儿)을 붙인 회의문자로, '보다, 만나다, 당하다, 드러나다' 등의 뜻이 있다.

* 規(규칙 규), 視(보일 시), 親(친할 친), 覺(깨달을 각), 覽(볼 람), 觀(볼 관), 覿(놀랄 혁), 覩(볼 도), 覘(엿볼 점), 覬(넘겨다볼 기)

148) 角(뿔 각) 部

소나 양의 뿔을 본뜬 상형문자. '뿔, 구석, 견주다, 별이름, 각도' 등의 뜻이 있다.

* 解(풀 해), 觸(부딪칠 촉), 觕(대강 추), 觴(잔 상), 觔(힘줄 근), 觚(술잔 고)

149) 言(말씀 언) 部

본래의 자형은 찌를 건 밑에 구(口)를 붙인 회의문자로, '말씀, 말하다, 어조사, 우뚝하다' 등의 뜻이 있다.

* 計(계산할 계), 試(시험 시), 訟(소송할 송), 討(공격할 토), 訪(물을 방), 變(변할 변), 託(부탁할 탁), 詩(시 시)

150) 谷(골 곡) 部

여덟 팔을 두 개 모개 놓아 산등성이가 갈라진 모양과 입구를 합친 회의·상형문자. '골짜기, 고을, 막히다, 동풍'의 뜻이 있다.

   * 豁(열릴 활)

151) 豆(콩 두) 部

제물을 담는 제기의 모양을 본뜬 상형문자이나, 그 모양이 콩꼬투리 같다는 데서 '콩'의 뜻으로 쓰는 가차문자.

   * 豈(어찌 기), 豐(풍부할 풍)

152) 豕(돼지 시) 部

돼지의 머리 및 등, 네 발, 꼬리 등을 본뜬 상형문자.

   * 豚(돼지 돈), 象(모양 상), 豪(굳셀 호)

153) 豸(해태 치) 部

맹수가 발을 모으고 등 갈기를 높이 세우고 덤벼들려는 모양을 본뜬 상형문자로 상상의 동물인 해태를 뜻한다.

   * 貌(모양 모)

154) 貝(조개 패) 部

조개의 모양을 본뜬 상형문자. 옛날 조개피를 화폐로 사용한 데서 '재물'의 뜻으로 쓰임.

   * 貞(곧을 정), 負(저버릴 부), 財(재물 재), 貢(바칠 공), 貧(가난할 빈),
     貳(둘 이)

155) 赤(붉을 적) 部

불이 활활 타오르는 모양을 본뜬 상형문자.

　　* 赦(용서할 사)

156) 走(달아날 주) 部

흙 토(土) 밑에 그칠 지(止)를 합친 회의문자로, 발로 흙을 박차고 뛰어간다는 데서 '달리다'의 뜻이 된다.

　　* 赴(다다를 부), 起(일어날 기), 趨(달릴 추), 超(초과할 초), 趣(취미 취)

157) 足(발 족) 部

허벅다리 또는 무릎에서 발가락까지의 모양을 본뜬 상형문자.

　　* 跋(밟을 발), 跌(넘어질 질), 跡(자취 적), 趾(발 지), 蹴(대지를 축), 路(길 로)

158) 身(몸 신) 部

스스로 자(自)와 재주 재(才)를 합친 회의문자. 또는 아이 밴 여자의 배가 볼록 나온 모양을 본뜬 상형문자.

　　* 軀(몸 구), 躬(몸 궁)

159) 車(수레 거) 部

바퀴달린 수레의 모양을 본뜬 상형문자.

　　* 軌(수레바퀴 궤), 軍(군사 군), 軒(추녀끝 헌), 軟(부드러울 연), 載(실을 재),
　　 轉(구를 전), 輩(무리 배), 輯(모을 집), 輝(빛날 휘), 輪(바퀴 륜)

160) 辛(매울 신) 部

옛날 죄인의 이마에 문신을 할 때에 쓰던 도구의 모양을 본뜬 상형문자.

* 辨(분별할 변), 辭(글 사), 辯(논쟁할 변)

161) 辰(별 진) 部

조개가 껍질을 벌리고 발을 내놓고 움직이는 모양을 본뜬 상형문자인데, 조개가 움직이기 시작하는 음력 3월에 농사철을 알리는 전갈별자리가 나타난다고 해서 '별'의 뜻이 되었다.

* 辱(욕될 욕), 農(농사지을 농)

162) 辶(쉬엄쉬엄 갈 착) 部

자축거릴 척(彳)에 그칠 지(止)의 합자인 회의문자로, 가다 서기를 반복하므로 쉬엄쉬엄 가다는 뜻이 됨. '책받침'이라고도 한다.

* 巡(돌 순), 迎(맞이할 영), 迂(멀 우), 近(가까울 근), 迫(핍박할 박),
  追(좇을 추), 退(물러갈 퇴), 進(나아갈 진), 過(허물 과), 道(길 도)

163) 邑(고을 읍) 部

에울 위(口) 밑에 병부 절(卩)을 합친 회의문자. '고을'이라는 뜻으로 쓰이며, '우부방'이라고 하며 阝으로 표기한다.

* 邙(북망산 망), 那(어찌 나), 邦(나라 방), 邪(간사할 사), 郊(교외 교),
  郎(사내 랑), 郡(고을 군), 部(나눌 부), 郭(둘레 곽), 鄕(고향 향)

164) 酉(닭 유) 部

술을 담그는 술병을 본뜬 상형문자. 술은 닭이 잠드는 저녁에 마신다고 해서 '술'의 뜻이 되었다.

* 酋(두목 추), 酌(따를 작), 配(짝 배), 酒(술 주), 酸(시큼할 산), 酬(갚을 수),
醉(취할 취), 醫(의원 의), 醒(깰 성)

165) 釆(나눌 변) 部

짐승의 발자국 모양을 본뜬 상형문자. 짐승의 발자국은 짐승의 종류를 알아낸
다하여 '분별하다'의 뜻이 되었다.

* 采(캘 채), 釉(광택 유), 釋(해석할 석)

166) 里(마을 리) 部

밭 전(田) 밑에 흙 토(土)를 받친 회의문자로, 농토가 있는 땅에 사람이 살고
있다하여 '마을'의 뜻이 되었다.

* 重(무거울 중), 野(들 야), 量(헤아릴 량), 釐(다스릴 리)

167) 金(쇠 금) 部

흙 속에 덮여있는 광석인 금을 뜻하는 형성문자.

* 釘(못 정), 針(바늘 침), 釜(가마 부), 釣(낚시 조), 鈍(무딜 둔),
欽(공경할 흠), 銀(은 은), 銅(구리 동), 錐(송곳 추), 鐸(목탁 탁)

168) 長(길 장) 部

수염과 머리카락이 긴 노인이 지팡이를 짚고 있는 모양을 본뜬 상형문자.

* 镸(길 오), 镻(살무사 질)

169) 門(문 문) 部

두 개의 문짝을 달아 놓은 모양을 본뜬 상형문자. 문의 뜻에서 나아가 '집안'의
뜻이 되었다.

> * 閃(빛날 섬), 閉(닫을 폐), 開(열 개), 閑(한가할 한), 間(사이 간),
> 關(관문 관), 閣(누각 각), 閥(문벌 벌), 閨(색시 규), 闊(넓을 활)

170) 阜(언덕 부) 部

흙이 겹겹이 쌓인 단층 모양을 본뜬 상형문자. 한자 구성에서 'ß' 모양으로 쓰
고 '좌부방'이라 한다.

> * 防(막을 방), 限(한정될 한), 院(학교 원), 隆(높을 륭), 隔(막을 격),
> 陸(육지 륙), 陽(태양 양), 障(막힐 장), 隨(따를 수), 陳(벌일 진)

171) 隶(밑 이) 部

꼬리를 붙잡고 뒤쫓아 간다 하여 '미치다' 또는 '밑'의 뜻이 된 자.

> * 隷(붙을 예)

172) 隹(새 추) 部

꽁지가 짧은 새의 모양을 본뜬 상형문자로, '꽁지가 짧은 새'의 총칭.

> * 雀(참새 작), 雁(기러기 안), 雄(수컷 웅), 雅(맑을 아), 集(모을 집),
> 雇(품팔 고), 雌(암컷 자), 雖(비록 수)

173) 雨(비 우) 部

구름에서 쏟아지는 빗방울의 모양을 본뜬 상형문자.

> * 雪(눈 설), 露(이슬 로), 雲(구름 운), 零(떨어질 령), 雷(천둥 뢰), 電(번개 전)

174) 靑(푸를 청) 部

날 생(生)과 붉을 단(丹)을 합친 회의문자로, 초목의 싹과 우물물의 색은 '푸르다'는 뜻.

　* 靜(고요할 정), 靘(검푸른 빛 정), 靚(단장할 정), 靖(편안할 정)

175) 非(아닐 비) 部

새의 양쪽 날개가 서로 다른 방향으로 펼쳐짐을 본뜬 상형문자로 서로 엇갈린데서 '어긋나다, 아니다'의 뜻이 되었다.

　* 靠(기댈 고), 靡(쓰러질 미)

176) 面(얼굴 면) 部

코를 본뜬 自를 에워싼 모양을 나타낸 상형문자로, '얼굴'을 뜻한다.

　* 靤(면종 포), 䩩(뺨 보), 靦(부끄러워할 전), 靧(세수할 회)

177) 革(가죽 혁) 部

짐승 가죽의 털을 뽑고 있는 모양을 본뜬 상형문자로, '가죽'의 뜻. 털이 있는 가죽을 '皮'라 하고, 털을 뽑은 가죽을 '革'이라고 한다.

　* 靴(가죽신 화), 鞍(안장 안), 靭(잡아당길 인), 鞋(가죽신 혜), 鞭(채찍 편), 鞠(조사받을 국)

178) 韋(가죽 위) 部

군인이 왼발과 오른발을 서로 어긋 디디며 걷는다는 뜻에서 성의 주위를 돌아다니며 지킨다는 뜻.

　* 韓(한국 한), 韌(질길 인), 韐(슬갑 겹), 韔(활집 창), 韙(바를 위), 韜(감출 도)

179) 韭(부추 구) 部

땅 위로 부추가 자라고 있는 모습을 본뜬 글자이다. 부추는 다년생 식물이므로 한 번 심어 놓으면 오랫동안 계속해서 베어서 먹을 수 있다.(正九芝)

* 韰(과감할 해), 韱(산부추 섬)

180) 音(소리 음) 部

'말씀 언'의 '입 구'에 선을 하나 더 그어, 닫친 입에서 나오는 말은 말이 아니라 '소리'라는 뜻.

* 韻(운 운), 響(소리 울릴 향), 頀(구할 호), 韸(북소리 봉), 韶(풍류 이름 소)

181) 頁(머리 혈) 部

사람의 목에서 머리끝까지의 모양을 본뜬 상형문자로, 혈이라는 음은 구멍이 많은 사람의 얼굴이라는 데서 붙여진 것이다.

* 頂(정수리 정), 頃(잠깐 경), 項(목 항), 須(모름지기 수), 順(따를 순),
　頌(기릴 송), 預(미리 예), 頻(자주 빈)

182) 風(바람 풍) 部

무릇 범(凡) 안에 벌레 훼(虫)를 넣은 회의문자로, 벌레는 기후에 민감하다는 데서 바람의 뜻이 되었다.

* 颬(숨내쉴 하), 颯(바람소리 삽), 颱(태풍 태), 飄(회오리바람 표)

183) 飛(날 비) 部

새가 두 날개를 활짝 펴고 허공을 날아가는 상태를 본뜬 상형문자로, '날다'의 뜻이 되었다.

* 翻(뒤칠 번)

184) 食(먹을 식) 部

'모을 집'에 '밥 고소할 흡'을 합친 회의문자로, 오곡을 합쳐 익히면 고소한 냄새가 나는 밥이라는 데서 '먹다, 밥'의 뜻이 되었다.

* 飢(굶을 기), 飯(밥 반), 飮(마실 음), 饗(연회 향), 饔(조반 옹), 饑(주릴 기)

185) 首(머리 수) 部

코(鼻)의 본 자인 自의 머리의 맨 위를 상징하는 머리털 모양을 붙여 '머리'란 뜻을 가진다.

* 馗(광대뼈 구), 馘(벨 괵)

186) 香(향기 향) 部

벼 화(禾)에 달 감(日=甘의 변형)을 합친 회의문자로, 옛날 풍년을 빌기 위하여 기장으로 술과 밥을 만들었는데, 그 냄새가 좋아 '향기'란 뜻이 되었다.

* 秘(향기로울 필), 馥(향기 복), 馨(향기 형), 馞(향기로울 발), 馡(향기로울 비)

187) 馬(말 마) 部

말의 머리, 갈기와 꼬리, 네 다리의 모양을 본뜬 상형문자로, '말'의 뜻.

* 馳(달릴 치), 馴(쫓을 순), 驚(놀랠 경), 驛(역 역), 驗(시험할 험), 駕(멍에 가), 駙(가까울 부), 騰(오를 등), 騎(말탈 기), 騷(시끄러울 소)

188) 骨(뼈 골) 部

'살 발라낼 과'와 '육달 월'을 합친 회의문자로, 살이 붙어 잇는 '뼈'를 뜻한다.

* 骸(해골 해), 髓(골수 수), 體(몸 체), 骲(뼈살촉 박), 骾(걸릴 경),
  髀(넓적다리 비)

189) 高(높을 고) 部

출입문이 있는 누각이나 망루를 본뜬 상형문자로, 높은 곳에 있는 집이라는 데서 '높다'의 뜻이 되었다.

190) 髟(터럭 발) 部

긴 머리카락이 늘어졌다 하여 '터럭'을 뜻한 회의문자.

* 髮(터럭 발), 鬢(살쩍 빈), 髥(구렛나룻 염), 鬚(수염 수), 髦(긴 털 모),
  鬘(머리 길 만), 髡(머리 깎을 곤)

191) 鬥(싸울 투) 部

잡을 극(鬥)과 잡을 극(鬥)이 합쳐진 자로, 두 사람이 주먹을 불끈 쥐고 맞선 모양에서 '싸우다'의 뜻이 되었다.

* 鬧(시끄러울 뇨), 鬨(싸울 홍), 鬩(다툴 혁), 鬫(범우는 소리 함), 鬪(싸움 투)

192) 鬯(울창주 창) 部

활집을 본뜬 상형문자. 또는 그릇에 기장쌀로 담근 술을 국자로 푸는 모양의 회의문자.

* 鬱(막힐 울)

193) 鬲(솥 력) 部

세 개의 다리가 있는 큰 솥의 모양을 본뜬 글자이다.

* 鬻(죽 죽), 鬺(삶을 상), 鬷(가마솥 종), 鬵(용가마 심)

194) 鬼(귀신 귀) 部

죽은 사람의 영혼이 삿되게 사람을 해치는 '귀신'이라는 뜻.

* 魂(넋 혼), 魄(넋 백), 魅(도깨비 매), 魔(마귀 마), 魁(으뜸 괴),
  魃(가물귀신 발), 魏(높을 위), 魆(갑자기 훌)

195) 魚(고기 어) 部

물고기의 머리, 몸통, 지느러미의 모양을 본뜬 상형문자로, '물고기'의 뜻.

* 魯(미련할 로), 鮟(아귀 안), 鮮(빛날 선), 鯨(고래 경), 鰍(미꾸라지 추),
  鰥(홀아비 환), 鱇(천징어 강), 鮑(절인어물 포), 鮎(메기 점), 鱗(비늘 린)

196) 鳥(새 조) 部

꽁지가 긴 새의 모양을 본뜬 상형문자로, '새'의 뜻이다. '隹'는 꽁지가 짧은 새.

* 鳩(비둘기 구), 鳳(봉황 봉), 鳴(울 명), 鳧(오리 부), 鴉(검을 아),
  鴨(오리 압), 鶴(학 학), 鴻(클 홍), 鷄(닭 계)

197) 鹵(소금밭 로) 部

'서녘 서'에 소금의 모양을 합친 회의·상형문자로, 옛날 중국 서쪽에서 나는 '소
금밭'을 뜻하게 된 자이다.

* 鹹(짤 함), 鹻(소금기 감), 鹺(소금 차), 鹼(소금기 감), 鹽(소금 염)

198) 鹿(사슴 록) 部

사슴의 뿔, 머리, 몸통, 네 다리의 모양을 본뜬 상형문자로, '사슴'을 뜻한다.

* 塵(티끌 진), 麒(기린 기), 麓(산기슭 록), 麗(아름다울 려), 麟(기린 린),
  麃(큰사슴 포), 麝(사향노루 사)

199) 麥(보리 맥) 部

본래는 하늘에서 내려준 곡식이라 해서 '來'자만을 '보리'의 뜻으로 썼으나, 늦
게 된다 하여 뒤처질 치(夊)를 붙여 '보리'의 뜻으로 썼다.

* 麴(누룩 국), 麵(국수 면), 麷(볶은 보리 풍), 麧(보리싸라기 흘)

200) 麻(삼 마) 部

바위 집 엄(广) 밑에 '삼실 마'를 합친 형성문자로, 집에서 삼을 다듬어서 길쌈을
한다는 데서 '삼'의 뜻이 되었다.

* 麼(잘 마), 麾(대장기 휘), 麻(겨릅대 추), 黂(삼씨 분)

201) 黃(누를 황) 部

빛 광(光)자와 밭 전(田)을 어우른 회의문자로, 밭의 빛깔은 황토색이라는 데서
'누르다'의 뜻이 되었다.

* 黆(씩씩할 광), 黈(누른빛 주), 黌(글방 횡)

202) 黍(기장 서) 部

물을 넣어 술을 만드는 데서 가장 좋은 벼과에 속하는 곡식은 '기장'이라는 뜻.
'메기장 서'라고도 한다.

* 黎(검을 려), 黏(찰질 점), 稌(옥수수 도), 黐(끈끈이 치)

203) 黑(검을 흑) 部

'구멍 창'에 '불꽃 염'을 합친 회의문자로, 불을 때면 굴뚝이 그슬러 검게 된다는 데서 '검다'의 뜻이 되었다.

* 黔(검을 검), 默(묵묵할 묵), 黛(눈썹먹 대), 點(점 점), 黜(물리칠 출), 黨(무리 당), 黴(곰팡이 미), 黷(더럽힐 독), 黚(기미 간), 黯(어두울 암)

204) 黹(바느질할 치) 部

바늘에 실을 꿰어 수놓는다 하여 바느질하다의 뜻으로 쓰인다.

* 黻(수 불), 黼(수 보)

205) 黽(맹꽁이 맹) 部

큼직한 두 눈에 배가 불록 나온 맹꽁이를 본뜬 글자이다.

* 黿(자라 원), 鼂(아침 조), 鰲(자라 오), 鼊(거북 벽), 鱉(자라 별), 鼉(악어 타), 鼃(개구리 와)

206) 鼎(솥 정) 部

발이 세 개 달린 솥을 본뜬 상형문자, 또는 나무 조각으로 불을 때는 그릇이라는 데서 '솥'을 뜻하게 되었다.

* 鼐(가마솥 내), 鼏(덮개 멱), 鼒(옹달솥 자)

207) 鼓(북 고) 部

악기 세울 주(壴)에 가지 지(支)를 합친 회의문자로, 악기를 세워놓고 나무 가지로 치는 것이 '북'이라는 뜻이다. 별이름 고라고도 한다.

* 鼕(북소리 동), 鼗(땡땡이 도), 鼖(큰북 분), 鼛(큰북 고), 鼜(순찰북 척),
鼙(마상 고), 鼚(순찰북 척)

208) 鼠(쥐 서) 部

쥐의 이빨(臼)과 배와 꼬리(ヒ)의 모양을 본뜬 상형문자.

* 鼢(두더지 분), 鼱(새앙쥐 정), 鼪(족제비 생), 鼷(새앙쥐 혜), 鼴(두더지 언)

209) 鼻(코 비) 部

코의 모양을 본뜬 자(自)에 줄 비(畀)를 합친 형성문자로, 코로 호흡을 시켜 준
다는 데서 '코'의 뜻이 되었다.

* 鼽(코 막힐 구), 齁(코 골 한), 皰(여드름 포), 齁(코 고는 소리 후),
齃(콧대 알), 齅(맡을 후), 齈(콧물 농)

210) 齊(가지런할 제) 部

벼나 보리의 이삭이 가지런히 패어 있는 모양을 본뜬 상형문자.

* 齋(재계 재), 齏(불 땔 제), 齍(제기 자), 齎(가질 재), 齏(나물 제)

211) 齒(이 치) 部

이가 아래위로 나란히 박힌 모양을 본뜬 상형문자. 짐승의 나이는 이의 수로
알아본다는 데서 '나이'의 뜻으로도 쓰임.

* 齔(이갈 츤), 齕(깨물 흘), 齝(이갈 계), 齗(잇몸 은), 齡(나이 령),
齟(어긋날 저), 齧(물 설), 齬(어긋날 어), 齪(악착할 착), 齷(악착할 악)

212) 龍(용 룡) 部

머리를 치켜세우고(立) 몸뚱이(月)를 꿈틀거리며 오르는(飛) 용의 형상을 나타낸 자.

* 龐(어지러울 방), 龑(고명할 엄), 龕(탑 감), 龏(이바지할 공), 龓(겸유할 롱)

213) 龜(거북 귀) 部

거북의 등 밑에서 머리와 꼬리를 내놓고 네 발로 기어가는 모양을 본뜬 상형문자.

214) 龠(피리 약) 部

대나무 관을 여러 개 묶어서 만든 고대 악기의 모습을 본뜬 글자이다.

* 龢(풍류 조화될 화), 龥(부를 유), 龤(풍류 조화될 해)

4. 한자사전의 실례

加 총5획 力(힘 력변) 3획
더할 **가**

字解 ① 더할 가. ② 미칠 가. ③ 더욱 가.

字源 會意. 力(힘을 들인 팔)과 口(입)를 합친 글자. ① 팔 이외에 입도 같이 돕는다는 뜻을 나타낸다. ② 입심(力) 좋게 말한다(口)는 뜻.

▶ 加減(가감) 加工(가공) 加擔(가담) 加盟(가맹) 加味(가미) 加勢(가세) 加速(가속) 加熱(가열)
加一層(가일층) 加入(가입) 加重(가중) 加鞭(가편) 加筆(가필) 加害(가해) 加護(가호)

◀ 倍加(배가) 附加(부가) 增加(증가) 參加(참가) 添加(첨가) 追加(추가)

可 총5획 口(입 구변) 2획
옳을 **가**

字解 ① 옳을 가. ② 허락할 가. ③ 가히 가. ④ 좋은 점 가.

字源 形聲. 丁(정)의 전음이 음을 나타낸다. 丁(구부리다)과 口(입)를 합친 글자. 목을 구부려 가까스로 쉰 목소리를 냄을 나타낸다. '여러 가지 상황을 거쳐 일이 겨우 인정된다'는 뜻으로 쓴다.

▶ 可可(가가) 可決(가결) 可觀(가관) 可能(가능) 可憐(가련) 可望(가망) 可變(가변) 可否(가부)
可不可(가불가) 可視(가시) 可逆(가역) 可謂(가위) 可憎(가증) 可知(가지) 可歎(가탄)

◀ 未可(미가) 不可(불가) 認可(인가) 印可(인가) 裁可(재가) 許可(허가)

伽 총7획 人(사람 인변) 5획
절 **가**

字解 절 가.

字源 形聲. 加(가)가 음을 나타낸다.

參考 범어(梵語) 오십자모(五十字母)의 하나인 카(ka ; kha), 또는 가(ga ; gha)의 음을 나타내는 글자.

▶ 伽羅國(가라국) 伽藍(가람) 伽倻(가야)

◀ 楞伽(능가) 摩伽(마가) 頻伽(빈가) 僧伽(승가) 何伽(하가)

佳 총8획 人(사람 인변) 6획
아름다울 **가**

字解 ① 아름다울 가. ② 좋을 가, 훌륭할 가.

字源 形聲. 圭(규)의 전음이 음을 나타낸다. 圭는 흙을 쌓아올려 반듯한 삼각형을 이룬 것을 나타내며, '반듯하고 깨끗하다'는 뜻을 지닌다. 여기에 亻(사람)이 붙어서 말쑥하고 잘생긴 사람을 나타낸다.

[參考] 佳·隹는 다른 글자.

▶ 佳客(가객) 佳景(가경) 佳句(가구) 佳期(가기) 佳麗(가려) 佳配(가배) 佳朋(가붕) 佳宵(가소)
　佳約(가약) 佳言(가언) 佳容(가용) 佳音(가음) 佳人薄命(가인박명) 佳作(가작) 佳節(가절)
　佳酒(가주) 佳篇(가편) 佳話(가화) 佳肴(가효)
◀ 絶佳(절가)

呵 　총8획 口(입 구변) 5획
꾸짖을 가

[字解] ① 꾸짖을 가. ② 껄껄 웃을 가.

[字源] 形聲. 可(가)가 음을 나타낸다.

▶ 呵呵大笑(가가대소) 呵禁(가금) 呵責(가책)
◀ 譏呵(기가) 怒呵(노가) 咄呵(돌가) 受呵(수가) 叱呵(질가) 筆呵(필가) 噓呵(허가)

枷 　총9획 木(나무 목변) 5획
칼 가

[字解] ① 칼 가. ② 도리깨 가. ③ 횃대 가.

[字源] 形聲·會意. 加(가)가 음을 나타낸다. 널어 놓은 곡식에 나무를 가한다. 곧 도리깨질을
하는 것을 뜻한다.

▶ 枷囚(가수)
◀ 械枷(계가) 連枷(연가) 梛枷(이가)

柯 　총9획 木(나무 목변) 5획
가지 가

[字解] 가지 가.

[字源] 形聲. 可(가)가 음을 나타낸다.

▶ 柯葉(가엽) 柯條(가조)
◀ 南柯一夢(남가일몽)

架 　총9획 木(나무 목변) 5획
시렁 가

[字解] ① 시렁 가. ② 건너지를 가.

[字源] 形聲. 加(가)가 음을 나타낸다. 加(위에 얹어 더하다)와 木(나무)을 합친 글자. 지주 위에
가로대를 얹는 것을 뜻한다.

[參考] 袈는 다른 글자.

▶ 架空(가공) 架橋(가교) 架設(가설) 架子(가자)
◀ 擔架(담가) 燈架(등가) 書架(서가) 十字架(십자가) 衣架(의가) 筆架(필가)

珂 　총9획 玉(구슬 옥변) 5획
옥 이름 가

[字解] 옥 이름 가, 백마노 가.

[字源] 形聲. 可(가)가 음을 나타낸다.

▶ 珂里(가리)

苛 총9획 艸(풀 초변) 5획
독할 **가**

字解 ① 독할 가. ② 까다로울 가.
字源 形聲. 可(가)가 음을 나타낸다.
參考 笴는 다른 글자.

▶ 苛斂誅求(가렴주구) 苛細(가세) 苛役(가역) 苛政(가정) 苛責(가책) 苛虐(가학) 苛酷(가혹)
◀ 煩苛(번가) 細苛(세가) 深苛(심가) 暴苛(폭가)

茄 총9획 艸(풀 초변) 5획
가지 **가**

字解 가지 가.
字源 形聲. 加(가)가 음을 나타낸다.
參考 笳는 다른 글자.

▶ 茄房(가방) 茄子(가자) 茄荷(가하)

迦 총9획 辶(책받침변) 5획
부처 이름 **가**

字解 부처 이름 가.
字源 形聲. 加(가)가 음을 나타낸다.
參考 범어(梵語) 캬(kya)에서 빌려 온 글자로, '가'음을 나타낸다.

▶ 迦藍(가람) 迦比羅(가비라) 迦葉(가섭)
◀ 釋迦(석가)

哥 총10획 口(입 구변) 7획
소리 **가**

字解 ① 소리 가, 노래할 가. ② 형 가. ③ 성(姓) 지명할 가.
字源 會意. 可를 두 개 포갬으로써 소리를 길게 빼어 노래하는 것을 나타낸다.

▶ 哥哥(가가) 哥禁(가금) 哥窯紋(가요문)
◀ 金哥(김가) 大哥(대가) 朴哥(박가) 阿哥(아가) 鸚哥(앵가) 李哥(이가) 崔哥(최가)

家 총10획 宀(갓머리변) 7획
집 **가**

字解 ① 집 가. ② 집안 가. ③ 자기 집 가. ④ 용한 사람 가.
字源 形聲. 豭(가)의 생략형 豕가 음을 나타낸다. 宀(지붕)과 豕(돼지)를 합친 글자.
중요한 가축에게 지붕을 씌운 모양을 나타낸다.

▶ 家家戶戶(가가호호) 家系(가계) 家計(가계) 家故(가고) 家口(가구) 家具(가구) 家眷(가권)
家禽(가금) 家給人足(가급인족) 家內(가내) 家督(가독) 家豚(가돈) 家僮(가동) 家禮(가례)
家門(가문) 家法(가법) 家寶(가보) 家僕(가복) 家兒(가아) 家事(가사) 家勢(가세) 家釀(가양)
家業(가업) 家役(가역) 家屋(가옥) 家用(가용) 家運(가운) 家長(가장) 家藏什物(가장집물)
家傳(가전) 家庭(가정) 家政婦(가정부) 家族(가족) 家尊(가존) 家牒(가첩) 家畜(가축) 家親(가친)
家宅(가택) 家風(가풍) 家兄(가형) 家禍(가화) 家訓(가훈)

◀ 古家(고가) 官家(관가) 舊家(구가) 國家(국가) 貴家(귀가) 歸家(귀가) 農家(농가) 大家(대가)
　道家(도가) 名家(명가) 民家(민가) 法家(법가) 兵家(병가) 本家(본가) 分家(분가) 佛家(불가)
　貧家(빈가) 史家(사가) 私家(사가) 商家(상가) 生家(생가) 實家(실가) 養家(양가) 良家(양가)
　王家(왕가) 隣家(인가) 自家(자가) 作家(작가) 宗家(종가) 草家(초가) 出家(출가) 畵家(화가)

痂

痂　총10획 疒(병 질변) 5획
딱지 **가**

字解　① 딱지 가. ② 헌데딱지 가.
字源　形聲. 加(가)가 음을 나타낸다.
◀ 病痂(병가) 瘡痂(창가)

假

假　총11획 人(사람 인변) 9획
거짓 **가**

略字　仮
字解　① 거짓 가. ② 잠시 가, 임시 가. ③ 빌릴 가.
　　　④ 너그러울 가. ⑤ 가령 가.
字源　形聲. 叚(하)의 전음이 음을 나타낸다.
叚는 늘어뜨린 덮개 밑에 두 개의 물건이 나란히 있는 모양과 두 손으로 만들어진 글자. 위에서
덮어씌우는 동작을 나타낸다. 여기에 亻(사람)을 붙여 '겉을 가리고 숨기고 있다', '가면을 쓰고
있다'는 뜻을 나타낸다.
參考　暇는 다른 글자.
▶ 假橋(가교) 假納(가납) 假貸(가대) 假道(가도) 假量(가량) 假令(가령) 假寐(가매) 假面(가면)
　假名(가명) 假冒(가모) 假使(가사) 假死(가사) 假想(가상) 假說(가설) 假設(가설) 假笑(가소)
　假飾(가식) 假言(가언) 假裝(가장) 假定(가정) 假借(가차) 假稱(가칭) 假託(가탁) 假花(가화)
◀ 告假(고가) 代假(대가)

袈

袈　총11획 衣(옷 의변) 5획
가사 **가**

字解　가사 가.
字源　形聲. 加(가)가 음을 나타낸다.
參考　架는 다른 글자.
參考　가사(袈裟) : 범어(梵語) 'kasaya'의 음역(音譯). 승려가 입는 법의(法衣). 장삼 위에 왼쪽
　　　어깨에서 오른쪽 겨드랑 밑으로 걸쳐 입는다. 종파(宗派)와 계급에 따라 그 색깔과 형식에
　　　규정이 있다.
▶ 袈裟(가사)

傢

傢　총12획 人(사람 인변) 10획
세간살이 **가**

字解　세간살이 가, 가구 가.
字源　形聲. 家(가)가 음을 나타낸다.
▶ 傢什(가집) 傢伙(가화)

街 총12획 行(다닐 행변) 6획
거리 **가**

字解 거리 가.

字源 形聲. 圭(규)의 전음이 음을 나타낸다. 圭는 흙을 끝이 뾰죽하게 두두룩하게 돋운 모양으로 깔끔하게 되어 있는 것. 여기에 行(길)이 붙어서 집터가 깔끔하게 구획지어져 가로 세로로 반듯하게 벋어 있는 길을 나타낸다.

▶ 街道(가도) 街頭(가두) 街路(가로) 街巷(가항)
◀ 大街(대가) 市街(시가) 十字街(십자가) 巷街(항가) 花街(화가)

訶 총12획 言(말씀 언변) 5획
꾸짖을 **가**

字解 꾸짖을 가.

字源 形聲. 可(가)가 음을 나타낸다.

參考 詞는 다른 글자.

▶ 訶譏(가기) 訶辱(가욕) 訶呲(가질) 訶詰(가힐)
◀ 譴訶(견가) 詆訶(저가) 誅訶(주가)

跏 총12획 足(발 족변) 5획
책상다리할 **가**

字解 책상다리할 가.

字源 形聲. 加(가)가 음을 나타낸다.

▶ 跏趺坐(가부좌)
◀ 結跏趺坐(결가부좌)

軻 총12획 車(수레 거변) 5획
가기 힘들 **가**

字解 ① 가기 힘들 가. ② 때 못 만날 가.
③ 나라 이름 가. ④ 수레 가.

字源 形聲. 可(가)가 음을 나타낸다. 수레가 앞으로 나아가기 힘들다는 뜻으로, 어떤 일이 뜻대로 나아가지 않음을 나타낸다.

◀ 轗軻(감가) 丘軻(구가)

嫁 총13획 女(계집 녀변) 10획
시집갈 **가**

字解 ① 시집갈 가. ② 떠넘길 가.

字源 形聲. 家(가)가 음을 나타낸다.

▶ 嫁女(가녀) 嫁母(가모) 嫁娶(가취) 嫁禍(가화)
◀ 降嫁(강가) 改嫁(개가) 再嫁(재가) 轉嫁(전가) 出嫁(출가)

暇 　총13획 日(날 일변) 9획
　　겨를 **가**

字解 ① 겨를 가. ② 한가할 가.

字源 形聲. 叚(가)가 음을 나타낸다. 叚는 尸(씌우는 것)와 =(가지런히 하는 표시)와 (양손)으로 만들어진 글자로 위에 씌우는 것을 나타낸다. 여기에 日(날)이 붙어서 필요한 일시(日時) 위에 씌운 여분의 일시를 나타낸다.

參考 假는 다른 글자.

▶ 暇隙(가극) 暇餘(가여) 暇日(가일)

◀ 公暇(공가) 賜暇(사가) 小暇(소가) 餘暇(여가) 請暇(청가) 寸暇(촌가) 閑暇(한가) 休暇(휴가)

椵 　총13획 木(나무 목변) 9획
　　유자 **가**

字解 ① 유자 가, 나무 이름 가. ② 틀가락 가. ③ 칼 가, 형구 가.

字源 形聲. 叚(가)가 음을 나타낸다.

賈 　총13획 貝(조개 패변) 6획
　　[**가**]→[**고**]

嘉 　총14획 口(입 구변) 11획
　　아름다울 **가**

字解 ① 아름다울 가, 고울 가. ② 착할 가, 좋을 가. ③ 칭찬할 가. ④ 즐거워할 가. ⑤ 경사 가.

字源 形聲. 加(가)가 음을 나타낸다.

▶ 嘉節(가절) 嘉納(가납) 嘉禮(가례) 嘉名(가명) 嘉尙(가상) 嘉祥(가상) 嘉辰(가신) 嘉言(가언) 嘉悅(가열) 嘉日(가일) 嘉節(가절) 嘉肴(가효)

◀ 柔嘉章(유가장) 靜嘉(정가) 珍嘉(진가) 褒嘉(포가) 欣嘉(흔가)

歌 　총14획 欠(하품 흠변) 10획
　　노래 **가**

古字 哥

字解 노래 가, 노래할 가.

字源 形聲. 哥(가)가 음을 나타낸다. 可(소리를 목에서 겹쳐서 내는 것) 두 개와 欠(몸을 구부린 모습)을 합친 글자. 몸을 구부리고 목에서 높고 낮은 소리를 내는 것을 나타낸다.

▶ 歌客(가객) 歌曲(가곡) 歌舞(가무) 歌詞(가사) 歌辭(가사) 歌手(가수) 歌謠(가요) 歌唱(가창)

◀ 凱歌(개가) 擊壤歌(격양가) 古歌(고가) 高歌(고가) 校歌(교가) 謳歌(구가) 軍歌(군가) 短歌(단가) 道歌(도가) 童歌(동가) 登歌(등가) 挽歌(만가) 輓歌(만가) 蠻歌(만가) 名歌(명가) 牧歌(목가) 放歌(방가) 悲歌(비가) 聖歌(성가) 俗歌(속가) 頌歌(송가) 詩歌(시가) 哀歌(애가) 漁歌(어가) 詠歌(영가) 吟歌(음가) 作歌(작가) 長歌(장가) 讚歌(찬가) 唱歌(창가) 醉歌(취가) 巷歌(항가) 行歌(행가) 鄕歌(향가) 弦歌(현가)

價 총15획 人(사람 인변) 13획
값 **가**

略字 価

字解 값 가.

字源 形聲. 賈(가)가 음을 나타낸다. 賈는 两(덮어 가리다)와 貝(돈이나 보물)를 합친 글자로, 물품을 매점하는 상인을 뜻한다. 여기에 亻(사람)을 붙여서 상인이 붙이는 가격을 나타낸다.

▶ 價格(가격) 價額(가액) 價折(가절) 價値(가치)

◀ 減價(감가) 高價(고가) 代價(대가) 物價(물가) 聲價(성가) 市價(시가) 時價(시가) 廉價(염가)
原價(원가) 低價(저가) 定價(정가) 地價(지가) 眞價(진가) 特價(특가) 評價(평가) 呼價(호가)

稼 총15획 禾(벼 화변) 10획
심을 **가**

字解 심을 가, 농사 가.

字源 形聲. 家(가)가 음을 나타낸다.

▶ 稼動(가동) 稼穡(가색) 稼業(가업) 稼政(가정)

◀ 躬稼(궁가) 農稼(농가) 稻稼(도가)

駕 총15획 馬(말 마변) 5획
탈것 **가**

字解 ① 탈것 가, 탈 가. ② 수레 가, 가마 가. ③ 멍에 가, 멍에 할 가 ④ 넘을 가, 능가할 가.

字源 會意·形聲. 加(가)가 음을 나타낸다. 馬(말)와 加(더한다)로 이루어진 글자로, 말에 수레를 덧붙인다는 뜻을 나타낸다.

▶ 駕馬(가마) 駕士(가사) 駕御(가어) 駕馭(가어)

◀ 車駕(거가) 凌駕(능가) 陵駕(능가) 大駕(대가) 法駕(법가) 別駕(별가) 聖駕(성가) 小駕(소가)
輿駕(여가) 枉駕(왕가) 龍駕(용가) 駐駕(주가)

各 총6획 口(입 구변) 3획
각각 **각**

字解 ① 각각 각. ② 따로따로 각. ③ 제각기 각.

字源 會意·形聲. 夂(사람의 발)와 口(모난 돌)를 합친 글자. 걸어가는 사람의 발이 돌에 받힌 모양을 나타낸다. '단단해서 받히는 물건', '하나하나 막히는 것', '각각'의 뜻을 나타낸다.

參考 名은 다른 글자.

▶ 各界(각계) 各國(각국) 各論(각론) 各色(각색) 各樣(각양) 各自(각자) 各種(각종) 各地(각지)
各處(각처) 各層(각층) 各派(각파) 各項(각항)

却 총7획 卩(병부 절변) 5획
물리칠 **각**

本字 卻

字解 ① 물리칠 각. ② 물러날 각. ③ 발어사 각.

字源 形聲. 去(거)의 전음이 음을 나타낸다. 𧮫(움패다, 쑥 들어가다)와 卩(무릎을 꿇은 사람)을 합친 글자. 무릎을 꿇고 뒷걸음질치는 모양을 나타낸다.

▶却說(각설) 却下(각하)
◀ 棄却(기각) 忘却(망각) 賣却(매각) 滅却(멸각) 沒却(몰각) 返却(반각) 消却(소각) 燒却(소각)
　退却(퇴각) 敗却(패각)

角
총7획 角(뿔 각변) 0획
뿔 각

字解 ① 뿔 각. ② 쌍상투 각, 총각 각. ③ 다툴 각, 견줄 각.
　　　④ 모 각, 모날 각. ⑤ 각 각, 각도 각.
字源 象形. 뿔을 본뜬 글자.
參考 한자 부수의 하나.
▶角弓(각궁) 角度(각도) 角帽(각모) 角聲(각성) 角材(각재) 角抵(각저) 角笛(각적) 角逐(각축)
◀ 鼓角(고각) 骨角(골각) 圭角(규각) 鹿角(녹각) 稜角(능각) 多角(다각) 頭角(두각) 四角(사각)
　三角(삼각) 仰角(앙각) 銳角(예각) 外角(외각) 牛角(우각) 直角(직각) 觸角(촉각) 總角(총각)
　平角(평각)

刻
총8획 刀(칼 도변) 6획
새길 각

字解 ① 새길 각. ② 모질 각, 몰인정할 각, 심할 각. ③ 시각 각.
字源 形聲. 亥(해)의 전음이 음을 나타낸다. 亥(돼지)는 투박하고 딱딱한 돼지의 뼈대를 본뜬
　　　글자. 여기에 刂(칼)를 붙여서 단단한 물건을 칼로 투박하게 새김을 나타낸다.
▶刻苦(각고) 刻骨難忘(각골난망) 刻銘(각명) 刻木(각목) 刻薄(각박) 刻削(각삭) 刻手(각수)
　刻意(각의) 刻一刻(각일각) 刻字(각자) 刻舟求劍(각주구검) 刻版(각판) 刻舷(각현)
◀ 頃刻(경각) 漏刻(누각) 銘刻(명각) 木刻(목각) 石刻(석각) 時刻(시각) 深刻(심각) 印刻(인각)
　正刻(정각) 彫刻(조각) 寸刻(촌각) 板刻(판각)

恪
총9획 心(마음 심변) 6획
삼갈 각

字解 삼갈 각, 조심할 각.
字源 形聲. 各(각)이 음을 나타낸다.
▶恪勤勉勵(각근면려) 恪別(각별) 恪愼(각신)

珏
총9획 玉(구슬 옥변) 5획
쌍옥 각 / 쌍옥 곡

字解 ① 쌍옥 각, 한 쌍의 옥 각. ② 쌍옥 곡.
字源 會意. 王과 玉을 겹쳐 쓴 글자.

格
총10획 木(나무 목변) 6획
[각]→[격]

殼 총12획 殳(갖은 등글월 문변) 8획
껍질 **각**

字解 껍질 각.
字源 形聲.
參考 殼은 다른 글자.

▶ 殼果(각과) 殼斗(각두) 殼物(각물) 殼族(각족)
◀ 甲殼(갑각) 介殼(개각) 堅殼(견각) 舊殼(구각) 卵殼(난각) 蟬殼(선각) 蠣殼(여각) 外殼(외각)
　地殼(지각) 皮殼(피각)

閣 총14획 門(문 문변) 6획
누각집 **각**

字解 ① 누각집 각. ② 잔교 각. ③ 찬장 각. ④ 문설주 각.
字源 形聲. 各(각)이 음을 나타낸다. 各(단단한 물건에 걸려 멎다)과 門(문)을 합친 글자. 열린
　　 문이 움직이지 않도록 버팀대처럼 눌러 놓는 돌이나 말뚝. 나중에 문이 닫혀 있는 큰 대문,
　　 훌륭한 문이 있는 건물이라는 뜻이 되었다.

▶ 閣道(각도) 閣令(각령) 閣僚(각료) 閣員(각원) 閣議(각의) 閣直(각직) 閣筆(각필) 閣下(각하)
◀ 巨閣(거각) 高閣(고각) 金閣(금각) 內閣(내각) 樓閣(누각) 佛閣(불각) 飛閣(비각) 碑閣(비각)
　入閣(입각) 殿閣(전각) 組閣(조각) 鐘閣(종각) 層閣(층각)

慤 총15획 心(마음 심변) 11획
삼갈 **각**

覺 총20획 見(볼 견변) 13획
깨달을 **각** / 깰 **교**

字解 ① 깨달을 각. ② 깨우칠 각. ③ 곧을 각.
　　 ① 깰 교.
字源 會意·形聲. ① 學(학)의 전음이 음을 나타낸다. 學(배우다)의 생략형과 見(보다)을 합친
　　 글자. 보고 배우고 하여 사물의 도리를 깨달음을 뜻한다. ② 양 손과 爻(엇갈리는 표시)와
　　 宀(지붕)으로 만들어진 글자로 '엇갈린다'는 뜻을 나타낸다. 거기에 見(보다)을 붙여, 보거
　　 나 듣는 자극이 마음 속에서 엇갈려 문득 생각나는 것을 나타낸다.

▶ 覺得(각득) 覺書(각서) 覺醒(각성) 覺悟(각오) 覺者(각자) 覺行(각행)
◀ 感覺(감각) 警覺(경각) 大覺(대각) 味覺(미각) 發覺(발각) 先覺(선각) 視覺(시각) 自覺(자각)
　正覺(정각) 知覺(지각) 直覺(직각) 錯覺(착각) 聽覺(청각) 觸覺(촉각) 痛覺(통각) 幻覺(환각)
　後覺(후각) 嗅覺(후각)

干 총3획 干(방패 간변) 0획
방패 **간**

字解 ① 방패 간. ② 범할 간. ③ 구할 간. ④ 마를 간.
　　 ⑤ 간여할 간. ⑥ 천간 간. ⑦ 얼마 간.
字源 象形. 적을 습격하거나 방어하는 두 갈래로 갈라진 막대기를 본뜬 글자. '상대에게 관여하
　　 여 관계를 갖는다'는 뜻을 나타낸다.
參考 于·千은 다른 글자.

한자 부수의 하나.
▶ 干戈(간과) 干求(간구) 干滿(간만) 干犯(간범) 干潟地(간석지) 干涉(간섭) 干城(간성) 干與(간여)
　干潮(간조) 干支(간지) 干拓(간척)
◀ 欄干(난간) 十干(십간) 若干(약간) 如干(여간) 天干(천간)

刊
총5획 刀(칼 도변) 3획
책 펴낼 **간**

字解 ① 책 펴낼 간. ② 새길 간, 깎을 간.
字源 形聲. 干(간)이 음을 나타낸다. 干(곧은 자루가 달린 도끼)과 刂(칼)를 합친 글자. 원래는 '칼로 자르다'의 뜻이었다. 옛날에는 글자를 나무나 대로 만든 목간(木簡)에 적어 잘못되면 깎아 수정하던 데서 책 등을 만드는 일을 나타내게 되었다.
參考 刊은 刋과 다른 글자라는 설과 같은 글자라는 두 설이 있다.
▶ 刊印(간인) 刊定(간정) 刊行(간행)
◀ 旣刊(기간) 發刊(발간) 續刊(속간) 新刊(신간) 日刊(일간) 停刊(정간) 週刊(주간) 創刊(창간)
　廢刊(폐간)

奸
총6획 女(계집 녀변) 3획
간사할 **간**

字解 ① 간사할 간. ② 범할 간.
字源 形聲. 干(간)이 음을 나타낸다.
▶ 奸計(간계) 奸巧(간교) 奸佞(간녕) 奸黨(간당) 奸徒(간도) 奸吏(간리) 奸 (간사) 奸臣(간신)
　奸臣賊子(간신적자) 奸惡(간악) 奸雄(간웅) 奸淫(간음) 奸智(간지) 奸猾(간활) 奸凶(간흉)
◀ 弄奸(농간)

艮
총6획 艮(괘 이름 간변) 0획
간괘 **간**

字解 ① 간괘 간. ② 머무를 간, 한정할 간.
字源 會意. 目(눈)과 匕(비수)를 합친 글자. 비수로 찌르듯이 뚫어지게 쳐다본다는 뜻을 나타낸다.
參考 한자 부수의 하나.
參考 良은 다른 글자.
▶ 艮卦(간괘) 艮方(간방) 艮坐(간좌) 艮止(간지)

杆
총7획 木(나무 목변) 3획
지레 **간**

俗字 桿
字解 ① 지레 간. ② 쓰러진 나무 간. ③ 몽둥이 간.
　④ 방패 간. ⑤ 난간 간.
字源 形聲. 干(간)이 음을 나타낸다.
參考 杆는 다른 글자.
▶ 杆格(간격) 杆菌(간균) 杆棒(간봉) 杆太(간태)
◀ 槓杆(공간) 欄杆(난간)

侃 총8획 人(사람 인변) 6획
굳셀 **간**

字解 굳셀 간, 강직할 간.

字源 會意. (信의 古字)와 川(냇물)을 합친 글자. 강물이 끊이지 않고 흐르듯이 신의(信義)를
다한다는 뜻을 나타낸다.

▶ 侃侃(간간) 侃諤(간악)

姦 총9획 女(계집 녀변) 6획
간음할 **간**

字解 ① 간음 간. ② 간사할 간.

字源 會意. 女(여자) 셋으로 이루어진 글자. 女를 셋 합해서 여자의 불의(不義), 악(惡), 음란한
행위를 나타낸다. 도리(道理)를 어긴다는 뜻을 포함한다.

▶ 姦夫(간부) 姦婦(간부) 姦詐(간사) 姦雄(간웅) 姦淫(간음) 姦通(간통) 姦慝(간특)
◀ 強姦(강간) 劫姦(겁간) 大姦(대간) 輪姦(윤간) 通姦(통간) 和姦(화간)

柬 총9획 木(나무 목변) 5획
분별할 **간**

同字 揀

字解 ① 분별할 간. ② 편지 간.

字源 會意. 束과 八이 반대된다는 뜻으로, 묶어 놓은 것을 들어, 헤침과 풀어 헤쳐서 가려낸다는
뜻을 나타낸다.

參考 東은 다른 글자.

▶ 柬房(간방) 柬帖(간첩) 柬埔寨(간포채)

看 총9획 目(눈 목변) 4획
볼 **간**

字解 ① 볼 간. ② 지킬 간.

字源 象形·會意. 手(손)와 目(눈)을 합친 글자. 손을 눈 위에 얹고 멀리 보는 것을 나타낸다.

▶ 看過(간과) 看病(간병) 看色(간색) 看守(간수) 看晨月坐自夕(간신월좌자석) 看做(간주) 看破(간파)
看板(간판) 看品(간품) 看護(간호)

竿 총9획 竹(대 죽변) 3획
장대 **간**

字解 장대 간.

Ⅱ
생활한자의 실례

1. 생활한자의 범위와 실례

1) 생활한자의 실례

社	示	3	모일, 사						社長, 結社
									사장, 결사
會	日	9	모일, 회						會長, 會社
									회장, 회사

※社會~ ; 세상, 공동생활을 하는 인류의 집단.

秩	禾	5	차례, 질						秩米, 秩滿
									질미, 질만
序	广	4	차례, 서						序文, 序列
									서문, 서열

※秩米~ ; 벼슬아치에게 녹봉으로 주는 쌀.
※秩滿~ ; 관직에서 일정한 임기가 끝남.

眞	目	5	참, 진						眞理, 眞意
									진리, 진의
善	口	9	착할, 선						善良, 善導
									선량, 선도
美	羊	3	아름다울, 미						美風, 審美
									미풍, 심미

※眞善美~ ; 학문적 이상경인 진리(眞), 도덕적 이상경인 선(善), 그리고 예술적 이상경인 미(美)의 세계로 인간이 추구하는 최고의 가치.

金	金	0	쇠, 금 성, 김						金冠, 金君
									금관, 김군
銀	金	6	은, 은						銀行, 銀器
									은행, 은기
銅	金	6	구리, 동						靑銅, 銅像
									청동, 동상

※金銀銅~ ; 金과 銀과 銅. 경제적 가치 외에 포상적 개념의 金賞, 銀賞, 銅賞으로도 두루 쓰임.

詩	言	6	귓글, 시						敍事詩, 敍情詩 서사시, 서정시
書	曰	6	글, 서						書信, 書簡 서신, 서간
畫	田	7	그림, 화						畫室, 計劃 화실, 계획

※詩書畫~ ; 시(漢詩)와 서예, 그리고 그림(文人畫)은 동양 선비들의 필수적인 교양으로 생활화
　　　　되어 왔으며, 특히 이 세 가지에 두루 능한 사람을 三絶이라고 높이 칭송하였다.
※畫는 그림 畫(화) 및 그을 畫(획) = 劃(획)과 같이 쓰임.

仁	亻	2	어질, 인						仁德, 仁慈 인덕, 인자
義	羊	7	옳을, 의						義理, 義齒 의리, 의치
禮	示	13	예의, 례						禮節, 敬禮 예절, 경례
智	日	8	지혜, 지						智謀, 智慧 지모, 지혜

※仁義禮智~ ; 四端. 사람이 지키고 행해야 할 네 가지 큰 덕.

喜	口	9	기쁠, 희						喜悲, 喜捨 희비, 희사
怒	心	5	성낼, 노						大怒, 怒氣 대로, 노기
哀	口	6	슬플, 애						哀乞, 哀惜 애걸, 애석
樂	木	11	즐길, 락 풍류, 악 즐길, 요						樂園, 樂山樂水 낙원, 요산요수

※喜怒哀樂 ; 기뻐하고 성내고 슬퍼하며 즐거워 함.
※즐길 樂'자는 '풍류 악' '즐길 요'로도 읽힌다. 樂曲. 樂山樂水.
※樂山樂水~ ; 山과 물을 즐김. 山水 自然을 벗삼아 사는 즐거움.

吉	口	3	길할, 길						吉兆, 吉夢 길조, 길몽
凶	凵	2	흉할, 흉						凶計, 陰凶 흉계, 음흉
禍	示	9	재화, 화						禍根, 禍福 화근, 화복
福	示	9	복, 복						福祉, 幸福 복지, 행복

※吉凶禍福~ ; 길하고 흉함과 재화와 복됨.

冠	冖	7	갓, 관						冠禮, 衣冠
									관례, 의관
婚	女	8	혼인할, 혼						婚需, 婚姻
									혼수, 혼인
喪	口	9	초상, 상						喪家, 喪服
									상가, 상복
祭	示	6	제사, 제						祭典, 忌祭
									제전, 기제

※ 冠婚喪祭~ ; 四禮. 冠禮와 婚禮, 喪事의 禮와 祭祀의 예. 通過儀禮 중 대표적인 四大儀禮.

改	攵	3	고칠, 개						改造, 改宗
									개조, 개조
過	辶	9	지날·허물 과						過多, 過程
									과다, 과정
遷	辶	12	옮길, 천						遷客, 遷都
									천객, 천도
善	口	9	착할, 선						善隣, 善隣外交
									선린, 선린외교

※ 改過遷善~ ; 허물(과실)을 고쳐 바르고 착함으로 옮아가다.
※ 改宗~ ; 다른 종교로 옮겨 믿음.
※ 善隣~ ; 이웃나라와 좋은 관계를 유지하다. 善隣外交.

修	人	8	닦을, 수						修理, 修飾
									수리, 수식
身	身	0	몸, 신						身病, 心身修練
									신병, 심신수련
齊	齊	0	가지런할, 제						齊唱, 均齊
									제창, 균제
家	宀	7	집, 가						家族, 家寶
									가족, 가보

※ 修身齊家~ ; 자기 한 몸 닦고 집안을 가지런히 다스리다.
※ 心身修練~ ; 마음과 몸을 닦고 연마하다.

同	口	3	한가지, 동						同僚, 同床異夢
									동료, 동상이몽
病	疒	5	병들, 병						病菌, 萬病通治
									병균, 만병통치
相	目	4	서로, 상						相對, 宰相
									상대, 재상
憐	忄	12	불쌍할, 련						憐憫, 相憐
									연민, 상련

※ 同病相憐~ ; 같은 病을 앓는 사람은 서로를 불쌍히 여긴다. 곧 立場이 같은 사람끼리 서로의
　　　　　　입장을 알고 同情한다.
※ 同床異夢~ ; 같은 잠자리에서 다른 꿈을 꾸다.

奇	大	5	기이할, 기						奇妙, 珍奇 기묘, 진기
巖	山	20	바위, 암						巖穴, 層巖 암혈, 층암
怪	忄	5	괴이할, 괴						怪變, 怪漢 괴변, 괴한
石	石	0	돌, 석						石佛, 石窟庵 석불, 석굴암

※ 奇巖怪石~ ; 奇異하게 생긴 바위와 怪狀하게 생긴 돌. 곧 여러 가지 모양으로 생긴 자연의 아름다움을 묘사한 말.

縱	糸	11	세로, 종						縱列, 縱覽 종렬, 종람
橫	木	12	가로, 횡						橫斷, 專橫 횡단, 전횡
無	灬	8	없을, 무						無敵, 無盡藏 무적, 무진장
盡	皿	9	다할, 진						盡力, 盡人事 진력, 진인사

※ 縱橫無盡~ ; 自由自在로 거침없이 마음대로 행함.
※ 無盡藏~ ; 한 없이 많이 있음. 佛敎에서는 덕이 넓어 끝이 없는 모습을 일컫는다.
※ 盡人事~ ; 사람으로서 할 수 있는 모든 것을 행함. 盡人事待天命

歌	노래, 가 欠부, 10획	歌								
謠	노래, 요 言부, 10획	謠								
가 요	노래, 노래를 부르다. 大衆歌謠. 歌謠는 시대 심상을 반영하는 거울이다.									
監	볼·살필, 감 皿부, 9획	監								
視	볼, 시 見부, 5획	視								
감 시	주의하여 살펴봄. 주의하여 지킴. 正義社會 구현은 民主市民의 監視로부터…									
健	굳셀, 건 人부, 9획	健								
康	편안, 강 广부, 8획	康								
건 강	몸에 병이 없고, 튼튼함. 肉體의 健康보다 心身의 健康이 참다운 健康이다.									
境	지경, 경 土부, 11획	境								
界	지경, 계 田부, 4획	界								
경 계	지경이 서로 이어진 곳. 所有權이 서로 다른 두 地域을 나누는 線을 境界線 이라 한다.									
競	다툴, 경 立부, 11획	競								
爭	다툴, 쟁 丿부, 5획	爭								
경 쟁	서로 겨루어 다툼. 善意의 競爭은 자기 發展의 밑거름이다.									
階	섬돌·층계, 계 阝부, 9획	階								
段	층계, 단 殳부, 5획	段								
계 단	층층대, 순서, 등급. 階段을 오를 때와 내릴 때 段階를 잘 따라야 한다.									
計	셈할, 계 言부, 2획	計								
算	셈할, 산 竹부, 8획	算								
계 산	수량을 셈함. 인생은 算術的 計算으로만 살아지는 것이 아니다.									

繼	이을, 계 糸부, 14획	繼								
續	이을, 속 糸부, 15획	續								
계 속	끊이지 아니하고 이어 나아감. 持續. 漢字 공부는 持續性이 必要하다.										
孤	외로울, 고 子부, 5획	孤								
獨	홀로, 독 犭부, 13획	獨								
고 독	외로움. 외로운 모습. 孤獨을 自我 省察의 계기로 昇華시키자.										
考	생각할, 고 耂부, 2획	考								
慮	생각할, 려 心부, 11획	慮								
고 려	생각하여 헤아림. 自身의 進路 問題는 깊히 考慮하고 決定하여야 할 것이다.										
空	빌, 공 穴부, 3획	空								
虛	빌, 허 虍부, 6획	虛								
공 허	아무것도 없이 텅 빔. 虛空은 하늘을 일컫는 말이요, 空虛는 텅 빈 狀態語이다.										
攻	칠, 공 攵부, 3획	攻								
擊	칠, 격 手부, 13획	擊								
공 격	나아가 敵을 치다. 攻擊은 最高의 守備이다.										
過	지날·허물, 과 辶부, 9획	過								
誤	그르칠, 오 言부, 7획	誤								
과 오	잘못됨. 過失. 지난날의 過誤를 反復하는 것은 賢明하지 못한 處事이다.										
教	가르칠, 교 攵부, 7획	教								
訓	가르칠, 훈 言부, 3획	訓								
교 훈	가르치고, 훈계함. 後學은 先賢의 教訓을 귀감으로 삼을 必要가 있다.										

具	갖출, 구 八부, 6획	具								
備	갖출, 비 亻부, 10획	備								
구 비	빠짐없이 모두 갖춤. 실행에 옮기기 전에 裝備는 具備되었는지를 잘 챙겨야 한다.									
救	구원할, 구 攵부, 7획	救								
濟	건널·구제할, 제 氵부, 14획	濟								
구 제	구하여 건져 줌. 구하여 도와줌. 貧民 救濟 事業은 인도적 次元에서 실행되어 야 한다.									
極	다할, 극 木부, 9획	極								
端	끝·실마리, 단 立부, 9획	端								
극 단	맨 끝. 한쪽으로 치우침. 極端的 부정 논리보다는 肯定的 合理論이 창의적이다.									
技	재주, 기 扌부, 4획	技								
藝	재주, 예 ++부, 15획	藝								
기 예	技術에 관한 재주와 솜씨.									
斷	끊을·결단할, 단 斤부, 14획	斷								
絶	끊을, 절 糸부, 6획	絶								
단 절	관계를 끊거나 끊어짐. 인간 관계의 斷絶은 아름다운 因緣을 거부하는 行爲이다.									
談	말씀·이야기, 담 言부, 8획	談								
話	이야기, 화 言부, 6획	話								
담 화	이야기. 어떤 事物에 대하여 個人 또는 團體가 그 意見이나 態度를 분명히 하 기 위하여 하는 말.									
到	이를, 도 刂부, 6획	到								
着	붙을 착, 나타날 저 目부, 7획	着								
도 착	목적한 곳에 이름. 目的地에 到着하다.									

逃	달아날, 도 辶부, 6획	逃							
避	피할, 피 辶부, 13획	避							
도 피	달아나서 몸을 피함. 현실을 逃避하지 말라. 굳센 意志로 발전적 挑戰만이 있을 뿐이다.								
盜	도둑, 도 皿부, 7획	盜							
賊	도둑, 적 貝부, 6획	賊							
도 적	도둑. 남의 물건을 절취하는 자는 盜賊이다. 梁上君子는 盜賊의 美稱이다.								
圖	그림, 도 口부, 11획	圖							
畵	그림, 화·그을, 획 田부 7획	畵							
도 화	그림. 圖畵紙.								
末	끝, 말 木부, 1획	末							
端	끝, 단 立부, 9획	端							
말 단	맨 끄트머리. 座席의 末端에 앉다.								
末	끝, 말 木부, 1획	末							
尾	끝·꼬리, 미 尸부 4획	尾							
말 미	끝. 말·문장·번호 등의 연속되어 있는 것의 맨 끝. 末端.								
滅	멸할, 멸 氵부 10획	滅							
亡	망할, 망·없을, 무 亠부, 1획	亡							
멸 망	망하여 없어짐. 政府가 腐敗하면 결국 그 나라는 滅亡하고 만다.								
毛	터럭, 모 毛부, 0획	毛							
髮	터럭, 발 髟부, 5획	髮							
모 발	사람의 몸에 난 털의 총칭. 사람의 머리털. 毛髮이 星星하다.								

模	법·본보기, 모 木부, 11획	模							
範	법, 범 竹부, 9획	範							
모 범	배워서 본받을 만함. 知性人이 지성인인 理由는 매사에 模範이 되기 때문이다.								
報	알릴·갚을, 보 土부, 9획	報							
告	알릴, 고 口부, 4획	告							
보 고	알림. 책임감과 자신감이 있는 사람은 자신의 任務에 대한 결과를 철저히 報告 한다.								
副	버금·둘째, 부 刂부, 9획	副							
次	버금, 차 欠부, 4획	次							
부 차	다음. 本質的이 아닌 二次의 일이나 문제점. 성적은 副次的이다. 더 큰 문제는 人格이다.								
批	비평할, 비 扌부, 5획	批							
評	평할, 평 言부, 5획	評							
비 평	사물의 善惡·是非·美醜를 분석 논단함. 작품 批評은 作家와 讀者를 연결하 는 架橋다.								
辭	말씀·사양, 사 辛부, 12획	辭							
說	말씀, 설·기쁠, 열 言부, 7획	說							
사 설	잔소리로 늘어 놓는 말. 노래 따위의 글의 內容.								
選	가려 뽑을, 선 辶부, 12획	選							
擇	가릴, 택 扌부, 13획	擇							
선 택	가려서 뽑음. 選擇의 자유는 그 結果에 대한 責任을 전제로 한다.								
純	순수할, 순 糸부, 4획	純							
潔	깨끗할, 결 氵부, 12획	潔							
순 결	아주 깨끗함. 純潔은 道德的 精神的 가치를 우선으로 한다.								

施	베풀, 시	施								
	方부, 5획									
設	베풀, 설	設								
	言부, 4획									
시 설	베풀어 설비함. 尖端 敎補材 施設은 效果的인 敎育을 위하여 必要하다.									
試	시험할, 시	試								
	言부, 6획									
驗	시험, 험	驗								
	馬부, 13획									
시 험	이해의 確實性을 측정하고, 學業 成績의 優劣을 알아봄. 試驗이 能力 評價의 萬能일까?									
研	갈, 연	研								
	石부, 6획									
究	궁구할, 구	究								
	穴부, 2획									
연 구	條理 있게 캐고 살피며 공부함. 疑心이 생길 때마다 問題에 대해 研究하는 자세를 가져야 한다.									
貯	쌓을, 저	貯								
	貝부, 5획									
蓄	쌓을, 축	蓄								
	++부, 10획									
저 축	절약하여 모아 둠. 貯蓄은 健全한 消費生活로부터 이루어진다.									
製	지을, 제	製								
	衣부, 8획									
造	지을, 조	造								
	辶부, 7획									
제 조	원료에 人工을 加하여 精巧品을 만듦. 製造 工場.									
尊	높을, 존	尊								
	寸부, 9획									
重	무거울·거듭, 중	重								
	里부, 2획									
존 중	높이고 중하게 여김. 尊重 ↔ 無視. 모든 사람의 人權은 尊重되어야 한다.									
參	참여할, 참·석, 삼	參								
	厶부, 9획									
與	더불·참여·줄, 여	與								
	臼부, 7획									
참 여	참가하여 관계함. 參與度. 參與 意識은 민주시민의 基本 자질이다.									

聽	들을, 청 耳부, 16획	聽							
聞	들을, 문 耳부, 8획	聞							
청 문	듣다. 責任 政治 구현을 위한 聽聞會가 低質 議員들의 독무대가 되어서는 안 된다.								
蓄	쌓을, 축 ++부, 10획	蓄							
積	쌓을, 적 禾부, 11획	積							
축 적	많이 모아 쌓아 둠. 基礎 科學의 蓄積된 지식이 있어야 未來에 대한 希望이 있다.								
稱	일컬을, 칭 禾부, 9획	稱							
讚	기릴, 찬 言부, 19획	讚							
칭 찬	좋은 점을 일컬음. 美德을 찬송하고 기림. 稱讚보다 더 좋은 敎育은 없다.								
討	칠, 토 言부, 3획	討							
伐	칠·벨, 벌 亻부, 4획	伐							
토 벌	죄 있는 무리를 군사로 침. 討伐 作戰.								
顯	나타날, 현 頁부, 14획	顯							
現	나타날, 현 玉부, 7획	現							
현 현	나타남. 명백히 나타남. 숨겨졌던 事件의 眞相이 명백히 顯現되다.								
歡	기뻐할, 환 欠부, 18획	歡							
喜	기쁠, 희 口부, 9획	喜							
환 희	대단히 기뻐함. 歡喜에 찬 統一祖國의 來日을 設計하자.								
希	바랄, 희 巾부, 4획	希							
願	원할·바랄, 원 頁부, 10획	願							
희 원	바라고 원함. 希求하고 願望하다.								

加	더할, 가 力부, 3획	加							
減	덜, 감 氵부, 9획	減							
가 감	더하고 덜다. 加減 없는 계산.								
輕	가벼울, 경 車부, 7획	輕							
重	무거울, 중 里부, 2획	重							
경 중	가벼움과 무거움. 일의 輕重을 바로 認識하다.								
苦	괴로울, 고 艹부, 5획	苦							
樂	즐길, 락·풍류, 악 木부, 11획	樂							
고 락	괴로움과 즐거움. 生死苦樂. 生死와 苦樂을 함께한 同志.								
攻	칠, 공 攵부, 3획	攻							
防	막을, 방 阝부, 4획	防							
공 방	공격과 방어. 攻防戰. 치열한 攻防戰이 展開되다.								
起	일어날, 기 走부, 3획	起							
伏	엎드릴, 복 亻부, 4획	伏							
기 복	일어났다 누었다 함. 成績의 起伏이 심한 것은 基本 實力이 다져지지 않았기 때문이다.								
起	일어날, 기 走부, 3획	起							
寢	잠잘, 침 宀부, 11획	寢							
기 침	잠자리에서 일어남. 起床. 밤중에 일어나 부처님께 배례함. 새벽에 起寢하다.								
難	어려울, 난 隹부, 11획	難							
易	쉬울, 이·바꿀, 역 日부, 4획	易							
난 이	어려움과 쉬움. 難易度. 漢字 공부는 難易度와 無關하지 아니하다.								

單	홑, 단	單									
	口부, 9획										
複 복	겹칠, 복	複									
	衣부, 9획										
단 복	單複式. 각종 체육 競技에는 單式과 複式, 그리고 混性 경기가 있다.										
斷	끊을, 단	斷									
	斤부, 14획										
續	이을, 속	續									
	糸부, 15획										
단 속	끊어짐과 이어짐. 끊어졌다 이어졌다 함. 斷續音.										
動	움직일, 동	動									
	力부, 9획										
靜	고요할, 정	靜									
	靑부, 8획										
동 정	움직임과 가만있음. 자세히 그 動靜을 살피다.										
勞	힘쓸, 로	勞									
	力부, 8획										
使	부릴·하여금, 사	使									
	亻부, 6획										
노 사	노동자와 사용자. 勞使紛糾. 勞使協調. 勞使의 바람직한 協調는 곧 産業平和를 뜻한다.										
賣	팔, 매	賣									
	貝부, 8획										
買	살, 매	買									
	貝부, 5획										
매 매	팔고 삼. 팔고 사다. 商去來로서의 賣買 行爲는 商道義가 前提되어야 한다.										
明	밝을, 명	明									
	日부, 4획										
暗	어두울, 암	暗									
	日부, 9획										
명 암	밝음과 어두움. 밝고 어두움. 기쁜 일과 슬픈 일. 喜悲. 幸不幸. 喜悲雙曲線.										
班	나눌·양반, 반	班									
	玉부, 6획										
常	떳떳·보통, 상	常									
	巾부, 8획										
반 상	양반과 상사람. 班常의 身分 克復으로부터 眞正한 人權運動은 出發되었다.										

發	펼칠, 발 癶부, 7획	發								
着	붙을, 착 目부, 7획	着								
발 착	출발과 도착. 떠남과 이르름. 正確하게 出發해야 정확하게 到着된다.									
氷	얼음, 빙 水부, 1획	氷								
炭	숯, 탄 火부, 5획	炭								
빙 탄	氷炭不相容의 준말. 둘이 서로 어긋나 용납하지 못함. 犬猿之間.									
賞	상줄·즐길, 상 貝부, 8획	賞								
罰	벌줄, 벌 罒부, 9획	罰								
상 벌	상과 벌. 포상과 처벌. 信賞必罰 ; 賞罰을 공정하고 엄하게 하다.									
損	덜, 손 手부, 10획	損								
益	더할·이로울, 익 皿부, 5획	益								
손 익	손해와 이익. 損益處理.									
送	보낼, 송 辶부, 6획	送								
迎	맞을, 영 辶부, 4획	迎								
송 영	보내고 맞음. 送別과 歡迎의 여러 가지 儀式을 送迎 節次라 한다. 送舊迎新.									
授	줄, 수 扌부, 8획	授								
受	받을, 수 又부, 6획	受								
수 수	줌과 받음. 주고 받음. 正義社會의 敵은 金品授受라는 야만적 행위이다.									
勝	이길, 승 力부, 10획	勝								
負	질·짐질, 부 貝부, 2획	負								
승 부	이기고 짐. 참으로 冷情한 것은 勝負의 世界이다.									

新	새, 신	新								
	斤부, 9획									
舊	옛, 구	舊								
	臼부, 12획									
신 구	새 것과 옛 것. 溫故知新이란 옛 것을 익혀 새 것을 앎이니 곧 新舊의 調和境이다.									
陰	그늘·어두울, 음	陰								
	阝부, 8획									
陽	볕, 양	陽								
	阝부, 9획									
음 양	천지 만물의 서로 상대되는 두 가지 성질. 重陽. 陰陽五行說.									
姉	손윗누이, 자	姉								
	女부, 5획									
妹	손아랫누이, 매	妹								
	女부, 5획									
자 매	손위 누이와 손아래 누이. 여자끼리의 언니와 아우. 姉妹結緣.									
正	바를, 정	正								
	止부, 1획									
誤	그르칠, 오	誤								
	言부, 7획									
정 오	바르고 그릇됨. 活字의 誤植은 반드시 正誤表를 밝혀 주는 최소한의 禮를 갖춘다.									
進	나아갈, 진	進								
	辶부, 8획									
退	물러날, 퇴	退								
	辶부, 6획									
진 퇴	나아가고 물러남. 知性人이란 進退가 分明해야 한다.									
眞	참, 진	眞								
	目부, 5획									
僞	거짓, 위	僞								
	亻부, 12획									
진 위	참됨과 거짓됨. 진실과 거짓. 인간관계에서 相對의 眞僞를 가리기란 容易한 일이 아니다.									
集	모을, 집	集								
	隹부, 4획									
配	나눌·짝, 배	配								
	酉부, 3회									
집 배	한곳에 모았다가 여러 곳으로 나눔. 郵便 集配員.									

集	모을, 집	集							
	隹부, 4획								
散	흩을, 산	散							
	攵부, 8획								
집 산	모으고 흩음. 철학이 없는 정치 모리배들의 離合集散을 유권자들의 理性으로 끝장내자.								
增	더할, 증	增							
	土부, 12획								
減	덜, 감	減							
	氵부, 9획								
증 감	불고 줄어듦. 더함과 뺌. 數學의 덧셈과 뺄셈 法을 增減算法이라 한다.								
豊	풍년, 풍	豊							
	豆부, 6획								
凶	흉할, 흉	凶							
	凵부, 2획								
풍 흉	풍년과 흉년. 龍은 구름을 몰고 다니며 인간 世上의 豊凶을 주재한다고 한다.								
出	날, 출	出							
	凵부, 3획								
缺	缶부, 4획	缺							
	이즈러질·빌, 결								
출 결	출석과 결석. 학생의 근면상태는 출결상황으로 파악될 수 있다.								
出	날, 출	出							
	凵부, 3획								
納	드릴, 납	納							
	糸부, 4획								
출 납	나고 듦. 가계부 정리는 金錢의 出納 事項을 정확 명료하게 기재해야 한다.								
虛	빌, 허	虛							
	虍부, 6획								
實	열매·참, 실	實							
	宀부, 11획								
허 실	비고 참. 거짓과 참. 공허와 충실. 漢詩의 對偶는 飛潛動植과 虛實相配가 관건이다.								
黑	검을, 흑	黑							
	灬부, 8획								
白	흰, 백	白							
	白부, 0								
흑 백	검은 것과 흰 것. 眞僞. 是非. 黑白論理는 非理性的인 鬪爭論理일 뿐이다.								

2. 생활한자의 뜻과 유래

1) 狡猾

간사하고 꾀가 많다는 뜻의 狡猾이라는 말이 있다. 이것 역시 개사슴록이라는 犬변이다. 狡나 猾은 모두 동물 이름이다. 물론 실존하는 것은 아니며 전설상의 동물이다. 『山海經』에 모습을 드러내는 이 동물에 대한 특성이 있다.

狡는 玉山에 살며 개와 같지만 표범 무늬를 하고 있다. 머리에는 쇠뿔을 달고 있으니 그 형상이 괴이하다. 울음소리 역시 개와 비슷하다고 적혀 있다. 한 가지 특별한 것은 이놈이 나타나면 그해엔 여지없이 풍작이다. 그런 점에서 狡는 길조이며 어느 누구나 반긴다. 狡의 주변에는 猾이 있다. 이놈은 아주 간악하다. 사는 곳은 堯光山인데 몸뚱이에는 돼지털이 나 있으며 동굴 안에서 겨울잠을 잔다. 한 소리 기합을 지르듯 울어대면 온 천하가 큰 혼란에 빠져 버린다. 사람들은 모두 흉조의 상징이기 때문에 猾을 두려워한다.

狡나 猾은 산 속에서 호랑이 같은 맹수를 만나면 스스로의 몸을 구부려 공처럼 만들어 버린다. 호랑이가 입을 벌리고 삼키려 들면 재빨리 입안으로 들어가서 곧장 내장으로 굴러가 그것을 파먹는다. 배가 아파 호랑이가 날뛰면 맘껏 내장을 뜯어 먹는다. 그리고 호랑이가 죽으면 그제야 유유히 뱃속에서 빠져나온다.

2) 麒麟兒

슬기와 재주가 남달리 뛰어난 젊은이를 기린아라고 한다. 여기서 말하는 기린은 동물원에서 볼 수 있는 동물이 아니라, 상상의 동물로 다른 짐승을 해치지 않는 인자한 동물이기도 하다.

麒麟은 중국 고대(B.C. 2500년경)로부터 전해오는 吉詳의 四靈인 용, 기린, 봉황, 거북 중 하나로 우리에게 희망과 성공, 그리고 행복을 전해 준다고 한다. 기린의 형상은 사슴의 몸에 머리에는 살로 된 뿔이 돋아 있으며, 말의 발굽과 소의 꼬리, 온몸은 오색이 영롱한 비늘로 덮혔으며, 산 풀을 밟지 않는다고 한다.

이와 같은 기린의 전설과 상징 때문에 재주가 뛰어나고 지혜가 비상한 사람을 가리켜 麒麟兒라고 부르는가 하면, 신라시대에는 麒麟 문양을 浮彫한 벽돌을 만들어 건축에 이용하였으며, 고려시대에는 왕을 호위하는 호위군을 기린군이라 칭하고 기린을 수놓은 麒麟儀仗旗를 세워 그 위용을 떨쳤다. 조선시대에 이르러 왕족을 비롯한 관직의 높고 낮음을 구별하는 表章 즉, 胸背가 제정되자 기린은 그 깊은 상징과 품격으로 왕족만이 사용할 수 있는 문양으로서 대군의 흉배에 金絲로 수놓아져 왕실의 권위와 품격을 나타냈던 전래의 상서로운 동물이며 상징이다.

3) 狼狽

조급한 나머지 다급하여 조치를 잘못함을 이르는 말이다. '낭패'라는 말은 우리의 일상생활 중에 자주 쓰이는 말이다. 어떤 일을 도모했을 때 잘 풀리지 않아 처지가 고약하게 꼬이는 경우에 사용한다. 종종, 낭패를 보았다, 낭패를 당했다는 말이 이런 경우이다.

狼이나 狽나 한결같이 개사슴 록 변으로 이루어졌다. 한자에서 犬변이 들어 있는 글자는 모두 동물이거나 또는 동물의 특성을 함축한 글자다. 예를 들면 여우 狐, 개 狗, 삵쾡이 狸, 돼지 猪, 고양이 猫 등이 그러한 경우이다.

물론 狼과 狽도 마찬가지다. 낭패는 전설상의 동물로, 狼은 태어날 때부터 뒷다리 두 개가 없거나 아주 짧다. 그런가 하면 狽는 앞다리 두 개가 아예 없거나 짧다. 그래서 걸을 때는 넘어지기 일쑤이고, 먹이 사냥도 순탄치 못해 굶는 일이 빈번했다. 그러던 어느 날 狼과 狽가 서로 만나, 자신의 처지를 돌아보고 함께 다니기로 의견을 모았다. 그래서 걸을 때는 늘 狽가 狼의 등에 앞다리를 걸쳐야 한다. 그러므로 狼과 狽의 사이가 좋아야만 한 몸처럼 걸을 수 있는 것이다. 어쩌다가 싸우거나 헤어지게 되면 둘 다 제대로 걷지도 못하고 넘어지기 일쑤다.

그런데 두 녀석의 성질을 분석해 보면, 狼은 성질이 흉포하지만 智謀가 부족하다. 반대로 狽는 순한 듯싶은데도 지모가 뛰어나다. 그래서 함께 먹이를 찾으러 나갈 때엔 늘 狼은 狽의 지시를 받을 수밖에 없다. 그러다가도 마음이 바뀌면 문제가 생기고, 서로 고집을 피우면 움직일 수가 없게 되어 굶어 죽을 수밖에 없다. 이렇게 서로 곤란한 지경을 당하는 경우를 두고 우리는 낭패라고 표현하게 된 것이다.

4) 碧昌牛

평안북도 碧潼과 昌城지방의 크고 억센 소라는 뜻으로 미련하고 고집이 센 사람을 비유한 말이다. 보통 우리는 벽창호라고 부르는데, 이 벽창호의 어원이 바로 碧昌牛이다.

碧潼과 昌城 이 두 지역에서 나는 소가 대단히 크고 억세어서 이러한 명칭이 부여된 것이라고 한다. 단어 구조로 보면 벽창우는 地名이 선행하고 그 지역에서 나는 특산물이 후행하여 그 대상의 이름이 된 예이다. 비유적으로 확대되어 쓰일 때는 고집이 세고 무뚝뚝한 사람이라는 의미를 띤다.

벽창우가 벽창호로 바뀐 데에는 아마 이것을 '벽에 창문 모양을 내고 벽을 친 것'이라는 의미의 壁窓戶와 혼동하였기 때문이 아닌가 한다. 빈틈없이 꽉 막힌 壁과 그러한 속성을 지닌 사람과의 연상이 벽창우를 벽창호로 바꾸게 하였을 것이라는 판단이다.

5) 駙馬

임금의 사위를 흔히 駙馬라고 한다. 원래 공주의 夫君인 駙馬都尉에서 온 말로, 駙는 곁말 부로 말을 곁에서 모는 사람이라는 뜻이다. 『搜神記』에 보면, 다음과 같은 이야기가 전한다.

　옛날 隴書 땅에 辛道度이란 젊은이가 있었다. 그는 이름 높은 스승을 찾아 雍州로 가던 도중 날이 저물자 어느 큰 기와집의 솟을대문을 두드렸다. 이윽고 하녀가 나와 대문을 열었다.

　"옹주로 가는 나그네인데 하룻밤 재워 줄 수 없겠습니까?"

　하녀는 잠시 기다리라며 안으로 들어갔다 나오더니 그를 안방으로 안내했다. 방 안에는 잘 차린 밥상이 있었는데 하녀가 사양 말고 먹으라고 하였다. 식사가 끝나자 안주인이 들어왔다.

　"저는 秦나라 閔王의 딸이온데 曹나라로 시집을 갔다가 남편과 사별을 하고 이제까지 23년 동안 혼자 살고 있습니다. 그런데 오늘 이처럼 찾아 주셨으니 저와 부부의 인연을 맺어 주세요."

　신도탁은 그런 고귀한 여인과 어찌 부부의 인연을 맺을 수 있겠느냐고 극구 사양했으나 여인의 끈질긴 간청에 못 이겨 사흘 낮 사흘 밤을 함께 지냈다. 다음날 아침에 여인은 슬픈 얼굴로 말했다.

　"좀더 함께 지내고 싶지만 사흘 밤이 한도예요. 이 이상 같이 있으면 화를 당하게 되지요. 그래서 헤어져야 하지만 제 진심을 보여 드릴 수 없는 게 슬프군요. 정표로 이거라도 받아 주세요."

하며 여인은 신도탁에게 금 베개를 건네주고는 하녀에게 대문까지 배웅하라고 일렀다. 대문을 나선 신도탁이 뒤돌아보니 그 큰 기와집은 간데없고 잡초만이 무성한 허허 벌판에 무덤이 하나 있을 뿐이었다. 그러나 품속에 간직한 금 베개는 그대로 있었다.

　여행을 계속하던 신도탁은 돈이 떨어져 금 베개를 팔아 음식을 사 먹었다. 그 후 왕비가 그 금 베개를 저잣거리에서 발견하고 관원을 시켜 조사해 본 결과 신도탁의 소행임이 드러났다. 왕비는 그를 잡아다가 경위를 알아본 다음 공주의 무덤을 파고 관을 열어 보니 다른 副葬品은 다 있었으나 금 베개만 없어졌다. 그리고 시체를 조사해 본 결과 情交한 흔적이 역력했다. 모든 사실이 신도탁의 이야기와 부합하자 왕비는 신도탁이야말로 내 사위라며 그에게 駙馬都尉라는 벼슬을 내리고 후대했다고 한다.

이로부터 임금의 사위를 駙馬라고 했으나 오늘날로 치면 자가용 운전수쯤이 되지 않을까 싶다. 내 목숨을 너에게 맡기니 내 딸을 잘 보살펴달라는 의미도 들어있는 듯하다.

6) 獅子吼

석가모니의 목소리를 사자의 우는 소리에 비유한 말로, 크게 열변을 토한다는 의미의 말이다. 사자가 소리쳐 울 때 작은 사자는 용기를 내고 기타 일체의 금수는 도망쳐 숨어버리는 것과 같이 석가모니의 설법을 들을 때 보살은 정진하고 도를 벗어난 악마들은 숨어버린다고 한다.

『傳燈錄』에 보면, "부처는 태어나자마자 한 손은 하늘을 가리키고, 한 손은 땅을 가리키며 일곱 발자국 걷고 사방을 돌아보면서 '天上天下 唯我獨尊(우주 속에 나보다 더 존귀한 것은 없다)'이라고 하면서 사자후 같은 소리를 내었다."라고 기록되어 있다. "석가모니 부처님께서 도솔천에 태어나 손을 나눠 하늘과 땅을 가리키며 사자후 소리를 질렀다."라고 쓰고 있다.

또한 『維摩經』에는 "석가모니 설법의 위엄은 마치 사자가 부르짖는 것과 같으며, 그 해설은 우레가 울려 퍼지는 것처럼 청중들의 마음을 사로잡았다."라고 되어 있다. 사자후는 석가의 설법을 비유한 말인데, 뭇 짐승들이 사자의 울부짖음 앞에서는 꼼짝도 못 하듯이 석가의 설법 앞에서는 모두 고개를 조아릴 정도로 그 위력이 대단하다는 뜻인데, 현재에는 열변을 토해 내는 것을 비유할 때 사용된다. 사자는 불교에서도 자주 인용되고 있다. 즉 불문에서는 사자를 勇猛의 상징으로 여기는데, 智度論에 보면 '獅子는 네발짐승의 王으로 두려움도 없고 일체를 굴복시킨다. 佛도 이와 같아서 일체를 항복시키므로 人獅子라고 한다.'는 기록이 있다. 또 文殊菩薩이 사자를 타고 다닌다거나 불상의 臺座에 사자가 등장하며 불법의 神將이자 수행자를 수호하는 존재로 등장하기도 한다. 또 사자는 부처님의 설법에 인용되기도 한다. 곧 사자가 소리쳐 울면 작은 사자는 용기를 내고 다른 짐승들은 도망쳐 숨듯 불타의 설법을 들을 때 보살은 精進하고 惡魔들은 숨어 버린다는 것이다. 이처럼 부처님의 설법을 사자가 우는 것에 비유한 말이 사자후이나 마치 사자의 울음소리가 뭇 짐승들을 떨게 만드는 것과 같이 불법의 소리가 이 세계를 진동하듯 한다는 뜻을 담고 있는 것이다.

이밖에도 北宋의 시인 蘇東坡가 친구 陳季常과 그의 부인인 하동 유씨에 대한 시를 지은 것에서 보이듯이 질투심이 강한 여자가 남편을 대한 태도나 고함을 지르는 것도 사자후라고 하며, 시의 내용은 다음과 같다.

용구거사는 역시 가련하다	龍丘居士亦可憐
잠도 자지 않고 空과 有를 말하는데	談空說有不眠
갑자기 하동의 사자후 소리를 들으니	忽聞河東獅子吼
지팡이가 손에서 떨어지며 정신이 아찔해지는구나	柱杖落手心茫然

용구거사는 진계상을 말한다. 진계상은 독실한 불교신자로 날마다 친구들과 함께 공과 유에 대해 토론하였다. 이를 못마땅하게 여긴 부인이 체면 불구하고 남편에게 대드니 진계상이 정신을 잃어버린 것을 소동파가 표현한 것이다.

7) 蛇足

쓸데없는 군일을 하다가 도리어 실패한다는 뜻으로 畵蛇添足에서 온 말이다. 『戰國策』에 보면 다음과 같은 이야기가 전한다. 전국시대인 楚나라 懷王 때의 이야기이다.

어떤 인색한 사람이 제사를 지낸 뒤 여러 하인들 앞에 술 한 잔을 내놓으면서 나누어 마시라고 했다. 그러자 한 하인이 이런 제안을 했다. "여러 사람이 나누어 마신다면 간에 기별도 안 갈 테니, 땅바닥에 뱀을 제일 먼저 그리는 사람이 혼자 다 마시기로 하는 게 어떻겠나?" "그렇게 하세." 하인들은 모두 찬성하고 제각기 땅바닥에 뱀을 그리기 시작했다. 이윽고 뱀을 다 그린 한 하인이 술잔을 집어들고 말했다. "이 술은 내가 마시게 됐네. 어떤가, 멋진 뱀이지? 발도 있고." 그때 막 뱀을 그린 다른 하인이 재빨리 그 술잔을 빼앗아 단숨에 마셔 버렸다. "세상에 발 달린 뱀이 어디 있나?" 술잔을 빼앗긴 하인은 공연히 쓸데없는 짓을 했다고 후회했지만 소용이 없었다.

8) 逆鱗

거꾸로 붙어 있는 비늘이라는 뜻으로, 임금의 진노나 또는 남의 분노를 비꼬아 이르는 말이다. 『韓非子』에 다음과 같은 이야기가 전한다.

한비자가 말하기를 상대가 좋은 이름과 높은 지조를 동경하고 있는데, 이익이 크다는 것으로 그를 달래려 하면, 상대는 자기를 비루하고 지조가 없는 사람으로 대한다 하여 멀리할 것이 틀림없다. 반대로 상대가 큰 이익을 원하고 있는데 명예가 어떻고, 지조가 어떻고 하는 말로 이를 달래려 하면, 이쪽을 세상 물정에 어두운 사람이라 하여 상대를 해주지 않을 것이 뻔하다. 상대가 속으로는 큰 이익을 바라고 있으면서 겉으로만 명예와 지조를 대단한 것처럼 아는 척할 때, 그를 명예와 지조를 가지고 설득하려 하면 겉으로는 이쪽을 대우하는 척하며 속으로는 멀리하게 될 것이며, 그렇다고 이익을 가지고 이를 달래면 속으로 이쪽 말만 받아들이고 겉으로는 나를 버리고 말 것이다. 한비자는 이렇게 남을 설득시키기 어려운 점을 말하고 나서 맨 끝에 가서 이렇게 말하고 있다. 용이란 짐승은 잘 친하기만 하면 올라탈 수도 있다. 그러나 그의 목 아래에 붙어 있는 직경 한 자쯤 되는 逆鱗을 사람이 건드리기만 하면 반드시 사람을 죽이고 만다. 임금도 또한 역린이 있다. 말하는 사람이 임금의 역린만 능히 건드리지 않을 수 있다면 목적을 달성할 수 있을 것이다.

9) 猶豫

일을 할까 말까 망설이며 결정을 못하는 것을 뜻하는 말이다. 猶豫는 모두 동물을 가리키는 말이다. 狼狽나 狡猾의 예에서 보듯이 개사슴 록 변이 있으므로 알 수 있다.

猶는 원숭이를 가리키는데, 疑心이 많은 動物이다. 바스락하는 소리만 들려도 그만 나무 위로 달아나 가지 속에 숨어버린다. 그러다 별일이 아니라는 判斷이 들면 다시 내려와 놀다가도 조그마한 기척이라도 있으면 같은 행동을 反復한다. 이렇게 같은 행동을 반복하다가 하루해를 보내고 만다. 豫는 象자가 들어있는 것으로 보아 코끼리와 關係가 있음을 알 수 있다. 코끼리는 코끼리인데 지금의 코끼리보다 훨씬 더 큰 코끼리를 말한다. 아마도 코끼리의 祖上인 맘모스가 아닐까 여겨진다. 지금은 멸종되고 없지만 옛날 중국엔 코끼리가 많이 살았다. 현재 河南省을 옛날에는 豫라고 했는데 코끼리가 많아서였다. 이놈도 그 큰 덩치와는 어울리지 않게 疑心이 많은 동물이다. 개울을 건널 때는 행여 해치는 者가 없나 하고 四方을 두리번거리다 결국 건너지도 못하고 만다. 이처럼 猶나 豫는 疑心이 많아 머뭇거리면서 決斷을 못 내리는 動物들이다.

그러므로 이렇듯 의심이 많아 머뭇거리면서 결정이 쉽게 내리지 못하는 것을 두고 猶豫라고 하는 것이다.

10) 蠶食

조금씩 차차 먹어 들어감. 또는 조금씩 점차적으로 침략하여 들어간다는 뜻이다. 이 말은 누에가 조금씩 뽕잎을 갉아먹듯 먹어 들어가는 것을 비유한 말이다. 누에 蠶자는 누에의 모양을 사실적으로 그린 글자였다. 누에는 蠶室에서 뽕잎을 먹고 자란다. 잠실은 누에를 치는 방을 뜻하지만 宮刑을 받은 죄인을 가두는 감옥을 뜻하기도 한다. 궁형을 당한 사람은 상처 때문에 바람을 쐬어서는 안 되고 반드시 일정한 온도를 유지해야 했다. 그런데 누에치는 방은 언제나 난방을 했기 때문에 이러한 말이 생긴 것이다. 중국의 역사서인 『史記』를 집필한 사마천은 궁형을 받은 후 이 잠실에 갇힌 채 『史記』를 완성하였다. 그래서 『史記』를 『蠶史』라고도 부른다.

Ⅲ

주제로 익히는 생활한자

1. 자연과 만물

1) 단어

自然　　天地　　宇宙
風景　　太陽　　晝夜

春夏秋冬　　　山川草木
三寒四溫　　　泉石膏肓

2) 명문장

○ 天高日月明　地厚草木生
○ 春來梨花白　夏至樹葉靑
○ 白雲山上蓋　明月水中珠

3) 고사성어

○ 天高馬肥

하늘은 높고 말은 살찐다. 하늘이 높고 맑으며, 말의 식욕도 왕성해져서 살이 찌는 계절, 즉 가을을 말한다. 지금은 좋은 계절로서 가을을 말하지만, 원래의 뜻은 그렇지 않다.《한서》「匈奴傳」을 보면, 흉노는 은나라 초부터 위진남북조 시대까지 약 2천 년간 중국을 침공한 사나운 민족이다. 진시황이 쌓은 만리장성은 이들을 막기 위한 것이었다. 그들은 언제나 바람같이 쳐들어와 노략질을 하고는 바람같이 사라졌다.

북쪽의 광대한 초원에서 흉노는 목축과 수렵으로 살아갔는데, 특히 교통수단으로서 말이 중요했다. 말은 봄부터 여름에 걸쳐 대초원에서 풀을 배불리 먹기 때문에 쾌청한 가을철이 오면 살이 투실투실 찐다. 하지만 겨울이 오면 혹한으로 먹을 것이 없어 말도 마르고 사람도 굶주린다.

그래서 흉노들은 가을에 겨울 양식을 구하러 따뜻한 남쪽으로 쳐들어온다. 좋은 가을 날씨에 살찐 말을 잡아타고, 그들은 해일같이 밀려든다.

《한서》「흉노전」은 이렇게 말한다. "흉노는 가을에 온다. 말은 살찌고, 활은 굳세다." 가을이 오면 국경을 지키는 병사들은 성채에서 칼을 갈고 화살을 다듬으면서 경비를 강화했다. 결국 天高馬肥의 원래 의미는 쾌청한 가을날 살찐 말을 타고 쳐들어오는 흉노족을 가리키는 용어였다.

○ 武陵桃源

도연명의 〈桃花源記〉에서 유래한 것으로, 인간 속세와 동떨어진 별천지 곧 평화롭고 조용한 이상적인 곳을 말하는 것이다.

晉나라 무릉 땅에 사는 한 어부가 배를 타고 강을 따라 올라가게 되었다. 문득 양쪽 언덕이 온통 복숭아 숲으로 덮여 있는 곳에 도착했다. 그곳에는 조그만 바위굴이 하나 있었는데 그 속에서 빛이 새어나오고 있었다. 어부는 이상하게 여기면서 동굴 안으로 들어가 보았다.

그러자 넓은 들이 나타났고 사람들이 즐거운 표정으로 생활하고 있는 것이 보였다. 그곳 사람들은 어부를 기쁘게 맞이하면서 바깥 세상의 이야기를 물었다. 그들은 자신들이 옛날 秦나라의 학정을 피해 이곳으로 피신한 사람들의 자손들이라며 외부 세계와 완전히 단절된 생활을 하고 있다고 이야기했다.

어부는 그 마을을 빠져나오면서 이곳 저곳에 표시를 남겨 두었다. 집으로 돌아온 어부는 곧 고을의 태수를 찾아가 자기가 경험한 이야기를 했다. 태수는 크게 흥미를 가졌다. 그래서 사람을 시켜 다시 그곳을 찾게 했다. 그러나 어부가 돌아올 때 표시해 두었던 것이 없어져 그 길을 두 번 다시 찾을 수가 없었다.

　이후 평화롭고 안락해서 모든 것에 부족함이 없는 장소를 일컬어 '무릉도원'이라고 많이 표현한다.

2. 사람과 사람다움

1) 단어

身體　　性品　　人類

人間　　才能　　氣質

喜怒哀樂　　　男女老少

人本主義　　　弘益人間

2) 명문장

○ 春作四時首 人爲萬物靈

○ 江山萬古主 人物百年賓

○ 種瓜得瓜 種豆得豆 天網恢恢 疎而不漏

○ 知彼知己 百戰百勝

○ 盡人事待天命

○ 虎死留皮 人死有名

3) 고사성어

○ 邯鄲之步

자기의 본분을 잊고 남의 흉내를 내면 양쪽 다 잃게 된다는 말이다. 장자의 선배인 위모와 명가인 공손용과의 문답형식으로 된 이야기 가운데 위모가 공손용을 보고 이렇게 말했다. "또한 당신은 수릉의 젊은 사람이 조나라 서울 한단으로 배우러 갔던 이야기를 듣지 못했는가? 그 젊은 사람은 아직 조나라 걸음걸이를 다 배우기도 전에 원래 걷고 있던 걸음걸이마저 잊고 설설 기며 겨우 고향으로 돌아갔다지 않는가? 당장 그대가 가지 않는다면 장차 그대의 방법을 잃고 그대의 본분을 잃어버릴 것일세." 공손룡은 입을 벌린 채 다물지 못하고, 혀가 올라가서 내려오지 않아, 곧 달려서 도망쳐 갔다. 조나라는 큰 나라고, 연나라는 작은 나라다. 한단은 대도시, 수릉은 시골도시다. 그 시골 도시 청연이 대도시를 동경한 나머지 격에 맞지 않는 걸음걸이를 배우려다가 자기가 걷던 걸음걸이마저 잊고 엉금엉금 기는 시늉을 하며 돌아왔다는 이야기다

○ 聞一知十

한 가지를 들으면 열을 미루어 안다는 말로, 『論語』「公冶長」篇에 나오는 말이다.

공자의 제자는 삼천 명이나 되었고, 후세에 이름을 남긴 제자가 72명이나 되었으며 哲人으로 꼽힌 사람도 10명이나 되었다. 제자 중에 子貢은 재산을 모으는 데 남다른 재주가 있어 공자가 周遊天下할 때의 경비 대부분을 대었고 학문의 재주와 재치도 뛰어났다. 그러나 말없이 묵묵히 스승의 뒤를 따르는 顔回는 매우 가난했으나 삼 개월 동안 어질었다고 仁을 許與받은 유일한 제자였다. 안회와 자공의 길고 짧음에 대하여 공자가 자공에게 물었다.

자공은 "賜가 어찌 감히 回를 바랄 수 있겠습니까. 回는 하나를 들으면 열을 알고, 賜는 하나를 들으면 둘을 알 뿐입니다."

공자는 자공의 대답에 만족했다. 역시 자공은 스승의 기대에 어긋나지 않게 자신을 알고 있었다. "네가 안회만 못하다는 것을 나도 인정한다."

이는 스승인 공자의 가슴에서 기뻐 우러나오는 말이었다.

3. 가정과 가족

1) 단어

家族　　父母　　子息
祖上　　親戚　　和睦

長幼有序　　　父子有親
家父長制　　　共同生活

2) 명문장

○ 天地爲父母 日月似兄弟

○ 父母千年壽 子孫萬世榮

○ 妻賢夫禍少 子孝父心寬

○ 子孝雙親樂 家和萬事成

○ 笑門萬福來

4. 효도와 우애

1) 단어

孝道   友愛   奉養

斷腸   父母   供養

兄弟姉妹   事親以孝

骨肉相爭   難兄難弟

2) 명문장

○ 父慈子當孝 兄友弟亦恭

○ 身體髮膚 受之父母 不敢毁傷 孝之始也

○ 詩曰 父兮生我 母兮鞠我 哀哀父母 生我劬勞 欲報深恩 昊天罔極

○ 子曰 孝子之事親也 居則致其敬 養則致其樂 病則致其憂 喪則致其哀 祭則致其嚴

○ 子曰 父母在 不遠遊 遊必有方

○ 子曰 父命召 唯而不諾 食在口則吐之

○ 太公曰 孝於親 子亦孝之 身旣不孝 子何孝焉

○ 孝順 還生孝順子 忤逆 還生忤逆兒 不信 但看簷頭水 點點滴滴不差移

3) 백행의 근본 효

孝는 百行之根本이라고 하여 인간 처세의 모든 행위 중 가장 중시되었던 덕목이며, 자식이 어버이를 섬기는 도리이다. 後漢 때 許愼이 찬술한 『說文解字』에 의하면, 孝자는 늙을 老와 아들 子가 합쳐진 글자로 자식이 어버이를 도와서 떠받들고 있는 형상이다. 즉 봉양하는 모습을 반영한 글자인 것이다. 효의 개념은 중국 殷나라 때 卜辭나 金文 등에서 효라는 글자가 지명이나 인명으로 사용된 예로 보아 그 무렵에 형성되었을 것으로 추정되며, 周나라 때 금문이나 『詩經』, 『周書』 등에 효에 관한 글이 많이 있는 것으로 보아 西周시대에 효의 개념이 크게 유행되었음을 알 수 있다.

우리나라의 경우 삼국시대부터 忠과 함께 효가 중시되었는데, 그 예를 崔致遠의 「鸞郞碑序文」, 圓光法師의 「世俗五戒」, 『三國遺事』의 기록 등에서 찾아볼 수 있다. 고구려의 太學이나 신라의 國學에서는 『孝經』을 필수과목으로 삼았고, 백제도 유교를 통한 충과 효가 강조되었고, 인륜과 정치의 중요 규범으로 이해되었음을 알 수 있다. 고려시대에도 이러한 충효사상이 계승·발전되었는데 『文獻備考』「學校考」에 의하면, 성종은 12牧에 經學博士를 두고 經學과 孝悌에 뛰어난 사람을 귀하게 여겼고, 國子監을 두어 『論語』, 『孝經』을 필수과목으로 삼게 하였다. 유교를 숭상하던 조선시대에는 효가 정치의 근본임을 밝힌 공자의 사상을 계승하여 부모에 대한 효도가 지극히 강조되었다. 그래서 어려서는 부모를 받들고 자라서는 봉양해야 하며 돌아가신 뒤에도 그 뜻을 거스르지 않고, 제사를 받들어 부모의 은덕을 기린 조상숭배로까지 이어졌다. 충효사상을 국민에게 널리 보급하고 고취시키기 위한 노력으로, 세종 때에는 『三綱行實圖』를 간행하였고, 중종 때는 『二倫行實圖』를, 정조 때는 이 둘을 합하여 개편한 『五倫行實圖』 등을 간행하여 충과 함께 효를 국민 교화의 기틀로 삼았다.

이러한 보편적인 성격을 띤 효 사상은 현대에 들어와 점차 쇠퇴한 일면이 보이지만, 그것은 산업구조가 변하고 핵가족화 되면서 삶의 틀이 변화되었기 때문으로 보인다. 그러므로 전통적인 것을 고집할 것이 아니라 오늘날의 실정에 맞는 효행이 이루어져야 한다고 본다. 다만 구시대적 발상이나 방법이라는 이유만으로 孝行에 담긴 정신까지 놓쳐서는 안 되겠다. 다음에서는 효에 대한 成語들과 그에 얽힌 일화들을 살펴보기로 하겠다.

4) 孝에 관한 사자성어

○ 事親以孝

신라 圓光法師가 화랑에게 준 5가지 교훈을 花郎五戒 또는 世俗五戒라고 한다. 600년(진평왕 22) 중국 隋나라에서 유학하고 온 원광에게 귀산·추항 두 사람이 평생의 경구로 삼을 가르침을 청하였다. 이에 원광은 事君以忠·事親以孝·交友以信·臨戰無退·殺生有擇 등 5가지 계율을 가르쳤다. 그러나 이 5계는 원광의 독창적인 견해가 아니라, 그 당시 신라인의 시대정신을 원광이 구체적으로 정리, 표현한 것이라고 볼 수 있다. 『三國史記』 권4 「진흥왕조」에 있는 崔致遠의 「鸞郎碑序文」에 따르면, 그 당시 신라에는 화랑제도에 앞서서 風流라는 도가 있었고, 그때까지 전래되지 않았던 불교·유교·도교의 사상을 포함한 고유사상이 있었다고 기록되어 있다. 이러한 사상적 연원을 지닌 세속5계는 강력한 공동체의식과 결합되어 단순히 신라인의 시대정신을 표출하는 데 그치지 않고 화랑도사상의 구체적 실천덕목을 부각시키고 이념적 체계를 가다듬게 함으로써 화랑도 발전에 결정적 구실을 하였고, 삼국통일의 기초를 이룩하였다.

이러한 덕목 가운데 하나가 바로 事親以孝인 것이다. 부모를 섬김에 효로써 하라는 것을 일찍부터 강조하여 나라에 대한 충성으로 이어지는 기틀을 마련하게 된 것이다. 事親以孝는 조선시대 오륜의 하나인 父子有親으로 자연스레 연결되며, 나라의 다스리는 큰 덕목 가운데 하나로 자리 잡게 된 것이다.

○ 出告反面

밖에 나갈 때는 가는 곳을 반드시 부모에게 아뢰고, 되돌아와서는 반드시 얼굴을 보여 드린다는 말로, 『禮記』에 나오는 '出必告反必面'을 줄인 말이다. 일상 생활에서의 작은 실천이 바로 孝의 출발이 아닐까 싶다. 요즘처럼 바쁜 현대인들의 생활 속에 가족들이 얼굴을 마주하고 서로 이야기하는 시간이 하루 중 얼마나 될까. 그러니 자연 집에 있는 부모는 밖에 나갔다 들어오는 자식의 얼굴색을 보고서 오늘은 어떻게 지냈겠구나라고 짐작할 뿐이다. 자식된 입장에서도 집 밖에서의 생활이 순탄치 못했거나, 근심 걱정이 있거나, 누군가와 다투거나 하면 얼굴을 똑바로 들고 집에 들어가기보다는 고개 숙이고 슬그머니 제 방으로 들어가기 십상이다. 아마 부모님들 역시 자신의 지난 시절이 그랬기에 자식의 얼굴 표정을 살피는 것이 아닐까. 밖에 나갈 때는 가는 곳을 반드시 부모에게 아뢰고, 되돌아와서는 반드시 얼굴을 보여 드리는 사소한 실천에서부터 부모의 마음을 편히 해드리는 효의 시작이 될 것이다.

○ 望雲之情

객지에 나간 자식이 고향에 계신 부모를 생각하는 마음이라는 뜻이다. 중국 唐나라 狄仁傑이 幷州 法曹參軍에 있을 때 그의 어버이는 河陽 땅 別業에 계셨다. 적인걸은 太行山에 올라 반복하여 돌아보면서 흰 구름이 외롭게 나르는 먼 곳을 좌우 사람에게 일러 말하되, "내 어버이가 저 구름이 나는 아래에 계신데, 멀리 바라만 보고 가서 뵙지 못하여 슬퍼함이 오래되었다."하고 구름이 옮겨 간 뒤에야 산에서 내려왔다. 후일 적인걸의 평판이 높다는 말을 들은 측천무후는 다시 그를 재상으로 등용하였고, 재상이 된 후 그는 張柬之·姚崇 등을 추천하여 부패한 정치를 바로잡아 측천무후의 신임을 얻었다는 고사에서 온 말이다. 望雲之情이란 이렇게 타향에서 자신도 고생을 하고 있지만, 어디에나 떠있는 흘러가는 구름을 보며 고향의 부모를 그리는 자식의 정을 가리키는 것이다. 멀리 떠나는 자식이 어버이를 그리워하는 白雲孤飛라는 말과도 통하는 말이다.

○ 昏定晨省

저녁에는 부모님의 잠자리를 살펴드리고, 아침에는 부모님께서 안녕히 주무셨는지를 살핀다는 말이다. 이 말은 『禮記』「曲禮」편에 나오는 말로, '밤에 잘 때 부모님의 침소에 가서 밤새 편안하시기를 여쭙는다.'는 뜻의 '昏定'과 '아침 일찍 일어나 부모님의 침소에 가서 밤새 편안하게 주무셨는지를 살핀다.'는 뜻의 '晨省'이 합쳐져 이루어진 말이다. 부모에 대한 공경을 바탕으로 한 행위가 곧 효, 또는 효행이다.

孔子는 이러한 효에 대해 그 구체적인 실천방법을 제시하여 확고히 정착시켰다. 이 유교적인 효 사상은 孟子에 와서는 자식의 부모에 대한 의무가 더욱 강조되어, 자연히 효에 대한 행동상의 규범도 많아지게 되었다. 그리하여 효의 실천덕목 가운데 평소 일상생활 중에서 부모를 잘 모시는 것이 가장 중요한 것으로 여겨졌다. 그 가운데 한 덕목이 바로 昏定晨省인 것이다. 저녁에는 잠자리가 어떤지 직접 손을 넣어 확인해보고 아침에는 간밤에 잘 주무셨는지 여쭌 다음 부모의 안색을 주의 깊게 살폈으니, 이것이 바로 昏定晨省으로 부모를 모시는 기본 도리였던 것이다.

이 말은 사계절 가운데 날씨 변화가 가장 극심한 겨울에는 따뜻하게[溫] 해드리고, 여름에는 시원하게[淸] 해드리며, 하루 중에 밤에는 이부자리를 펴고[定] 아침에는 문안을 드린다[省]는 뜻의 '溫淸定省'이란 말과 뜻이 통한다.

○ 冬溫夏淸

昏定晨省과 함께 『禮記』에 실린 일상에서 부모에게 효도하는 법을 말하고 있는 것으로, 기후 변화가 극심한 겨울과 여름에 어떻게 해야 되는가를 말하고 있다. 冬溫夏淸의 淸자는 본래의 음은 '청'이다. 그러나 여기에서는 서늘할 '정'으로 읽어야 맞는 말이다. 즉, 겨울에는 따뜻하게 해드리고 여름에는 시원하게 해 드리는 것이 冬溫夏淸이다. 어찌 보면 너무도 당연한 듯한 이 말은, 자식들 입장에서는 자신이 젊기 때문에 신체에 미치는 기후 변화의 영향이 그리 크지 않기 때문에 연로하신 부모님이 어떠할까에 대해서는 짐작하기 어렵다. 그러므로 당연한 일상에서부터의 실천이 바로 효의 시작이라 할 수 있는 것이다.

○ 風樹之嘆

바람과 나무의 탄식이라는 말로, 효도를 다하지 못하고 어버이를 여읜 자식의 슬픔을 비유한 말이다. 風木之悲라고도 한다. 이 말은 '나무는 고요하고자 하나 바람은 멈추지 아니하고, 자식은 봉양하고자 하나 어버이는 기다려 주지 않는다(樹欲靜而風不止 子欲養而親不待).'는 말에서 유래된 것이다.

공자가 자신의 이상을 실현하기 위해 중국 천하를 돌아다니다가 하루는 몹시 울며 슬퍼하는 사람을 만났다. 공자가 슬피 우는 까닭을 물으니, 그는 자신이 우는 까닭을 이렇게 말했다.

"저는 세 가지 잘못을 저질렀습니다. 그 첫째는 젊었을 때 천하를 두루 돌아다니다가 집에 와보니 부모님이 이미 세상을 떠나신 것이요, 둘째는 섬기고 있던 군주가 사치를 좋아하고 충언을 듣지 않아 그에게서 도망쳐온 것이요, 셋째는 부득이한 사정으로 교제를 하던 친구와의 사귐을 끊은 것입니다. 무릇 나무는 조용히 있고자 하나 바람이 멈추지를 않고, 자식이 부모를 봉양하고자 하지만 부모는 이미 안 계신 것입니다. 봉양할 생각으로 찾아가도 다시 뵈올 수 없는 것이 부모인 것입니다."

이 말을 마치고 그는 마른 나무에 기대어 죽고 말았다. 風樹之嘆은 여기에서 유래된 것으로 효도를 다하지 못한 채 부모를 잃은 자식의 슬픔을 가리키는 말로, 부모가 살아 계실 때 효도를 다하라는 뜻으로 쓰이는 말이다. 이 말을 들은 공자의 제자들 가운데 부모를 봉양하기 위해 고향으로 돌아간 이가 있을 정도였다고 하니 부모 잃고 후회하는 자식의 마음이 어떠했을까 가히 짐작이 되고도 남는다.

나무는 고요하고자 하나 바람이 멈추지 않고　　樹欲靜而風不止
자식은 봉양하고자하나 부모는 기다려 주지 않네　子欲養而親不待
흘러가면 쫓을 수 없는 것이 세월이요　　　　　往而不可追者年也
돌아가시면 다시 볼 수 없는 것도 어버이네　　　去而不見者親也

○ 懷橘

귤을 품는다는 이 말은 효성이 매우 지극함을 뜻하는 말로, 陸績懷橘이라고도 한다. 중국 일컫는 24명의 효자 가운데 하나로 꼽히는 육적에 얽힌 일화에서 유래된 말이다.

東漢 말엽 육적이 6살 때의 일이다. 九江에 살고 있는 袁術을 찾아가게 되었다. 원술은 뜻밖에 찾아온 어린 손님을 위해 특별히 귤을 쟁반에 담아 내왔다. 하지만 어찌 된 일인지 육적은 먹는 둥 마는 둥 시늉만 내는 것이 아닌가. 그러다 잠시 원술이 자리를 비우는 사이 육적은 얼른 귤을 집어 소매 속에 감추었다.

나중에 작별 인사를 올릴 때였다. 막 자리에서 일어서려는 순간 육적의 소매에서 그만 귤이 굴러 나오는 것이었다. 육적은 당황하여 어찌할 바를 몰랐다. 그러나 원술은 짐짓 모른 체 하며 물었다.

"아니, 먹으라고 내놓은 귤을 먹지도 않고 왜 소매 속에 넣었는가?"

"예, 사실은 집에 계신 어머니 생각에 차마 먹을 수 없어 어머니께 드리려고..."

"참으로 대견하구나. 어버이를 위하는 효성이 깊은 아이로다."

라고 하면서 나머지 귤을 몇 개 더 집어 주었다.

우리나라에도 이 회귤고사의 뜻이 담긴 時調가 전한다. 조선 중기의 문인인 朴仁老는 친구 李德馨이 홍시를 보내오자 돌아가신 부모를 생각하며 「早紅柿歌」를 지었다.

> 반중 조홍 감이 고아도 보이는다
> 柚子 아니라도 품엄 즉도 한다마는
> 품어가 반기리 업슬싀 글로 셜워 한는이다

○ 斑衣之戲

늙은 부모를 즐겁게 해드리기 위해 색동저고리를 입고 춤추었다는 뜻으로, 지극한 효성을 가리키는 말이다. 이 말은 중국 楚나라의 老萊子의 일화에서 유래된 말로, 노래자는 중국의 24명의 효자 가운데 한 사람이다.

노래자는 어려서부터 효성이 지극하여 부모가 잡수실 음식은 언제나 부드럽고 맛이 있는 것을 널리 구해 드리고, 부모가 입을 옷은 가볍고 따뜻한 것을 사다 드렸으며, 부모의 마음이 편하도록 언제나 얼굴빛을 화평하게 하였다. 노래자는 항상 부모님의 식사를 손수 갖다 드렸는데, 어느 날 손수 가지고 가던 음식상을 노래자 역시 노쇠한 탓에 발을 헛디뎌 그만 땅에 넘어지고 말았다. 그때 그는 자신의 늙고 기력 없음을 감추려고 마치 어린아이처럼 소리 내어 울었다. 또한 노래자는 자신도 나이가 많음에도 불구하고 나이 많은 부모님 앞에서는 자신의 나이를 언급하는 일이 없었다. 노래자가 70의 나이가 되었을 때 그의 부모님이 모두 건재하시니 그는 부모님을 기쁘게 해 드리기 위해 어린 아이들이 입는 오색 색동저고리를 입고 부모 앞에서 어린 아이들처럼 천진난만한 표정을 지으며 재롱을 떨었다. 그의 재롱에 부모님들 역시 자신들의 나이가 어느 정도 되는지 헤아리려고 하지 않았다. 후에 초나라 왕실이 혼란에 빠졌을 때, 노래자는 蒙山 남쪽에 숨어 밭을 갈아 생활하며 저술 작업을 했다.

○ 反哺之孝

까마귀 새끼가 자라서 늙은 어미에게 먹이를 물어다 주는 효성이라는 뜻으로, 자식이 자라서 어버이를 봉양하며 그 길러 주신 은혜를 갚는 효행을 이르는 말이다. 이 말은 烏有反哺之孝 또는 反哺報恩이라고도 하고, 자란 뒤에 어미에게 먹이를 물어다 준다는 속설로 인해 까마귀를 反哺鳥, 孝鳥, 慈鳥라고도 한다. 조선시대의 문인인 박효관의 時調에,

> 뉘라셔 가마귀를 검고 凶타 하돗던고.
> 反哺報恩이 긔 아니 아름다온가.
> 사람이 저 새만 못함을 못내 슬허하노라

라는 교훈가가 있다. 이 역시 까마귀의 효심을 빗대어 노래한 것이다. 그러나 우리나라나 중국 사람들은 까마귀를 凶鳥로 여긴다. 특히 까마귀의 울음소리는 죽음을 象徵하기도 하여 불길하게 여겼다. 즉 까마귀가 아침에 울면 아이가 죽고, 낮에

울면 젊은이가, 오후에 울면 늙은이가 죽을 징조며 한밤에 울면 殺人이 날 징조라고 여겼다. 또한 까마귀는 시체를 즐겨 먹는 습성이 있다. 그래서 '까마귀밥이 되었다.'고 하면 그 자체로 죽음을 뜻하기도 한다. 지금도 인도와 티베트에서는 사람이 죽으면 鳥葬을 하는데, 이것은 죽은 시신을 새들 특히 까마귀에게 뜯어 먹히도록 해야만 죽은 이가 昇天할 수 있다고 믿기 때문이다. 이러한 습성과 울음소리, 그리고 까만 색깔로 인해 문학작품 속에서도 까마귀는 간신이나 악인에 많이 비유되곤 했다.

그러나 明나라 李時珍의 『本草綱目』에 의하면, "새끼가 어미를 먹여 살리는 데는 까마귀만한 새도 없다. 그래서 이름도 慈烏라고 했다."는 기록이 있다. 대개의 동물들은 성장하면 어미 곁을 떠나 독립하는 것이 일반적이다. 그러나 까마귀는 어미 곁을 떠나지 않고 이제 더 이상 먹이를 잡을 수 없는 어미에게 되먹이는 習性을 지녔다. 여기에서 反哺라는 말이 나왔으며, 이는 지극한 孝道를 의미하게 된 것이다.

○ 菽水之歡

콩죽과 물로 생활을 영위하지만 부모에게 효도함을 이르는 말로, 菽水之供이라고도 한다. 菽은 콩 종류의 총칭으로 콩이라는 뜻이며 叔은 발음 역할을 하는 글자이다.

『禮記』에 보면, 孔子의 제자인 子路가 "가난하면 부모를 제대로 모실 수가 없고, 부모가 돌아가시더라도 제대로 장례를 치를 수도 없습니다."라고 말하자, 공자가 말하기를, "콩을 먹고 물을 마시는 그런 가난한 생활 속에서도 부모를 기쁘게 하는 것, 이것이야말로 진정한 효도라는 것이다."라고 한 데서 온 말이다. 가난한 살림이더라도 부모의 마음을 항상 기쁘게 해드리는 養志之孝야말로 진정한 효의 정신이라 할 것이다.

○ 五不孝

『孟子』「離婁章」 하편에 보면, 맹자가 언급한 다섯 가지 불효의 행동이 있다.

사지를 게을리 하여 부모를 돌보지 않는 것이 첫 번째 불효요, 장기 두고 바둑 두며 술을 좋아해서 부모를 돌보지 않는 것이 두 번째 불효요, 재물을 좋아하며 처자식만을 사사로이 아껴 부모를 돌보지 않는 것이 세 번째 불효요, 귀와 눈이 하고자 하는 바대로 유흥을 좋아하고 부모를 욕되게 함이 네 번째 불효요, 용맹을 좋아하고 싸우기를 잘하여 부모를 불안하게 하는 것이 다섯 번째 불효이다.

世俗所謂不孝者五 惰其四支 不顧父母之養 一不孝也 博奕好飮酒 不顧父母之養 二 不孝也 好貨財 私妻子 不顧父母之養 三不孝也 從耳目之欲 以爲父母戮 四不孝也 好勇 鬪狠 以危父母 五不孝也

○ 子路負米

공자의 제자 子路가 매우 가난하여 쌀을 등짐으로 져서 나른 품삯으로 부모를 공양했다는 것에서 유래한 말이다. 『孔子家語』에 보면 다음과 같은 이야기가 전한다.

중국 春秋時代 孔子의 제자 子路는 효성이 지극하기로 이름이 나 있었다. 하루는 자로가 공자에게 이렇게 말했다.

"무거운 물건을 지고 먼 곳으로 갈 때에는 땅의 좋고 나쁨을 가리지 않고 쉬게 되고, 집이 가난하여 부모님을 모실 때에는 俸祿의 많고 적음을 가리지 않고 관리가 됩니다. 옛날 제가 부모님을 섬길 때는 가난하여 직접 쌀을 백 리 밖에서 져 나른 품삯으로 그나마 명아주 잎과 콩잎과 같은 나쁜 음식을 대접하였습니다. 그런데, 부모님이 돌아가신 후에는, 남쪽의 楚나라에서 관리가 되어 수레는 백 대나 되었고, 창고에 쌓아 놓은 쌀이 만 鍾[1종은 6석 2두]이나 되었으며, 깔개를 포개 놓고 앉아 솥을 늘어놓고 먹게 되었습니다. 그러나 명아주 잎과 콩잎을 먹고 직접 쌀을 지고 가기를 원했지만 부모님이 안 계시니 그렇게 할 수가 없었습니다. 마른 물고기를 묶어 놓은 것이 어찌하여 썩지 않겠습니까? 兩親의 수명은 흰말이 달려 지나가는 것을 문틈으로 보는 것처럼 순간일 뿐입니다."

이 말을 들은 공자가 감탄하며 말했다. "자로가 부모님을 섬기는 것은 살아 계실 때는 힘을 다해 섬기고, 돌아가신 후에는 그리움을 다하는구나."

5) 효에 얽힌 일화

○ 孫順埋兒

『三國遺事』에 실린 우리나라의 효자 이야기이다.

孫順이란 자는 牟梁里 사람으로 아버지는 鶴山이다. 아버지가 죽은 후 손순은 그의 아내와 함께 남의 집에 품을 팔아서 곡식을 얻어 늙은 어머니를 봉양하였으니 그 어머니의 이름은 運烏라 하였다. 손순에게는 어린 아이가 있는데 매양 그 할머니가 먹는 것을 빼앗아 먹었다. 손순은 이것을 난처하게 여겨 그의 아내에게 말하기를, "자식은 또 얻을 수 있지마는 어머니는 두 번 구할 수 없는데 아이가 잡숫는 것을 빼앗아 먹으니 어머님이 얼마나 배고파하시겠소. 우선 이 아이를 묻어서 어머니의 배가 부르시도록 합시다."라고 하였다.

이윽고 아이를 업고 醉山의 북쪽 들판으로 가서 땅을 파기 시작하는데 난데없는 이상한 돌종이 땅에서 나왔다. 두 부부는 놀랍고 괴이하여 잠시 나무 위에 걸고 한번 쳐보았더니 그 소리가 은은한 것이 들을 만하였다. 그의 아내가 말하기를, "이상한 물건을 얻은 것은 아마도 이 아이의 복이니 아이를 묻어서는 안 되겠소."라고 하였다. 그 남편도 역시 그렇게 생각하고 곧 아이를 업고 돌종을 가지고 집으로 돌아왔다.

종을 들보에 매달아 놓고 쳤더니 소리가 멀리 퍼져 대궐까지 들리었다. 興德王이 이 소리를 듣고 가까운 신하들에게 말하기를, "서쪽 교외에서 이상한 종소리가 들려 오는데 맑고 은은한 것이 보통 소리가 아니다. 빨리 이것을 알아보라."고 하였다. 임금의 사자가 그 집에 와서 알아보고 자세한 사실을 국왕에게 아뢰었다. 왕이 말하기를, "옛날에 郭巨가 아이를 묻으니 하늘이 금솥을 주었고, 지금에 손순이 아이를 묻으려 하니 땅에서 돌종이 솟아났구나. 전대와 후대의 효도가 한 하늘 아래 같은 본보기로 드러났도다."하고 곧 집 한 채를 주고 해마다 벼 50석을 주어 지극한 효도를 숭상케 하였다.

손순은 옛날 집을 절로 만들어 이름을 弘孝寺라 하고 돌종을 여기 안치하였다.

○ 伯俞之孝

韓伯俞는 효성이 지극하여 어머니로부터 종아리를 맞아도 아프지 않다 하여 어머니의 노쇠함을 탄식한 효자이다. 『後漢書』에 실린 내용이다.

지극히 엄한 어머니 밑에서 자란 백유는 장성하고서도 잘못이 있으면 어머니께 매를 맞았다. 그러던 어느 날 잘못을 저지른 백유를 어머니가 매로 때렸더니 예전에는 전혀 울지 않던 그가 슬피 울기 시작하였다. 그 까닭을 물었더니 백유가 대답하기를, "이전에는 어머님의 매가 아프게 느껴졌으나 오늘은 아픔을 느낄 수 없을 정도로 힘이 없습니다. 불초 소생이 어머님을 이토록 늙게 만들었다 생각하니 한없이 슬퍼져서 그러는 것입니다."라고 대답하였다.

○ 孝女知恩

효녀 知恩은 韓岐部의 백성 連權의 딸이다. 성품이 지극히 효성스럽고, 어릴 때 아버지를 여의고서 혼자 어머니를 봉양하였다. 나이 32세가 되어도 결혼을 하지 않고 밤낮 어머니의 곁을 떠나지 않았으나 어머니를 봉양할 것이 없어 품팔이도 하고 혹은 동냥을 하며 밥을 빌어다가 어머니를 봉양하였다.

날이 갈수록 곤궁함을 견딜 수가 없어 부자 집에 가서 몸을 팔아 종이 되기를 청하여 쌀 10여 석을 얻었다. 그리하여 하루 종일 그 집에서 일을 해 주고 날이 저물면 돌아와서 밥을 지어 어머니를 봉양하였다. 이렇게 한 지 3, 4일 뒤에 그의 어머니가 딸에게 이르기를, "전에는 밥이 거칠어도 맛이 좋더니 요즘에는 밥은 비록 좋으나 맛이 전과 같지 않으며 마치 뱃속을 칼로 찌르는 듯하니 이것이 웬일이냐?"라고 하였다. 딸이 사실대로 고하니 어머니가 말하기를, "나 때문에 너로 하여금 종이 되게 하였으니 차라리 빨리 죽는 것만 같지 못하다."라고 하고 목 놓아 크게 우니 딸도 울어 길 가다 듣는 사람들을 애처롭게 하였다.

이때에 孝宗郎이 외출하였다가 그 광경을 보고 돌아와서 부모에게 청하여 자기 집 곡식 100석과 의복 등을 실어다 주고 지은을 종으로 산 주인에게 몸값을 보상하여 지은을 양인으로 다시 회복시켜 주었으며, 화랑의 무리 몇 천 명이 각각 곡식 한 섬씩을 내어 주었다. 왕이 이 말을 듣고 벼 5백 석과 집 한 채를 주고 일체 부역을 면제하여 주는 동시에 곡식이 많아서 도적이 들까 염려하여 관리에게 명하여 병사를 보내어 번갈아 지키게 하였다. 그리고 그 마을을 표창하여 孝養坊이라 하고 이어 表文을 올려 그의 효행은 당나라의 덕화가 미쳤기 때문이라고 하였다.

孝女知恩, 韓歧部百姓連權女子也. 性至孝, 少喪父, 獨養其母. 年三十二, 猶不從人, 定省不離左右, 而無以爲養, 或傭作或行乞, 得食以飼之. 日久不勝困憊, 就富家請賣身 爲婢, 得米十餘石. 窮日行役於其家, 暮則作食歸養之. 如是三四日, 其母謂女子曰: "向, 食麤而甘, 今則食雖好, 味不如昔, 而肝心若以刀刃刺之者, 是何意耶?" 女子以 實告之. 母曰:"以我故使爾爲婢, 不如死之速也." 乃放聲大哭, 女子亦哭, 哀感行路. 時孝宗郎出遊, 見之, 歸請父母, 輸家粟百石及衣物予之, 又償買主以從良. 郎徒幾千 人, 各出粟一石爲贈. 大王聞之, 亦賜租五百石, 家一區, 復除征役. 以粟多恐有剽竊 者, 命所司差兵番守. 標榜其里曰孝養坊, 仍奉表, 歸美於唐室. 『三國史記』

○ 猶恐慶生員聞知

조선시대 明宗 때 문인인 慶延에 대한 일화이다. 청주 출신으로 호는 南溪이며, 孝行이 유명하여 莘菴書院에서 享有되고 있다.

경연의 자는 대유이다. 병환 중인 아버지께서 한겨울에 생선회를 잡수시고 싶어 하시자, 경연은 얼음을 뚫고 그물을 설치하였으나, 물고기를 잡지 못했다. 그러자 울면서 "옛 사람은 얼음을 깨서 물고기를 구했다. 나는 그물을 설치하여도 얻지를 못하니, 이것은 효성이 부족한 것이다"라고 말했다. 그리하여 벌거벗은 몸으로 얼음 구멍을 뚫고 그 안에 서있었다. 이윽고 밤이 되어 흑잉어 한 마리를 얻었다. 또 아버지께서 신감채를 잡수고 싶어하자, 그 채소의 뿌리를 바라보며 울었다. 그러자 3일 만에 채소의 싹이 홀연 생겨 나와, 아버지께서 잡수니 병이 바로 나았다.

    청주에 楊水尺 삼형제가 있었는데, 불효자라고 일컬어졌다. 경연의 효성을 듣고 크게 감동하여 서로 깨달아 순순히 자식의 도리를 세우기로 했다. 아버지께서 돌아가시자, 음식을 먹지 않고 3년 동안 여막에서 기거하였다. 삼형제가 동거하면서 기쁨을 다해 매번 어찌하면 그 일이 있을 때마다 서로 경계하며 "만약 경생원이 이것을 듣는다면 부끄럽지 않겠는가"라고 말했다.

    慶延의 字는 大有니 冬月에 父病ㅎ야 魚膾를 思ㅎ거늘 延이 鑿氷設網ㅎ야 魚를 不得ㅎ고 泣曰 古人이 叩氷得魚어늘 吾는 設網不得ㅎ니 此는 誠孝가 不足홈이라ㅎ고 赤身으로 氷穴에 立ㅎ야 夜를 經ㅎ야 烏鯉一尾를 得ㅎ얏고 父ㅣ辛甘菜를 欲食ㅎ거늘 菜根을 向ㅎ야 泣ㅎ니 三日에 菜筍이 忽生ㅎ는지라 其父를 饋홈이 病이 卽愈ㅎ지라 淸州에 楊水尺三兄弟가 有ㅎ야 不孝로 稱ㅎ더니 慶君의 孝誠을 聞ㅎ고 大相感悟ㅎ야 恟恟히 子道를 執ㅎ야 父가 死홈이 勺飮을 不入口ㅎ고 居廬三年을 畢ㅎ고 三人이 同居盡歡홈이 每히 何等事이 有ㅎ면 相戒曰 若慶生員이 聞之면 또훈 愧치 아니훈가 ㅎ더라.

5. 친구와 우정

1) 단어

親舊　　朋友　　信義

友情　　同志　　知己

朋友有信　　　　交友以信

莫逆之友　　　　竹馬故友

2) 명문장

○ 子曰 與善人居 如入芝蘭之室 久而不聞其香 卽與之化矣 與不善人居如入鮑魚之
肆 久而不聞其臭 亦與之化矣 丹之所藏者赤 漆之所藏者黑 是以 君子必愼其所與
處者焉

○ 家語云 與好人同行 如霧露中行 雖不濕衣 時時有潤 與無識人同行 如厠中坐 雖不
汚衣 時時聞臭

○ 子曰 晏平仲 善與人交 久而敬之

○ 相識 滿天下 知心能幾人

○ 酒食兄弟 千個有 急難之朋 一個無

○ 君子之交 淡如水 小人之交 甘若醴

○ 路遙知馬力 日久見人心

3) 나를 비춰주는 거울 친구

나와 마음이 통하고 가깝게 지내는 존재 가운데 친구란 말이 있다. 옛말에 '좋은 친구 하나면 평생이 즐겁고, 좋은 친구 둘이면 평생 걱정이 없다.'라고도 하고 '부모 팔아 친구 산다.'는 말도 있다. 이 말들은 아주 허물없고 거스름이 없는 莫逆한 親舊가 얼마나 소중하고 귀한 존재인가를 말해준다. 親舊는 친할 親에 옛 舊가 합쳐져 이루어진 단어로 오래되어 친숙하다는 뜻이다. 친구는 옛 친구가 좋고 옷은 새 옷이 좋다는 말이 있을 만큼 오랜 친구는 정의가 두텁고 제2의 나라고도 할 수 있는 존재인 것이다. 親舊라는 한자어에 대한 순수한 우리말로 동무라는 말이 있다. 동무라는 말은 어떤 일을 하는 데 서로 짝이 되거나 함께 일하는 사람, 즉 同志라는 뜻도 지니고 있는데, 해방 이후 남북으로 나뉘어 첨예하게 대립하던 시절을 거치면서 우리나라에서는 죽은 언어가 되어 버렸다. 그러나 북한에선 아직도 이 말이 살아 있어 어릴 때부터의 친한 벗인 竹馬故友라는 한자를 '송아지동무'라고 부르며 한자어를 우리말로 순화하는 작업을 하고 있다.

유교에서 이르는 五倫으로 父子有親, 君臣有義, 夫婦有別, 長幼有序, 朋友有信이 있다. 부모와 자식, 임금과 신하, 남편과 아내, 어른과 아이 사이에 지켜야 할 도리를 말하고 있다. 그렇다면 朋友有信 역시 朋과 友 사이에 믿음이 있어야 한다로 해석이 된다. 朋과 友의 한글 訓은 모두 벗으로 되어 있어, 한자의 訓으로는 구분이 어렵다. 『周禮』를 보면, "同師曰朋이라고 하여 같은 스승을 섬기는 사람들을 朋이라고 하고, 同志曰友라고 하여 같은 뜻을 지닌 사람들을 友라고 한다."라고 정의하고 있다. 한자를 발생학적으로 살펴보면 朋은 원래 화폐단위의 명칭에서 유래한 것으로, 조개꾸러미 두 개를 朋이라고 하였다. 그래서 친구가 찾아오면 한 쌍의 항아리에 담은 술병을 내오는 것이 관습이었고, 그 술을 朋酒라고 불렀다. 또는 朋은 새들이 무리 지어 다니는 것을 본떠 만든 글자라고도 한다. 즉, 친구는 무리 지어 다니는 존재라는 의미가 朋이라는 글자에 담겨 있는 것이다. 또한 같은 스승을 섬기는 사람들이기에 의견이 달라지면 서로 갈라설 수도 있으므로 朋黨이라는 표현도 가능한 것이다. 友는 두 사람의 오른손이 위아래로 겹친 모습에서 유래한 글자로 서로 돕고 사는 사이라는 의미를 담고 있다. 그러므로 애초에 뜻이 맞는 同志들끼리 만났으므로 의견이 나뉠 것이 없는 것이다.

옛 성현들의 글이나 고사성어를 살펴보면, 친구지간의 우정에 대해 언급한 것이 매우 많다. 그만큼 친구에 대해 소중하게 여겼음을 알 수 있다. 이 장에서는 우정에 대한 여러 고사들을 살펴보기로 하겠다.

4) 고사성어

○ 管鮑之交

중국의 管仲과 鮑叔牙 같은 사귐이라는 뜻으로 친구 사이의 다정한 교제를 일컫는 말이다. 서로 정파가 달라 정적이 되었으나 포숙아가 관중의 등용을 제환공에게 권하여 관중의 벼슬길이 열렸고, 그로 인해 관중은 제환공을 춘추시대의 五覇 가운데 한 사람으로 만드는데 일조할 수 있게 되었다. 관중은 포숙아를 두고 "나를 낳아 준 사람은 부모님이지만, 나를 알아준 사람은 포선생이다(生我者父母 知我者鮑子也)."라고 하였다. 『史記』에 다음과 같은 기록이 전한다.

춘추시대 초엽, 齊나라에 管仲과 鮑叔牙라는 두 관리가 있었다. 이들은 竹馬故友로 둘도 없는 친구 사이였다. 관중은 한때 소백을 암살하려 하였으나 그가 먼저 귀국하여 桓公이라 일컫고 노나라에 공자 규의 처형과 아울러 관중의 押送을 요구했다. 환공이 압송된 관중을 죽이려 하자 포숙아는 이렇게 진언했다. "전하, 齊나라만 다스리는 것으로 만족하신다면 신臣으로도 충분할 것이옵니다. 하오나 천하의 覇者가 되시려면 관중을 기용하시옵소서." 도량이 넓고 식견이 높은 환공은 신뢰하는 포숙아의 진언을 받아들여 관중을 大夫로 중용하고 정사를 맡겼다 한다. 관중은 훗날 포숙아에 대한 감사한 마음을 이렇게 술회하고 있다. "나는 젊어서 포숙아와 장사를 할 때 늘 이익금을 내가 더 많이 차지했었으나 그는 나를 욕심쟁이라고 말하지 않았다. 내가 가난하다는 걸 알고 있었기 때문이다. 또 그를 위해 한 사업이 실패하여 그를 궁지에 빠뜨린 일이 있었지만 나를 용렬하다고 여기지 않았다. 일에는 성패가 있다는 걸 알고 있었기 때문이다. 나는 또 벼슬길에 나갔다가는 물러나곤 했었지만 나를 무능하다고 말하지 않았다. 내게 운이 따르고 있지 않다는 것을 알고 있었기 때문이다. 어디 그뿐인가. 나는 싸움터에서도 도망친 적이 한두 번이 아니었지만 나를 겁쟁이라고 말하지 않았다. 내게 老母가 계시다는 것을 알고 있었기 때문이다."

○ 水魚之交

물과 고기의 관계처럼 아주 친밀하여 뗄 수 없는 사이라는 뜻으로, 47세의 유비와 28세의 제갈공명과의 관계에서 유래한 말이다. 『三國志』「蜀志 諸葛傳」에 다음과 같은 기록이 전한다.

유비에게는 관우와 장비와 같은 용장이 있었지만, 천하의 계교를 세울 만한 지략이 뛰어난 謀士가 없었다. 이러한 때에 諸葛孔明과 같은 사람을 얻었으므로, 유비의 기쁨은 몹시 컸다. 그리고 제갈공명이 금후에 취해야 할 방침으로, 荊州와 益州를 눌러서 그곳을 근거지로 할 것과 서쪽과 남쪽의 이민족을 어루만져 뒤의 근심을 끊을 것과 내정을 다스려 부국강병의 실리를 올릴 것과 손권과 결탁하여 조조를 고립시킨 후 시기를 보아 조조를 토벌할 것 등의 천하 평정의 계책을 말하자 유비는 그 계책에 전적으로 찬성하여 그 실현에 힘을 다하게 되었다. 이리하여 유비는 제갈공명을 절대적으로 신뢰하게 되어 두 사람의 교분은 날이 갈수록 친밀해졌다. 그러자 관우나 장비는 불만을 품게 되었다. 새로 들어온 젊은 제갈공명만 중하게 여기고 자기들은 가볍게 취급받는 줄로 생각했기 때문이다. 일이 이리 되자 유비는 관우와 장비 등을 위로하여 이렇게 말했다. "내가 제갈공명을 얻은 것은 마치 물고기가 물을 얻은 것과 같다. 즉 나와 제갈공명은 물고기와 물과 같은 사이이다. 아무 말도 하지 말기를 바란다." 이렇게 말하자, 관우와 장비 등은 더 이상 불만을 표시하지 않게 되었다.

○ 刎頸之交

생사를 같이할 만한 친한 사이나 벗이라는 뜻으로, 趙나라의 廉頗와 藺相如에서 유래하였다. 『史記』「廉頗 藺相如列傳」에 다음과 같은 기록이 전한다.

전국시대 趙나라 惠文王의 신하 무현의 식객에 藺相如라는 사람이 있었다. 그는 秦나라 昭襄王에게 빼앗길 뻔했던 천하 명옥인 和氏之璧을 원래대로 가지고 돌아온 공으로 일약 上大夫에 임명되었다. 그리하여 인상여의 지위는 조나라의 명장으로 유명한 廉頗보다 더 높아졌다. 그러자 염파는 분개하여 인상여를 만나면 망신을 주리라고 작정하였다. 이 때부터 인상여는 염파를 피했다. 그는 병을 핑계대고 조정에도 나가지 않았으며, 길에서도 저 멀리 염파가 보이면 옆길로 돌아가곤 했다. 이같은 인상여의 비겁한 행동에 실망한 부하가 작별 인사를 하러 왔다. 그러자 인상여는 그에게 이렇게 말했다. "강국인 진나라가 쳐들어오지 않는 것은 염파 장군과 내가 버티고 있기 때문일세. 이 두 호랑이가 싸우면 결국 모두 죽게되므로 나라의 안위를 생각하여 염파 장군을 피하는 것이라네." 이 말을 전해들은 염파는 곧 웃통을 벗은 다음 笞刑에 쓰이는 荊杖을 짊어지고 인상여를 찾아가 섬돌 아래 무릎을 꿇었다. "내가 미욱해서 대감의 높은 뜻을 미처 헤아리지 못했소. 어서 나에게 벌을 주시오."라고 하고 진심으로 사죄했다. 그날부터 두 사람은 '刎頸之交'를 맺었다고 한다.

○ 伯牙絶鉉

伯牙가 친구인 鍾子期의 죽음을 슬퍼하여 거문고 줄을 끊었다는 고사에서 유래한 것으로, 친한 친구의 죽음을 슬퍼한다는 뜻이다. 자기의 속마음까지 알아주는 진정한 친구나 그러한 사귐을 두고 知音이라고 하는 것 역시 백아와 종자기의 고사에서 유래하였다. 『列子』「湯問篇」에 다음과 같은 기록이 전한다.

춘추 시대에 거문고의 명수로 이름 높은 伯牙에게는 그 소리를 누구보다 잘 감상해 주는 친구 鍾子期가 있었다. 백아가 거문고를 타며 높은 산과 큰 강의 분위기를 그려내려고 시도하면 옆에서 귀를 기울이고 있던 종자기의 입에서는 탄성이 연발한다. "아, 멋지다. 하늘 높이 우뚝 솟는 그 느낌은 마치 泰山 같군"이라고 하거나, "아, 훌륭하도다. 넘칠 듯이 흘러가는 그 느낌은 마치 黃河 같군"이라고 하며 백아의 연주를 잘 알아주었다. 두 사람은 그토록 마음이 통하는 연주자였고 청취자였으나 불행히도 종자기가 병으로 백아보다 먼저 죽고 말았다. 그러자 백아는 절망한 나머지 거문고의 줄을 끊고 다시는 연주하지 않았다고 한다.

○ 金蘭之交

두 사람 사이의 사귐이 쇠보다도 굳고, 그 향기는 난초와 같다는 말로, 다정한 친구 사이의 교제를 일컫는 말이다. 『周易』의 「同人」괘에서 공자가 한 말에서 유래한 것으로 斷金之交라고도 한다.

두 사람이 마음을 합하면	二人同心
그 날카로움이 쇠를 끊고	其利斷金
마음을 합하여 말을 하면	同心之言
그 향기가 난초와 같네	其臭如蘭

金蘭之交와 같은 의미로 쇠와 돌처럼 굳은 사귐이라는 金石之交와 지초와 난초의 향기가 나는 벗의 사귐이라는 芝蘭之交도 있다. 친구의 주소와 성명을 기록한 장부를 金蘭簿라고 하는데, 그것은 중국의 戴洪正이라는 사람이 친구를 얻을 때마다, 그것을 장부에 기록하고 향을 피우고 조상에게 고하여 '금란부(金蘭簿)'라고 이름을 붙인 故事에서 유래하였다.

5) 이로운 벗, 해로운 벗

『論語』를 보면 이로운 벗 세 종류와 해로운 벗 세 종류가 있다. 이로운 벗에는 友直, 友諒, 友多聞이 있는데, 友直은 정직한 사람과 벗하는 것이고, 友諒은 성실한 사람과 벗하는 것이며, 友多聞은 박학다식한 사람과 벗하는 것이다. 해로운 벗에는 友便辟, 友善柔, 友偏佞이 있는데, 友便辟은 남이 좋아하는 바를 따라하고 남이 싫어하는 바는 피한다는 뜻으로, 곧 남의 비위에 따라 행동하는 사람과 벗하는 것이다. 友善柔는 착하기는 하지만 유약하여 자신의 주관이 없는 사람과 벗하는 것이다. 友偏佞은 아첨하는 것을 말한다. 佞은 원래 재능이 있다는 말이었는데 나중에 아첨한다는 말로 바뀌게 되었다.

'친구 따라 강남간다'는 말이 있다. 이 말은 자기는 하고 싶지 않은데 남에게 끌려서 덩달아 같이 행동함을 이르는 말이다. 학문함에도 주변의 환경이 중요하듯이 친구 역시 어떤 친구를 사귀는가에 따라 좋은 방향으로든 나쁜 방향으로든 영향을 받을 수 있다. 좋은 친구를 사귄다는 것은 매우 중요하다. 그러나 이로운 친구를 골라 사귀는 것도 중요하겠지만, 그보다 먼저 나는 어떠한 친구인가 돌아보는 것 역시 중요할 것이다.

6) 벗과 사귀는 방식

晉나라의 王徽之는 字를 子猷라고 하고, 右軍將軍 王羲之의 아들이다. 그의 성격은 동료 가운데에서도 남달랐고 예절에 얽매이지도 않았다. 언젠가 그가 회계의 산음현에 머물렀던 적이 있다. 밤에 눈이 내려 맑고 달빛이 밝게 비치어 눈에 보이는 것이 온통 새하얗게 바뀌어 있었다. 그는 홀로 술을 마시며 左思의 '招隱詩'를 읊고 있었는데, 갑자기 은사인 戴逵가 떠올라서 달밤의 설경을 함께 즐겨야겠다고 생각했다. 그때 대규는 멀리 염현 땅에 있었는데 결심이 서자 그는 밤임에도 불구하고 곧바로 배를 몰아 그곳을 향해 떠나서 다음날 저녁 무렵에 도착하였다. 그러나 대규의 문 앞에 가더니 안으로 들어가지 않고 그대로 문 앞에서 돌아서자 사람들이 까닭을 물었다. 이에 그는 이렇게 대답했다고 한다. "나는 원래 흥이 일어나서 배를 타고 갔던 것인데 도착해보니 달도 기울고 흥도 다해서 그냥 돌아온 것이다. 흥이 다했는데 어찌 반드시 안도를 만날 필요가 있겠는가."

○ 肝膽相照

서로 간과 쓸개를 꺼내 보인다는 뜻으로, 서로 간에 진심을 터놓고 격의 없이 사귄다는 의미로도 쓰이고, 마음이 잘 맞는 절친한 사이를 가리키기도 한다. 肝膽은 모두 신체의 일부이므로 月(肉)을 부수로 하고 있다. 肝은 五臟의 하나인 간으로 오행 중 동쪽에 해당하며 장군·기백·사려의 상징이다. 膽은 쓸개를 말하는데, 六腑의 하나로 법관·과감·결단·인고의 상징으로 여겼다. 신체의 일부인 肝과 膽

은 몸 속 깊은 곳에 자리하고 있으므로 사람의 衷情, 즉 '속마음'이라는 뜻도 있다. 우리말에 '간에 붙었다 쓸개에 붙었다 한다'는 말은 자기에게 미치는 이익에 따라 줏대 없이 이편에 붙었다 저편에 붙었다는 뜻으로 사려 깊지 못함을 나타내는 말이다. 또한 '간이 부었다'는 것은 격에 맞지 않게 배짱이 두둑하다는 뜻이다. 또한 '간담이 서늘하다'는 말은 깊은 속마음까지 놀랐다는 뜻이다. '쓸개가 빠지다'라는 말은 하는 짓이 줏대가 없음을 욕하는 말이다.

이러한 상징적인 뜻을 지닌 肝과 膽이 서로 마주보고 비춘다는 肝膽相照는 서로의 속마음까지 들여다볼 정도로 매우 다정한 사이를 뜻한다. 이 말은 중국 唐나라 때의 문인인 韓愈와 柳宗元 사이의 우정에서 비롯된 것으로, 韓愈가 절친한 친구인 柳宗元이 죽자 그를 기려 쓴 墓誌銘에서 柳宗元과 劉禹錫간의 友情을 두고 한 말이다.

한유는 墓誌銘에서 먼저 유종원의 선조의 사적부터 설명하고 그 사람됨과 재능과 정치가로서의 업적을 칭찬하였다. 그리고 나중에는 그 우정의 두터움을 찬양하였는데, 자신의 불우한 처지는 제쳐놓고 오히려 연로한 어머니를 두고 변경인 播州刺史로 좌천되어 부임하는 친구 劉夢得을 크게 동정했던 유종원의 진정한 우정을 찬양하고, 이어 경박한 사귐을 증오하며 이렇게 쓰고 있다.

"사람이란 곤경에 처했을 때라야 비로소 節義가 나타나는 법이다. 평소 평온하게 살아갈 때는 서로 그리워하고 기뻐하며 때로는 놀이나 술자리를 마련하여 부르곤 한다. 또 흰소리를 치기도 하고 지나친 우스갯소리도 하지만 서로 양보하고 손을 맞잡기도 한다. 어디 그뿐인가. '서로 간과 쓸개를 꺼내 보이며[肝膽相照]'해를 가리켜 눈물짓고 살든 죽든 서로 배신하지 말자고 맹세한다. 말은 제법 그럴듯하지만 일단 털끝만큼이라도 이해 관계가 생기는 날에는 눈을 부릅뜨고 언제 봤냐는 듯 안면을 바꾼다. 더욱이 함정에 빠져도 손을 뻗쳐 구해 주기는커녕 오히려 더 깊이 빠뜨리고 위에서 돌까지 던지는 인간이 이 세상 곳곳에 널려 있는 것이다."

진정 이런 친구가 한 명이라도 곁에 있다면 평생이 즐겁지 않겠는가.

6. 말과 행동

1) 단어

意味   所聞   眞實

德談   雜談   文盲

音聲言語   思考方式

流言蜚語   異口同聲

2) 명문장

○ 劉會曰 言不中理 不如不言

○ 一言不中 千語無用

○ 君平曰 口舌者 禍患之門 滅身之斧也

○ 利人之言 煖如綿絮 傷人之語 利如荊棘 一言利人 重値千金 一語傷人 痛如刀割

○ 口是傷人斧 言是割舌刀 閉口深藏舌 安身處處牢

○ 逢人 且說三分話 未可全抛一片心 不怕虎生三個口 只恐人情兩樣心

○ 酒逢知己千鍾少 話不投機一句多

○ 良藥苦於口而利於病 忠言逆於耳而利於行

3) 고사성어

○ 三人成虎

거짓말이라도 여러 사람들이 말하게 되면 진실처럼 들리게 되어버린다는 것을 뜻한다. 戰國策 魏策에는 위나라 惠王과 그의 대신 방총이 나눈 대화가 실려 있다.

방총은 태자를 수행하고 趙나라로 가게 되었다. 그는 자기가 없는 사이에 자신을 중상하는 사람이 나타나게 될 것을 우려하여, 위 혜왕에게 몇 마디 아뢰게 된다. "만약 어떤 이가 시장에 호랑이가 나타났다는 말을 한다면 왕께서는 믿으시겠습니까?"라고 묻자, 위 혜왕은 "그걸 누가 믿겠는가?"라고 하였다. 방총이 다시 "다른 사람이 또 와서 같은 말을 한다면 어떻게 하시겠습니까?"라고 묻자 왕은 "그렇다면 반신반의하게 될 것이네."라고 대답하였다. 다시 방총이 "세 사람째 와서 똑같은 말을 한다면 왕께서는 믿으시겠습니까?"라고 하자 왕은 곧 "과인은 그것을 믿겠네."라고 하였다.

이에 방총은 "시장에 호랑이가 없음은 분명합니다. 그러나 세 사람이 같은 말을 한다면 호랑이가 나타난 것으로 되어 버립니다(三人言而成虎)."라고 말하면서, 그는 자신을 중상모략하는 자들의 말을 듣지 않기를 청하였다.

○ 巧言令色

입에 발린 말과 남의 비위를 맞추기 위해 생글거리는 얼굴 표정을 가리키는 말이다.

7. 교육과 환경

1) 단어

入學　　工夫　　目標
師弟　　理想　　知識

教學相長　　　溫故知新
日就月將　　　刮目相對

2) 명문장

○ 朱子曰 勿謂今日不學而有來日 勿謂今年不學而有來年 日月逝矣 歲不我延 嗚呼
老矣 是誰之愆

○ 少年易老學難成 一寸光陰不可輕 未覺池塘春草夢 階前梧葉已秋聲

○ 陶淵明詩云 盛年 不重來 一日 難再晨 及時當勉勵 歲月 不待人

○ 荀子曰 不積蹞步 無以至千里 不積小流 無以成江河

○ 子夏曰 博學而篤志 切問而近思 仁在其中矣

○ 莊子曰 人之不學 如登天而無術 學而智遠 如披祥雲而覩靑天 登高山而望四海

○ 禮記曰 玉不琢 不成器 人不學 不知道

○ 太公曰 人生不學 冥冥如夜行

○ 韓文公曰 人不通古今 馬牛而襟裾

○ 朱文公曰 家若貧 不可因貧而廢學 家若富 不可恃富而怠學 貧若勤學 可以立身
富若勤學 名乃光榮 惟見學者顯達 不見學者無成 學者 乃身之寶 學者 乃世之珍

是故 學則乃爲君子 不學則爲小人 後之學者 宜各勉之

○ 徽宗皇帝曰 學者 如禾如稻 不學者 如蒿如草 如禾如稻兮 國之精糧 世之大寶 如
蒿如草兮 耕者憎嫌 鋤者煩惱 他日面墻 悔之已老

○ 論語曰 學如不及 猶恐失之

3) 고사성어

○ 斷機之敎

맹자의 어머니가 아들이 학업을 중단하고 돌아왔을 때, 짜던 베를 칼로 잘라서
훈계한 고사로 '어머니의 엄격한 자녀 敎育'을 말한다. 孟子는 孔子의 손자인 子思
의 제자가 되어 가르침을 받았다고 하거니와, 이보다 앞서 소년시절에 유학에 나
가 있던 孟子가 어느날 갑자기 집으로 돌아왔다. 그때 어머니는 베를 짜고 있다가
孟子에게 물었다. "네 공부는 어느 정도 나아갔느냐?" "아직 변한 것이 없습니다."
그러자 어머니는 짜고 있던 베를 옆에 있던 칼로 끊어버렸다. 孟子가 섬뜩하여
물었다. "어머니, 그 베는 왜 끊어버리시나이까?" 그러자 어머니는 이렇게 대답했
다. "네가 학문을 그만둔다는 것은, 내가 짜던 베를 끊어버리는 것과 마찬가지이
다. 君子란 모름지기 학문을 배워 이름을 날리고, 모르는 것은 물어서 앎을 넓혀야
하느니라. 그러므로 평소에 마음과 몸을 편안히 하고, 세상에 나가서도 위험을
저지르지 않는다. 지금 너는 학문을 그만두었다. 너는 다른 사람의 심부름꾼으로
뛰어다녀야 하고, 재앙을 피할 길이 없을 것이다. 그러니 생계를 위하여 베를 짜
다가 중간에 그만두는 것과 무엇이 다르겠느냐? 차라리 그 夫子에게 옷은 해 입힐
지라도, 오래도록 양식이 부족하지 않겠느냐? 여자가 그 생계의 방편인 베짜기를
그만두고, 남자가 덕을 닦는 것에 멀어지면, 도둑이 되지 않는다면 심부름꾼이
될 뿐이다."

孟子가 두려워하여 아침저녁으로 쉬지 않고서 배움에 힘써, 子思를 스승으로
섬겨, 드디어 천하의 名儒가 되었다.

○ 螢雪之功

갖은 고생을 하며 부지런히 학문을 닦은 공.

晉의 車胤은 字가 武子이다. 어려서 공손하고 부지런하며 널리 책을 읽었다. 집이 가난하여 항상 기름을 얻지는 못하였다. 여름철에 비단 주머니로써 수십 마리의 반딧불을 담고 책을 비춰서 읽으며 밤으로써 낮을 잇더니, 후에 벼슬이 尙書郞에 이르렀다. 지금 사람이 書窓을 螢窓이라 함은 이로 말미암은 것이다. 《出典》'晉書'.

原文

晉車胤武子 幼 恭勤博覽 家貧不常得油 夏月以練囊 盛數十螢火 照書讀之 以夜繼日 後官至尙書郞 今人以書窓 爲螢窓由此也.

晉의 孫康은 어려서 마음이 맑고 깨끗하여 사귀고 놂이 잡스럽지 않았으나 집이 가난하여 기름이 없어서 일찍이 눈에 비춰 책을 읽더니, 후에 벼슬이 御史大夫에 이르렀다. 지금 사람이 書案을 雪案이라 함은 이로 말미암은 것이다.

原文

晉孫康 少時淸介 文遊不雜 嘗映雪讀書 後官至御史大夫 今人 以書案爲雪案 由此也.

8. 책 읽기와 인격 함양

1) 단어

讀書   朗讀   出版

推敲   多讀   句讀

讀書三昧   燈火可親

手不釋卷   汗牛充棟

2) 명문장

○ 讀書百編義自見

○ 男兒須讀五車書

○ 讀書 起家之本 循理 保家之本 勤儉 治家之本 和順 齊家之本

3) 학문이란

일정한 이론에 따라 체계화된 지식을 배우는 것을 學問한다고 한다. 서양에서는 중세 이래 종교로부터 국가의 통치에 이르는 인간생활의 거의 모든 영역에서 지식과 학문이 큰 공헌을 한다고 제시하고 있다. 그리하여 서양에서의 학문의 목적은 지식 습득에 있었다. 그러므로 사물을 객관적으로 판단하며 분석과 구별을 중시하였고, 중세 이후 발달한 대학의 교육과정 역시 이 과정을 충실히 따르고 있다. 그런 까닭에 서양은 자연과학이 발달했고, 학문의 갈래도 다양하여 정치,

경제, 사회, 문학, 종교, 언어, 예술 등 다양하기 이를 데 없다. 그러나 고대 동양에서는 사람이 내면에 지니고 있는 것을 끌어내도록 돕는 일, 즉 사람이면 누구나 타고난 人性을 회복하고 함양하는 것에 학문의 최종 목표가 있었다. 그러므로 사물을 직관적으로 판단하고 터득하는 것을 중시하였다. 그래서 철학 분야가 발달할 수 있었던 것이다. 그리하여 학문이 세분화되지 않았고 공부 역시 단순하였다. 즉 성현들의 말씀이 담긴 책들을 읽고, 자신의 존재가치를 성찰하여 스스로에게 끊임없이 묻고 답하며 몸으로 知行合一을 실천하는 것을 이상적인 것으로 여겼다. 옛 성현들은 어떠한 방법으로 자신을 성찰하고 묻고 답하며 知行合一을 이루었는지 故事成語와 漢字를 통해 살펴보기로 하자.

4) 고사성어

오늘날 우리는 讀書라고 하면 단순히 책을 읽는다라는 의미만을 떠올린다. 그러나 옛날에는 독서가 곧 오늘날의 '공부하다'라는 말과 통하는 말이기도 하였다. 신라시대에는 관리등용방법으로 讀書三品科를 설치하였다. 시험과목은 하품은 『曲禮』·『孝經』을 읽은 자, 중품은 『曲禮』·『論語』·『孝經』으로 읽은 자, 상품은 『春秋左氏傳』·『禮記』·『文選』을 읽어 그 뜻을 잘 통하고 『論語』·『孝經』에도 밝은 자, 특품은 五經·三史·諸子百家에 널리 통한 자로서 순서를 가리지 않고 등용했다. 조선시대에는 국가의 인재를 길러내기 위해 전문독서연구기구로 〈讀書堂〉이 건립되어 학문 연구와 도서 열람의 도서관적 기능을 충실히 해냈으며, 역대 왕들의 총애를 받기도 하였다. 이렇듯 讀書는 단순히 정보를 알거나 즐거움을 위해 책을 읽는다는 의미가 아닌, 옛 문헌을 통해 자신을 성찰하고 知行合一할 수 있도록 스스로 묻고 답하는 공부의 한 방편이었음을 알 수 있다.

○ 韋編三絶

독서에 열심이거나 한 책을 반복하여 熟讀하는 것의 비유로 韋編三絶이란 말이 있다. 이 말은 옛날에 공자가 周易을 즐겨 열심히 읽은 나머지 책을 묶은 가죽끈이 세 번이나 끊어졌다는 데서 유래한 말이다. 『史記』「孔子世家」를 보면, "孔子가 晩年에 易經을 좋아하여, 彖·繫·象·說卦·文言을 서술하고, 易經을 읽어 韋編三絕 하였다. 말하기를, '내가 만일 몇 년을 이와 같이 하면, 나는 易經에 있어서 곧 빛나게 될 것이다.'(孔子晩而喜易 徐彖繫象說卦文言 獨易韋編三絕 曰假我數年 若是 我於易則彬彬矣)."라고 하였다.

고대 중국에서는 종이가 아직 나오지 않았던 시절에 竹簡이라는 것에 글자를 써서 책을 엮었다. 죽간이란 우선 대나무를 불에 쪼여 대의 푸른 기운을 빼내어버리고, 그것을 얇게 쪼개어 대쪽으로 만들어 글자를 쓴 것을 말한다. 韋編三絕의 '韋'는 무두질한 가죽이라는 뜻으로, '韋編'이란 무두질한 가죽끈으로 철을 한 죽간 (竹簡; 고대 중국의 책)을 말한다.

○ **男兒須讀五車書**

중국 당(唐)나라의 시인 杜甫가 한 말로 '남자라면 모름지기 다섯 수레 정도의 책은 읽어야 한다'라는 뜻으로 책을 많이 읽을 것을 권하고 있다. 오늘날의 표현으로 하면 다섯 트럭 분량의 책이 된다. 어마어마한 양이 될 뿐더러 사람의 한평생 동안 다 읽을 수 있을지 의문이 든다. 五車書의 車의 크기를 아무리 작게 잡는다 해도 오늘날 우리가 생각하고 있는 인쇄된 종이로 엮인 책을 상상한다면 매우 방대한 분량이다. 여기서 우리가 고전을 접할 때 빠지기 쉬운 오류가 옛 고전을 오늘날의 기준으로 보려 한다는 점이다. 위에서 말한 五車書의 書는 오늘날의 책이 아니라 바로 竹簡을 말한다. 한 권의 책이 몇 십 개의 죽간 두루마리로 이루어져 있기 때문에 실질적으로 계산해보면 다섯 수레 분량의 책은, 오늘날의 책으로 계산하면 그리 많은 분량은 아닌 것이다. 다만 杜甫가 하고자 했던 말은 많은 책을 읽으라는 것이다.

○ 汗牛充棟

책이 매우 많은 것을 가리키는 말로, 汗牛充棟은 汗牛와 充棟이라는 같은 뜻이 중복되어 이루어진 성어이다. 汗牛는 책을 수레에 짐으로 실으면 소가 땀을 흘릴 정도로 많다는 것이고, 充棟은 책을 바닥에서부터 쌓으면 들보에 가득 찰 정도로 많다는 뜻이다.

○ 手不釋卷

손에서 책을 놓지 않는다는 말로, 항상 공부하는 것을 가리킨다. 다음의 글은 李熙昇의 「독서와 인생」에 실린 독서와 연구 노력에 대한 이야기이다.

세계적으로 유명한 재벌의 巨頭와 사업가들도, 그 성공 비결의 중요한 일부분은 독서에 있다는 것이다. 자기 공장에서 나오는 생산품을 어떻게 하면 사용하기에 가장 편리하고, 내구력이 있고, 또 가장 生産原價를 적게 하여 제일 低廉한 가격으로 공급하는 동시에, 需要者의 구미에 맞도록 고안할 수 있을까 온갖 심혈을 傾注한다는 것이다.

또, 어떻게 하면 자기 상점에 고객을 많이 끌 수 있을까, 가장 堅固하고 좋은 상품을 선정하여 가장 보기 좋게 진열하고, 또한 최대한의 친절한 서비스 수단을 발휘하여 고객의 歡心을 사기에 온갖 지혜를 짜내고 있다는 것이다. 이러한 것은 직접 그 방면의 專門家의 의견도 들어 보겠지만, 그 주인이나 책임자 자신이 각각 그 방면의 서적을 물색하여, 耽讀과 연구를 거듭한 나머지, 새로운 아이디어를 案出하는 일이 많다는 것이다.

그런데 우리 실업계의 그 많은 사장님들이 手不釋卷한다는 것은 아직 듣지도 보지도 못했으니, 실로 한심하고 유감스러운 일이라 하겠다.

○ 讀書百遍義自見

뜻이 어려운 글도 여러 번 반복하여 읽으면 뜻을 스스로 깨우쳐 알게 된다는 말이다. 『三國志』에 의하면, "後漢 말기에 董遇라는 사람이 있었다. 집안이 가난하여 일을 하면서 손에서 책을 떼지 않고 부지런히 공부하여 黃門侍郎이란 벼슬에 올라 임금의 글공부 상대가 되었으나, 曹操의 의심을 받아 한직으로 쫓겨났다. 각처에서 동우의 학덕을 흠모하여 글공부를 하겠다는 사람들에게 '나에게 배우려 하기보다 집에서 그대들 혼자서 책을 몇 번이고 반복해서 읽어 보게. 그러면 스스로 그 뜻을 알 수 있을 걸세.'라고 하고 넌지시 거절하였다."라는 기록이 있다.

우리는 책을 읽다가 어려운 구절과 맞닥뜨리면 스스로 묻고 답해서 해결하려고 하기보다는 선생님이나 어른들께 여쭈어서 쉽게 답을 얻는다. 그러나 이러한 방법은 쉽게 얻어져서 쉽게 잊혀져 나의 것이 되지 않는다. 스스로가 묻고 답을 찾음으로써 다른 사람의 것도 내 것으로 삼을 수 있다면 스승이 어찌 살아있는 사람에게만 한정되겠는가.

○ 亡羊之歎

갈림길이 많아 양을 잃고 탄식한다는 뜻으로, 학문의 길도 여러 갈래여서 진리를 찾기 어렵다는 말로, 多岐亡羊이라고도 한다. 『列子』 「說符篇」에 보면, 다음과 같은 기록이 있다.

어느 날 楊子의 이웃집 양 한 마리가 달아났다. 그래서 그 집 사람들은 물론 양자네 집 하인들까지 청해서 양을 찾아 나섰다. 하도 소란스러워서 양자가 물었다. "양 한 마리 찾는데 왜 그리 많은 사람이 나섰느냐?" 양자의 하인이 대답했다. "예, 양이 달아난 그쪽에는 갈림길이 많기 때문입니다." 얼마 후 모두들 지쳐서 돌아왔다. "그래, 양은 찾았느냐?"라고 양자가 물었다.

"갈림길이 하도 많아서 그냥 되돌아오고 말았습니다."

"그러면 양을 못 찾았단 말이냐?"

"예, 갈림길에 또 갈림길이 있는지라 양이 어디로 달아났는지 통 알 길이 없었습니다."

이 말을 듣자 양자는 우울한 얼굴로 그날 하루 종일 아무 말도 안 했다. 제자들이 그 까닭을 물어도 대답조차 하지 않았다. 그래서 우울한 나날을 보내던 어느 날, 한 현명한 제자가 선배를 찾아가 사실을 말하고 스승인 양자가 침묵하는 까닭을 물었다. 그러자 그 선배는 이렇게 말했다.

"선생님은 '큰길에는 갈림길이 하도 많기 때문에 양을 잃어버리고, 학자는 多方面으로 배우기 때문에 본성을 잃는다. 학문이란 원래 근본은 하나였는데 그 끝에 와서 이같이 달라지고 말았다. 그러므로 하나인 근본으로 되돌아가면 얻는 것도 잃는 것도 없다'고 생각하시고 그렇지 못한 현실을 안타까워하시는 것이라네."

○ 曲學阿世

正道를 벗어난 학문으로 세상 사람들에게 아첨한다는 뜻이다. 『史記』「儒林傳」에 다음과 같은 기록이 있다.

漢나라 6대 황제인 景帝는 즉위하자 천하에 널리 어진 선비를 찾다가 山東에 사는 轅固生이라는 시인을 등용하기로 했다. 그는 당시 90세의 고령이었으나 직언을 잘하는 대쪽같은 선비로도 유명했다. 그래서 似而非 학자들은 원고생을 비방하는 상소를 올려 그의 등용을 극력 반대하였으나 경제는 끝내 듣지 않았다. 당시 원고생과 함께 등용된 소장 학자가 있었는데, 그 역시 산동 사람으로 이름을 公孫弘이라고 했다. 공손홍은 원고생을 늙은이라고 깔보고 무시했지만 원고생은 전혀 개의치 않고 공손홍에게 이렇게 말했다. "지금, 학문의 正道가 어지러워져서 俗說이 유행하고 있네. 이대로 내버려두면 유서 깊은 학문의 전통은 결국 私說로 인해 그 본연의 모습을 잃고 말 것일세. 자네는 다행히 젊은데다가 학문을 좋아하는 선비란 말을 들었네. 그러니 부디 올바른 학문을 열심히 닦아서 세상에 널리 전파해주기 바라네. 결코 자신이 믿는 '학설을 굽히어[曲學]'이 '세상 속물들에게 아첨하는 일[阿世]'이 있어서는 안 되네." 원고생의 말이 끝나자 공손홍은 몸둘 바를 몰랐다. 절조를 굽히지 않는 고매한 인격과 학식이 높은 원고생과 같은 눈앞의 泰山北斗를 알아보지 못한 자신이 부끄러웠기 때문이다. 공손홍은 당장 지난날의 무례를 사과하고 원고생의 제자가 되었다고 한다.

○ 少年易老 學難成

소년은 늙기 쉬우나 학문은 이루기는 어렵다는 말이다. 젊은 날은 영원할 것 같은 착각에 빠져 주변의 유혹에 쉽게 빠지게 된다. 뒤늦게 나이 들어 내가 왜 그랬을까라고 후회해도 이미 나이가 들어 기회가 없음을 깨닫게 된다. 이러한 사람들의 속성을 익히 알고 있었던 중국 宋나라의 朱子는 「勸學文」을 써서 제자들에게 젊은 날에 학문에 힘쓸 것을 권하고 있다.

소년은 늙기 쉬우나 학문은 이루기 어려우니 少年易老學難成
아주 짧은 시간이라도 헛되이 보내지 마라 一寸光陰不可輕
연못가의 봄풀이 아직도 꿈에서 깨지 않았는데 未覺池塘春草夢
계단 앞 오동 잎이 어느새 가을 소리를 내는구나 階前梧葉已秋聲

오늘 일을 내일로 미루고 나중에 하면 되겠지라는 마음에 순간적인 선택으로 두고두고 후회하는 것이 사람이다. 그래서 주자는 학문의 길뿐만 아니라 모든 일에 후회함이 없이 자신의 현재에 충실할 것을 권하는 「朱子十悔」를 남기고 있다. 그 내용을 보면 다음과 같다.

一. 부모에게 효도하지 않으면, 돌아가신 후에 뉘우친다.(不孝父母, 死後悔)
一. 가족에게 친절히 하지 않으면, 멀어진 뒤에 뉘우친다.(不親家族, 疎後悔)
一. 젊을 때 부지런히 배우지 않으면, 늙어서 뉘우친다.(少不勤學, 老後悔)
一. 편안할 때 어려움을 생각하지 않으면, 실패한 뒤에 후회한다.(安不思難, 敗後悔)
一. 부유할 때 아껴쓰지 않으면, 가난하게 된 후 후회한다.(富不儉用, 貧後悔)
一. 봄에 밭 갈고 씨 뿌리지 않으면, 가을이 된 후에 후회한다.(春不耕種, 秋後悔)
一. 담장을 미리 고치지 않으면, 도둑 맞은 후에 후회한다.(不治垣墻, 盜後悔)
一. 이성을 삼가지 않으면, 병든 후에 후회한다.(色不謹愼, 病後悔)
一. 술 취해서 망언한 것은, 술 깨고 난 후에 후회한다.(醉中妄言, 醒後悔)
一. 손님을 잘 대접하지 않으면, 손님이 떠난 후에 후회한다.(不接賓客, 去後悔)

○ 螢雪之功

차윤이 비단 주머니에 수십 마리의 반딧불이를 잡아넣고서 그 빛으로 밤을 새우며 글을 읽고, 손강이 눈 빛으로 글을 읽었다는 데서 나온 말로, 온갖 고생을 하면서도 꾸준히 학문을 닦은 보람을 뜻한다. 螢窓雪案이라고도 한다.『晉書』에 다음과 같은 故事가 전한다.

　　晉의 車胤은 字가 武子이다. 어려서 공손하고 부지런하며 책 읽기를 좋아하였다. 그러나 집이 가난하여 항상 기름을 얻지는 못하였다. 여름철에 비단 주머니에 수십 마리의 반딧불이를 담아 책을 비춰서 읽으며 밤으로써 낮을 잇더니, 후에 벼슬이 尚書郎에 이르렀다. 지금 사람들이 書窓을 螢窓이라 함은 이로 말미암은 것이다. 晉의 孫康은 어려서 마음이 맑고 깨끗하여 다른 사람을 사귐에 잡스럽지 않았으나 집이 가난하여 기름이 없어서 일찍이 눈[雪]에 비춰 책을 읽더니, 후에 벼슬이 御史大夫에 이르렀다. 지금 사람이 書案을 雪案이라 함은 이로 말미암은 것이다.

○ 爪甲穿掌

　손톱이 손바닥을 뚫었다는 뜻으로, 굳은 결심으로 목적한 일을 이루었을 때 쓰는 말이다. 우리가 흔히 하는 말 중에 作心三日이라는 말이 있다. 마음으로 뭔가를 하겠다고 결심하였으면서도 初志一貫하지 못하고 중도에서 포기하고 마는 것을 빗대어 하는 말이다. 마음먹은 바를 실천하려면 그만큼 굳은 각오가 필요할 것이다. 그런 면에서 爪甲穿掌은 학문하는 자세를 보여주는 좋은 逸話라고 하겠다. 대개의 故事成語가 중국에서 유래한 것들인데 비해 爪甲穿掌은 우리나라에서 유래한 것이다. 이 말은『大東奇聞』이라는 우리나라에서 전해들은 재미있고 특이한 이야기들을 모은 책에 실린 내용으로『大東奇聞』은 조선시대 초대 임금인 太祖로부터 高宗에 이르기까지 활약했던 역대의 인물 중심으로 그들에 관련된 일화를 수집하여 시대순으로 구분 수록한 책이다.

　爪甲穿掌은 中宗 때 양연이라는 사람에 관한 逸話이다.『大東奇聞』을 보면 다음과 같은 기록이 실려 있다.

　　양연은 어려서 매우 뛰어나 매이지 않았다. 나이 40에 이르러서야 비로소 학문에 발분하여 결심하였다. 왼손을 움켜쥐고 학문을 이루지 않으면 손을 펴지 않겠다고 맹세하였다. 그리고는 北漢山 中興寺에 들어가 공부를 시작하여 몇 년만에

文理가 통하고 시의 품격도 淸高해졌다. 그의 장인에게 부친 시에 "책상의 등잔불 빛은 어둡고 벼루의 물빛은 맑도다 관성은 내가 원하는 것이요 아울러 종이선생도 바랍니다(書榻燈光暗 硯池水色淸 管城吾所願 兼望楮先生)."라고 하여 文房四友를 더 보내달라고 하였다. 장인이 그가 晩學하였으면서 빨리 이루는 것을 가상히 여겨 웃으며 답하기를, "梁忠義가 나이 40에 山堂에서 독서하니 아 늦었구나."라고 하였다. 세상사람들이 미담으로 전하였다. 나중에 드디어 科擧에 及第하게 되었는데 급제하던 날 비로소 손을 펴려고 하니 그 동안 손톱이 계속 자라 손바닥을 뚫고 나왔다.

○ 切磋琢磨

옥, 돌, 상아 따위를 자르고 쪼고 갈고 닦아서 빛낸다는 뜻으로, 곧 학문이나 인격을 수련하고 연마함을 비유한 말이다. 『論語』「學而篇」에는 『詩經』「衛風篇」에 실려 있는 시가 인용되어 있다.

  子貢이 孔子께 여쭈었다. "가난해도 아첨함이 없고, 부유하면서도 교만함이 없는 것은 어떠합니까?" 孔子께서 말씀하셨다. "훌륭하도다. 그러나 가난해도 道를 즐거워하고, 부유하면서도 예절을 좋아하는 사람만은 못하느니라." 子貢이 다시 여쭈었다. "詩經에 이르기를, 끊는 듯이 하고, 갈듯이 하며, 쪼는 듯이 하고, 가는 듯이 하라고 하였습니다. 그것은 이것을 이름입니까?" 孔子께서 말씀하셨다. "賜야, 비로소 더불어 시를 논할 만하구나. 지난 일들을 일러 주었더니 닥쳐올 일까지 아는구나."(子貢曰 貧而無諂 富而無驕 何如 子曰 可也 未若貧而樂 富而好禮者也 子貢曰 詩云 如切如磋 如琢如磨 其斯之謂與 子曰 賜也 始可 與言詩已矣 告諸往而知來者)

○ 刮目相對

옛날 중국 吳나라의 노숙과 여몽 사이의 고사에서 나온 말로, 눈을 비비고 다시 상대를 대한다는 뜻으로, 얼마동안 못 본 사이에 상대의 실력이나 학식이 깜짝 놀랄 정도로 발전하였음을 이르는 말이다. 『三國志』「吳志 呂蒙傳」에 다음과 같은 고사가 실려 전한다.

三國時代 초엽, 吳王 孫權의 신하 장수 중에 呂蒙이라는 사람이 있었다. 그는 무식한 사람이었으나 戰功을 쌓아 장군이 되었다. 어느 날 여몽은 손권으로부터 공부 좀 하라는 충고를 받았다. 그래서 그는 전장터에서도 손에서 책을 놓지 않고 학문에 정진했다. 그 후 重臣 가운데 가장 유식한 재사 魯肅이 전시 시찰 길에 오랜 친구인 여몽을 만났다. 그런데 노숙은 대화를 나누다가 여몽이 너무나 박식해진 데 그만 놀라고 말았다. "아니, 여보게. 언제 그렇게 공부했나? 자네는 이제 '오나라에 있을 때의 여몽이 아닐세 그려.'" 그러자 여몽은 이렇게 대답했다. "무릇 선비란 헤어진 지 사흘이 지나서 다시 만났을 때 '눈을 비비고 서로를 대면할[刮目相對]' 정도로 달라져야 하는 법이라네."

○ 近墨者黑

먹을 가까이 하면 자신도 모르게 검게 변한다. 사람은 늘 가까이 하는 사람의 영향을 받아 변하기 쉬우므로 좋지 못한 사람과 가까이 하면 악에 물들게 된다는 말이다. 중국 전국시대의 사상가이자 諸子百家의 한 사람인 墨子가 그의 저서에서 한 말로, 같은 뜻으로 붉은 색을 가까이 하면 자신도 붉어진다는 近朱者赤도 있다.

○ 三遷之敎

孟母三遷之敎의 준말로, 맹자의 교육을 위하여 그의 어머니가 세 번이나 집을 옮긴 일을 말한다. 교육에는 그가 처한 주변 환경이 얼마나 중요한가를 일깨워주는 고사라 하겠다. 『列女傳』에 보면 다음과 같은 기록이 전한다.

이름이 軻로, 산동성 추현 출신이다. 어려서 아버지가 돌아가셨으므로 어머니 손에서 교육을 받고 자랐다. 맹자가 어머니와 처음 살았던 곳은 공동묘지 근처였다. 놀 만한 벗이 없던 맹자는 늘 주변에서 보던 것을 따라 묫을 하는 등 葬事지내는 놀이를 하며 놀았다. 이 광경을 목격한 맹자의 어머니는 안 되겠다 싶어서 이사를 했는데, 시장 근처였다. 그랬더니 이번에는 맹자가, 시장에서 물건을 사고 파는 장사꾼들의 흉내를 내면서 노는 것이었다. 맹자의 어머니는 이곳도 아이와 함께 살 곳이 아니라고 생각하여 이번에는 글방 근처로 이사를 하였다. 한동안은 장사꾼들의 흉내를 내던 맹자도 어느덧 제사 때 쓰는 기구를 늘어놓고 절하는 법이며 나아가고 물러나는 법 등 예법에 관한 놀이를 하는 것이었다. 맹자 어머니는 이곳이야말로 아들과 함께 살 만한 곳이구나 하고 마침내 그곳에 머물러 살았다고 한다.

이 이야기는 학문과 교육에 있어서 주변 환경이 미치는 영향이 얼마나 큰 것인가를 말해준다고 하겠다. 오늘날 자녀 교육을 위해 소위 8학군으로 이사하고 막대한 사교육비를 들여가며 자녀 교육에 열을 올리는 어머니들과 비교해 봄직한 이야기이다.

○ 橘化爲枳

회남의 귤을 회북으로 옮겨 심으면 귤이 탱자로 변한다는 말로, 환경에 따라 사람이나 사물의 성질이 달라진다는 뜻이다. 南橘北枳라고도 한다. 『晏子春秋』에 다음과 같은 고사가 전한다.

춘추시대 말기, 齊나라에 晏嬰이란 유명한 재상이 있었다. 어느 해, 楚나라 靈王이 그를 초청했다. 안영이 너무 유명하니까 만나보고 싶은 욕망과 코를 납작하게 만들고 싶은 심술이 작용한 것이다. 수인사가 끝난 후 영왕이 입을 열었다.
"齊나라에는 그렇게도 사람이 없소?"
"사람이야 많이 있지요."
"그렇다면 경과 같은 사람밖에 사신으로 보낼 수 없소?"
안영의 키가 너무 작은 것을 비웃는 영왕의 말이었다. 그러나 안영은 태연하게 대꾸하였다.
"예, 저의 나라에선 사신을 보낼 때 상대방 나라에 맞게 사람을 골라 보내는 관례가 있습니다. 작은 나라에는 작은 사람을, 큰 나라에는 큰 사람을 보내는데 臣은 그 중에서도 가장 작은 편에 속하기 때문에 뽑혀서 초나라로 왔습니다."
라고 대답했다. 그때 마침 포졸이 죄인을 끌고 지나갔다.
"여봐라! 그 죄인은 어느 나라 사람이냐?"

"예, 齊나라 사람이온데, 절도 죄인입니다."

楚王은 안영에게 다시 물었다.

"제나라 사람은 원래 도둑질을 잘 하오?"

하고 안영에게 모욕을 주는 것이다. 그러나 안영은 초연한 태도로 말하는 것이었다.

"강남에 귤이 있는데 그것을 강북에 옮겨 심으면 탱자가 되고 마는 것은 토질 때문입니다. 齊나라 사람이 齊나라에 있을 때는 원래 도둑질이 무엇인지도 모르고 자랐는데 그가 楚나라에 와서 도둑질한 것을 보면, 역시 초나라의 풍토 때문인 줄 압니다."

그 機智와 태연함에 초왕은 안영에게 사과를 했다.

"애당초 선생을 욕보일 생각이었는데 결과는 과인이 욕을 당하게 되었구려."

하고는 크게 잔치를 벌여 안영을 환대하는 한편 다시는 제나라를 넘볼 생각을 못 했다.

○ 麻中之蓬

『史記』에 보면, "쑥이 삼 가운데에서 자라면 붙잡아주지 않아도 저절로 곧아지고 흰모래도 진흙에 있으면 그와 더불어 모두 검게 된다(蓬生麻中 不扶自直 白沙在 泥 與之皆黑)."라고 하는 구절이 있다. 이 말은 곧 주변 環境의 중요성을 논한 것으로 환경에 따라 善과 惡도 바뀌거나 고쳐질 수 있다는 의미이다.

麻는 文益漸이 고려 말에 元나라에서 목화씨를 붓대롱에 몰래 숨겨오기 전만 해도 우리 조상들의 의복이었다. 지금도 장례식에서 흔히 볼 수 있는 喪服이 바로 삼베인 것이다. 누렇고 성글고 뻣뻣하니 여름에야 시원하고 좋지만 추운 겨울에는 삼베옷으로 견디기 힘들었다. 그러니 목화야말로 의복에 있어 일대 혁명이라고까지 볼 수 있는 큰 사건이었던 것이다. 지금도 시골에서는 麻를 더러 재배하는데, 麻는 대나무처럼 곧게 자라는데다 키가 3m는 족히 넘는다. 또한 빽빽하게 들어차 있어 한 여름에도 삼밭은 어둡다. 이러한 麻의 줄기를 쳐내고 일정한 길이로 잘라 가마솥에 넣어 푹 찌고 나면 껍질이 잘 벗겨진다. 그러면 우리네 여인들은 이것을 가늘게 찢어 무릎에 대고 벗긴 껍질의 끝과 끝을 맞대고 이으면 이것이 삼실이 되는 것이다. 이 삼실을 베틀에 걸어 짜면 바로 삼베가 된다.

이에 비해 쑥은 구불구불하게 옆으로 퍼져 자라는 속성을 지닌 식물이다. 그러나 쑥이 처음 뿌리내린 곳이 넓은 평지가 아닌, 위로 곧게 자라는 성질을 지닌 삼밭이라면 쑥이 지닌 본래의 성질을 버리고 삼과 더불어 위로 곧게 자랄 수밖에 없다. 그렇게 하지 않으면 쑥은 햇볕을 받지 못해 죽고 말 것이다. 그러므로 주변 환경에 맞추어 자신의 본래 성질조차 후천적으로 바꿀 수 있다는 것이다.

9. 정치와 치란

1) 단어

風俗　　王道　　改革

法律　　刑罰　　行政

興亡盛衰　　　惑世誣民

太平聖代　　　經世濟民

2) 명문장

○ 童蒙訓曰 當官之法이 唯有三事하니 曰淸曰愼曰勤이니 知此三者면 則之所以持
身矣니라

○ 當官者는 必以暴怒爲戒하여 事有不可어든 當詳處之면 必無不中이어니와 若先
暴怒면 只能自害라 豈能害人이리오

○ 事君을 如事親하며 事官長을 如事兄하며 與同僚를 如家人하며 待羣吏를 如奴
僕하며 愛百姓을 如妻子하며 處官事를 如家事然後에야 能盡吾之心이니 如有
毫末不至면 皆吾心에 有所未盡也니라

○ 劉安禮問臨民한대 明道先生曰 使民으로 各得輸其情이니라 問御吏한대 曰 正
己以格物이니라

3) 고사성어

○ 兎死狗烹

토끼 사냥이 끝나면 사냥개는 삶아 먹힌다는 뜻. 곧 쓸모가 있을 때는 긴요하게 쓰이다가 쓸모가 없어지면 헌신짝처럼 버려진다는 말이다. 《出典》 '史記' 淮陰侯列傳 十八史略.

楚覇王 項羽를 멸하고 漢나라의 高祖가 된 劉邦은 蕭何·張良과 더불어 한나라의 創業三傑 중 한 사람인 韓信을 楚王에 책봉했다.

그런데 이듬해, 항우의 猛將이었던 鍾離眛가 한신에게 몸을 의탁하고 있다는 사실을 한 고조는 지난날 종리매에게 고전했던 악몽이 되살아나 크게 노했다. 그래서 한신에게 당장 압송하라고 명했으나 종리매와 오랜 친구인 한신은 고조의 명을 어기고 오히려 그를 숨겨 주었다.

그러자 고조에게 '한신은 반심을 품고 있다'는 상소가 올라왔다. 진노한 고조는 참모 진평의 獻策에 따라 제후들에게 이렇게 명했다.

"모든 제후들은 楚 땅의 진(陳 : 河南省 內)에서 대기하다가 雲夢湖로 遊幸하는 짐을 따르도록 하라."

한신이 나오면 陳에서 포박하고, 만약 나오지 않으면 진에 집결한 다른 제후들의 군사로 한신을 주살할 계획이었다. 고조의 명을 받자 한신은 예삿일이 아님을 직감했다. 그래서 '아예 反旗를 들까' 하고 생각도 해 보았지만 '죄가 없는 이상 별일 없을 것'으로 믿고서 순순히 고조를 배알하기로 했다. 그러나 불안이 싹 가신 것은 아니었다. 그래서 한신은 자결한 종리매의 목을 가지고 고조를 배알했다. 그러나 역적으로 포박당하자 한신은 분개하여 이렇게 말했다.

"교활한 토끼를 사냥하고 나면 좋은 사냥개는 삶아 먹히고 하늘 높이 나는 새를 다 잡으면 좋은 활은 곳간에 처박히며, 적국을 쳐부수고 나면 지혜 있는 신하는 버림을 받는다고 하더니 한나라를 세우기 위해 粉骨碎身한 내가, 이번에는 고조의 손에 죽게 되는구나."

○ 苛政猛虎

　정치인의 가렴주구는 호랑이보다 더 무섭다는 뜻이다. 어느날, 공자가 수레를 타고 제자들과 태산 기슭을 지나가고 있었다. 그때 어디선가 여인의 애절한 울음 소리가 들려왔다. 공자 일행이 발길을 멈추고 주위를 살펴보니 길가의 풀숲에 무덤 셋이 보였고, 여인은 바로 그 앞에서 울고 있었다. 孔子는 子路에게 그 연유를 알아보라고 했다. 자로가 여인에게 다가가서 물었다.

　"부인, 어인 일로 그리 슬피 우십니까?"

　여인은 깜짝 놀라 고개를 들더니 이렇게 대답했다. "여기는 아주 무서운 곳이랍니다. 수년 전에 저의 시아버님이 호랑이에게 잡혀먹혔는데, 작년에는 남편이 잡혀먹혔고, 그리고 이번에는 자식까지 잡혀먹혔습니다."

　자로는 그녀를 위로하며 말했다. "이렇게 무서운 곳이라면 왜 이곳을 떠나지 않으십니까?" 여인은 고개를 가로저으며 말했다. "그러나 이곳에서 살면 세금을 혹독하게 징수당하거나 못된 벼슬아치에게 재물을 빼앗기는 일은 없기 때문에 떠날 수 없는 것입니다." 옆에서 이 말을 들은 공자는 제자들에게 말했다. "가혹한 정치는 호랑이보다 사납다는 것을 명심하라."

　이 말은 춘추 시대 말 공자의 고국인 魯나라의 大夫 季孫씨가 세금을 혹독하게 징수하고 백성들의 재산을 강제로 빼앗은 일을 빗대어 말한 것이다.

　나라를 꾸려가려면 돈이 필요하겠지만, 지나치게 세금을 징수하는 것은 결코 바람직하지 못하다. 따라서 이 말은 고금의 위정자들이 새겨 두어야 할 내용이다.

10. 세상살이

1) 단어

實行　　社會　　名譽

約束　　利害　　處世

言行一致　　　　易地思之

過猶不及　　　　明哲保身

2) 명문장

○ 掃地黃金出 開門萬福來

○ 李下不整冠 瓜田不納履

○ 景行錄云 大丈夫當容人 無爲人所容

○ 太公曰 勿以貴己而賤人 勿以自大而蔑小 勿以恃勇而輕敵

3) 고사성어

○ 漁父之利

어부의 이득이라는 뜻으로, 쌍방이 다투는 사이에 제삼자가 힘들이지 않고 이득을 챙긴다는 말이다.《出典》'戰國策'燕策.

전국시대, 齊나라에 많은 군사를 파병한 燕나라에 기근이 들자 이웃 趙나라 惠文王은 기다렸다는 듯이 침략 준비를 서둘렀다. 그래서 연나라 昭王은 縱橫家로서 그간

연나라를 위해 犬馬之勞를 다해 온 蘇代에게 혜문왕을 설득해 주도록 부탁했다.

조나라에 도착한 소대는 세 치의 혀 하나로 合縱策을 펴 6국의 재상을 겸임했던 蘇秦의 동생답게 거침없이 혜문왕을 설득했다.

"오늘 귀국에 돌아오는 길에 易水(연·조와 국경을 이루는 강)를 지나다가 문득 강변을 바라보니 조개[蚌蛤]가 조가비를 벌리고 햇볕을 쬐고 있었습니다. 이때 갑자기 도요새[鷸]가 날아와 뾰족한 부리로 조갯살을 쪼았습니다. 깜짝 놀란 조개는 화가 나서 조가비를 굳게 닫고 부리를 놓아주지 않았습니다. 그러자 다급해진 도요새가 '이대로 오늘도 내일도 비가 오지 않으면 너는 말라죽고 말 것이다'라고 하자, 조개도 지지 않고 '내가 오늘도 내일도 놓아주지 않으면 너야말로 굶어 죽고 말 것이다' 하고 맞받았습니다. 이렇게 쌍방이 한 치의 양보도 없이 팽팽히 맞서 옥신각신하는 사이에 운수 사납게 이곳을 지나가던 어부에게 그만 둘 다 잡혀 버리고 말았사옵니다. 전하께서는 지금 연나라를 치려고 하십니다만, 연나라가 조개라면 조나라는 도요새이옵니다. 연·조 두 나라가 공연히 싸워 백성들을 피폐케 한다면, 귀국과 접해 있는 저 강대한 진나라가 어부가 되어 맛있는 국물을 다 마셔 버리고 말 것이옵니다."

혜문왕도 명신으로 이름난 藺相如와 廉頗를 중용했던 현명한 왕인 만큼, 소대의 말을 못 알아들을 리가 없었다.

"과연 옳은 말이오."

이리하여 혜문왕은 당장 침공 계획을 철회했다.

○ 守株待兔

宋나라에 어떤 농부가 밭을 갈고 있었다. 갑자기 토끼 한 마리가 뛰어오다가 밭 가운데 있는 그루터기에 부딪쳐 목이 부러져 죽는 것을 보았다.

덕분에 토끼 한 마리를 공짜로 얻은 농부는 농사일보다 토끼를 잡으면 더 수지가 맞겠다고 생각하고는 농사일은 집어치우고 매일 밭두둑에 앉아 그루터기를 지키며 토끼가 오기만 기다렸다.(守株待兔)

그러나 토끼는 그곳에 두 번 다시 나타나지 않았으며 농부 자신은 송나라의 웃음거리가 되었다. 밭은 잡초만 무성하게 자라 농사를 망친 것은 물론이다.

○ 刻舟求劍

시세의 변천도 모르고 낡은 생각만 고집하며 이를 고치지 않는 어리석고 미련함을 비유하는 말.《出典》'呂氏春秋'.

戰國時代, 楚나라의 한 젊은이가 揚子江을 건너기 위해 배를 탔다. 배가 강 한복판에 이르렀을 때 그만 실수하여 손에 들고 있던 칼을 강물에 떨어뜨리고 말았다.

"아뿔싸! 이를 어쩐다."

젊은이는 허둥지둥 허리춤에서 단검을 빼 들고 칼을 떨어뜨린 그 뱃전에다 표시를 하였다. 이윽고 배가 건너편 나루터에 닿자 그는 곧 옷을 벗어 던지고 표시를 한 그 뱃전 밑의 강물 속으로 뛰어들었다. 그러나 칼이 그 밑에 있을 리가 없었다.

11. 사랑과 미인

1) 단어

夫婦　　琴瑟　　戀人
結婚　　姻戚　　因緣

夫婦有別　　　纖纖玉手
賢母良妻　　　丹脣皓齒

2) 명문장

○ 家貧思賢妻 國亂思良相

○ 夫婦之倫 二姓之合 內外有別 相敬如賓

○ 夫道和義 婦德柔順

○ 夫唱婦隨 家道成矣

3) 고사성어

○ 傾國之色

　나라 안에 으뜸가는 미인. 임금이 혹하여 나라가 뒤집혀도 모를 만한 미인.《出典》'漢書' 李夫人傳. '傾國'이 '傾城'과 아울러 美人을 일컫는 말로 쓰여지게 된 것은 李延年의 다음과 같은 詩에서 유래한다.

北方有佳人	북방에 아름다운 사람이 있어,
絶世而獨立	세상을 끊고 홀로 서 있네.
一顧傾人城	한 번 돌아보면 성을 기울이고,
再顧傾人國	두 번 돌아보면 나라를 기울게 하네.
寧不知傾城與傾國	어찌 성을 기울이고 나라를 기울임을 알지 못하랴.
佳人難再得	아름다운 사람은 두 번 얻기 어렵네.

한 무제는 곧 그녀를 불러들여 보니 더없이 예뻤고 춤도 능숙해 그녀에게 완전히 마음이 사로잡히고 말았다. 이 여인이 李夫人이다. 傾國이란 말은 李白의 '名花傾國兩相歡' 구절과 백거이의 '장한가'의 '한왕은 색을 중히 여겨 傾國을 생각한다.'라는 구절과 항우에게서 자기 妻子를 변설로써 찾아준 侯公을 漢高祖가 '이는 천하의 변사이다. 그가 있는 곳에 나라를 기울이게 할 수 있다.'고 칭찬한 데서도 찾을 수 있다.

○ 月下氷人

달빛 月下老人과 얼음 위의 사람(氷上人)이 합쳐져서 '월하빙인'이란 말이 생겼다. 뜻은 남녀의 인연을 맺게 해주는 사람, 즉 중매쟁이를 말한다.

출전은 《續幽怪錄》에 월하노인 얘기가 나오고, 《晉書》「藝術傳」에 빙상인의 이야기가 나온다.

韋固라는 사람이 새벽에 龍興寺에 나갔다. 그는 여기서 어떤 사람과 결혼 문제를 상의하기로 약속했던 것이다. 그러나 약속한 사람은 오지 않고, 한 노인이 돌계단에 앉아 달빛을 받으면서 책을 읽고 있었다. 그 책을 얼핏 보니 생전 보지 못한 글자라서, 그가 물었다.

"그게 무슨 책입니까?"

노인이 웃으며 말했다.

"속세의 책이 아니네."

"그럼 어디 책인가요?"

명계(冥界; 저승)의 책이지.

"명계의 책이 어떻게 여기 있습니까? 당신은 명계 사람인가요?"

"우리 명계 사람들은 세상 사람들을 관리하느라 세상에 나와 있지."

"그럼 당신이 하는 일은 뭐죠?"

"난 사람들을 장가보내고 시집보내는 일을 하지."

"마침 잘 됐네요. 난 여기서 혼담을 상의하려고 하는데 잘 될까요?"

"아니, 틀렸어. 자네 아내는 지금 세 살이야. 열일곱이 되어야 자네에게 시집을
오지."

"그 주머니에는 무엇이 들어 있나요?"

"빨간 끈이 들어있지. 부부의 인연을 맺어주는 끈이라네. 한번 이 끈으로 맺어
지면, 아무리 멀리 떨어져 있더라도, 또 아무리 원수 사이라 할지라도 반드시 맺
어지지."

"그럼 내 아내는 어디 있습니까?"

"이 마을 북쪽에서 야채를 팔고 있는 진노파의 딸일세."

"만나볼 수 있을까요?"

"노파는 언제나 딸을 안고 시장에 나와 있지. 자, 따라오라고."

노인은 북쪽 마을로 가서, 가난한 노파의 품에 안겨 있는 딸아이를 가리켰다.

"저 애가 자네 아내가 될 걸세."

위고는 실망했으며, 그 실망은 증오로 변했다.

"저 앨 죽여 버리고 싶군요."

"죽이지 못할걸. 저 앤 복이 있어서, 아들 덕분에 영지까지 받을 걸세."

노인은 이렇게 말한 뒤 홀연히 사라졌다.

위고는 하인에게 비수를 건네주면서 노파의 딸을 죽이라고 명했다. 하인은 혼
잡한 틈을 타서 그 딸아이를 찔렀다. 가슴을 노렸지만, 빗나가서 미간을 찔렀다.

14년 뒤 위고는 관리가 되어서 태수의 딸과 정혼하게 되었다. 신부는 매우 아름다

웠지만, 웬일인지 늘 한 장의 꽃모양의 종이를 미간에 붙이고 다녔다. 위고는 옛날 일이 생각나 그녀에게 이유를 물어보았다. 아내는 울면서 얘기했다.

「저는 사실 양녀입니다. 아버지는 송성에서 縣知事를 하고 있을 때 돌아가시고, 그 뒤 어머니와 오빠도 죽어서 진노파라는 사람에게서 자라났습니다. 하지만 세 살 때 폭도의 습격을 받아 이마에 상처가 났습니다. 그래서 이렇게 종이를 붙이고 다니는 것입니다.」

위고는 자신이 한 짓을 고백하고 용서를 빌었다. 둘 사이에 태어난 아들은 나중에 재상이 되었으며, 어머니는 조정에서 영지까지 수여받았다. 그리고 이 이야기를 들은 송성의 현지사는 그 마을을 〈정혼점(定婚店; 혼례를 맺은 마을)〉이라고 불렀다.

*

쯥나라 때 索耽이라는 유명한 점쟁이가 있었다. 어느 날 한 사람이 자기가 꾼 꿈을 해몽해 달라고 찾아왔다.

나는 얼음 위에 서 있었는데, 얼음 밑에 누가 있어서 그와 얘기를 했습니다.

삭탐이 대답했다.

「얼음 위는 陽이고, 얼음 밑은 陰이요, 양과 음이 얘기하는 것은, 당신이 결혼 중매를 서서 혼사를 이루게 할 징조라오. 아마 얼음이 녹을 무렵 중매를 하게 될 거요.」

과연 나중에 그는 태수의 아들과 다른 사람의 딸을 중매 서게 되었다. 결혼식은 얼음이 녹고 시냇물이 흐르기 시작하는 봄에 이루어졌다.

12. 근검절약

1) 단어

富貴　　儉素　　素朴
過慾　　節約　　浪費

淸廉潔白　　　見物生心
我田引水　　　小貪大失

2) 명문장

○ 待客은 不得不豐이요 治家는 不得不儉이니라
○ 白酒紅人面 黃金黑吏心

3) 고사성어

○ 得隴望蜀

光武帝가 洛陽을 도읍으로 후한을 창건할 때 나온 말이다. 혼란하던 세상을 거의 통일하고 농서의 외효, 촉의 公孫述만 남았다. 외효가 죽자 그 아들이 광무제에게 항복함으로써 마침내 농서도 평정되었다. 이때 광무제는 "두 성이 함락되거든 곧 군사를 거느리고 남쪽으로 촉나라 오랑캐를 쳐라. 사람은 만족할 줄 몰라 이미 농을 평정했는데 다시 촉을 바라게 되는구나. 매양 군사를 출동시킬 때마다 그로 인해 머리가 희어진다(兩城若下 便可將兵南擊蜀虜 人固不知足 旣平隴復望蜀 每一發兵 頭髮爲白)."

　세월이 흘러 다시 난세가 되었다. 조조가 후한 13주 중에서 손권과 유비가 점령한 양·형·익 3주만 남기고 모두 평정하고 한중의 장로를 토벌했을 때이다.

　張魯 토벌 후 司馬懿가 曹操에게 말했다. "劉備가 속임수와 무력으로 유장을 붙잡아 蜀人들이 아직 귀부하지 않았는데 멀리서 강릉을 다투고 있으니 이런 기회를 잃어서는 안됩니다. 지금 漢中에 위엄을 떨쳐 益州가 진동하고 있으니 진병하여 임하면 세력이 필시 와해될 것입니다. 이런 형세로 볼 때 공을 이루기는 쉽습니다. 성인은 천시를 위배하지 않고 또한 놓치지도 않습니다." 하면서 촉의 유비를 공격하라고 했다.

　그 말에 조조가 대답하기를 "사람의 고통은 만족하지 못하는 데 있다고 하더니 이미 농을 얻었거늘 다시 촉을 얻기를 바라는구나!"라 하며 끝내 그 말에 따르지 않았다.

13. 수신과 마음 잡기

1) 단어

修身　　克己　　忍耐　　謹身

勤勉　　反省　　放心　　操心

作心三日　　　　自强不息

明鏡止水　　　　克己復禮

2) 명문장

○ 君子之學, 爲己而已, 所謂爲己者, 卽張敬夫所謂無所爲而然也. 如深山茂林之中,
有一蘭草, 終日薰香, 而不自知其爲香, 正合於君子爲己之義. 『退陶先生言行錄』

○ 不能舍己從人, 學者之大病. 天下之義理, 無窮, 豈可是己而非人. 『退溪集』

○ 所謂善者, 亦無他法, 只是一箇是字而已. 凡事若未到極盡是處, 卽是不是不善
也. 故若更思其次, 則使滔於不善矣. 『晩悔集』

○ 進學益智, 莫切於九思. 所謂九思者, 視思明, 聽思聰, 色思溫, 貌思恭, 言思忠,
事思敬, 疑思問, 忿思難, 見得思義. 『啓蒙篇』

○ 任貞憲公權, 嘗語子弟曰 : "吾豈有過人哉? 但獨處無自欺, 對人無諱事而已."
『名臣錄』

○ 張旅軒先生曰 : "虛爲萬實之府, 靜爲萬化之基, 貞爲萬事之幹, 謙爲萬益之柄,
儉爲萬福之源." 『海東續小學』

○ 恥過莫如戒心, 守口莫如愼黙, 愼黙者寡言, 寡言則戒專, 戒專則寡過. 『眉叟記言』

○ 學者先務, 莫切於義利之辨. 私欲之萌, 皆出於利, 從念頭, 拔去根本, 然後, 可安
　於學矣. 『靜菴集』

○ 人非聖賢, 誰能無過? 過而能悔, 卽當圖所以改之者, 乃終至於無過之道也. 『旅
　軒集』

○ 附耳之言, 勿聽焉, 戒洩之談, 勿言焉. 旣言而後戒, 是疑人也, 疑人而言之, 是不
　智也. 猶恐人知, 奈何言之, 奈何聽之. 『燕巖集』

3) 고사성어

○ 自暴自棄

이 성어는 절망 상태에 빠져서, 자신을 버리고 돌보지 않음을 의미하는 말이다.
(《出典》'孟子' 離婁篇) 전국시대를 살다간 亞聖 孟子는 '自暴'와 '自棄'에 대해《孟
子》'離婁篇'에서 이렇게 말했다.

"自暴하는 사람과는 더불어 대화를 나눌 수가 없다. 自棄하는 사람과도 더불어
행동을 할 수가 없다. 입만 열면 禮義道德을 헐뜯는 것을 '自暴'라고 한다. 한편
도덕의 가치를 인정하면서도 仁이나 義라는 것은 자기와는 무관한 것이라고 생각
하는 것을 '自棄'라고 한다.

사람의 본성은 원래 善한 것이다. 그러므로 사람에게 있어서 도덕의 근본 이념
인 '仁'은 편안한 집[安宅]과 같은 것이며, 올바른 길인 '義'는 사람에게 있어서 정
로(正路: 正道)이다. 편안한 집을 비운 채 들어가 살려 하지 않으며 올바른 길을
버린 채 그 길을 걸으려 하지 않는 것은 실로 개탄할 일이로다.

○ 明鏡止水

맑은 거울과 조용한 물. 곧 맑고 고요한 심경을 이르는 사자성어이다.《莊子》
'德充符篇'에 다음과 같은 이야기가 실려 있다.

魯나라에 왕태라는 兀者가 있었는데, 그의 주위에 많은 제자들이 모여들었다. 이것을 본 孔子의 제자 相季가 특출한 면도 없는 왕태에게 사람이 많이 모여드는 이유를 물었다.

이에 孔子는 "사람은 흐르는 물로 거울을 삼는 일이 없이 그쳐 있는 물로 거울을 삼는다. 왕태의 마음은 그쳐 있는 물처럼 조용하기 때문에 사람들은 그를 거울삼아 모여들고 있는 것이다."

또 같은 '德充符篇'에는 이런 글도 실려 있다.

"이런 말을 들었는가? '거울이 밝으면 티끌과 먼지가 앉지 않으며, 티끌과 먼지가 앉으면 밝지 못하다. 오래도록 賢者와 함께 있으면 허물이 없다.' 이제 자네가 큰 것을 취하는 것은 선생님이다. 그런데도 오히려 말을 함이 이와 같으니, 또한 허물이 아니겠는가?"

14. 길흉화복

1) 단어

善惡　　災殃　　布施

積善　　陰德　　運數

轉禍爲福　　　因果應報

改過遷善　　　背恩忘德

2) 문장

○ 子曰 爲善者 天報之以福 爲不善者 天報之以禍

○ 景行錄曰 恩義 廣施 人生何處不相逢 讐怨 莫結 路逢狹處 難回避

○ 太公曰 見善如渴 聞惡如聾 又曰 善事 須貪 惡事 莫樂

3) 고사성어

○ 結草報恩

죽어 혼령이 되어도 은혜를 잊지 않고 갚는다는 의미이다.《出典》'春秋左氏傳'. 춘추시대 晉나라의 魏武子에게 젊은 첩이 있었는데 위무자가 병이 들자 본처의 아들 顆를 불러 "네 서모를 내가 죽거들랑 改嫁시키도록 하여라." 하였으나, 위무 자의 병세가 점점 악화되어 위독한 지경에 이르게 되자 아들 과에게 다시 분부하 기를 "내가 죽거들랑 네 서모는 반드시 殉死케 해라."라고 명하였다. 그리고 위무

자가 죽자 아들 과는 "사람이 병이 위중하면 정신이 혼란해지기 마련이니 아버지께서 맑은 정신일 때 하신 말씀대로 따르리라." 하고는 아버지의 처음 유언을 따라 서모를 改嫁시켜 드렸다.

그 후 秦桓公이 晉나라를 침략하여 군대를 輔氏에 주둔시켰다.

보씨의 싸움에서 魏顆는 晉의 장수로 있었기 때문에 秦의 大力士 杜回라는 장수와 결전을 벌이게 되었는데 위과는 역부족이었다. 그때 한 노인이 두회의 발 앞의 풀을 엮어[結草] 그가 넘어지게 하여 위과가 두회를 사로잡을 수 있게 하였다.

그날 밤 위과의 꿈에 그 노인이 나타나 이렇게 말했다.

"나는 당신 서모의 애비되는 사람으로 그대가 아버지의 유언을 옳은 방향으로 따랐기 때문에 내 딸이 목숨을 유지하고 개가하여 잘 살고 있소. 나는 당신의 그 은혜에 보답하고자 한 것이오."

○ 塞翁之馬

인생의 길흉화복은 늘 바뀌어 변화가 많음을 이르는 말이다. 《出典》'淮南子' 人間訓篇. 옛날 중국 북방의 要塞 근처에 점을 잘 치는 한 老翁이 살고 있었는데, 어느 날 이 노옹의 말[馬]이 오랑캐 땅으로 달아났다. 마을 사람들이 이를 위로하자 노옹은 조금도 애석한 기색 없이 태연하게 말했다.

"누가 아오? 이 일이 福이 될는지?"

몇 달이 지난 어느날, 그 말이 오랑캐의 駿馬를 데리고 돌아왔다. 마을 사람들이 이를 致賀하자 노옹은 조금도 기쁜 기색 없이 태연하게 말했다.

"누가 아오? 이 일이 禍가 될는지?"

그런데 어느날, 말타기를 좋아하는 노옹의 아들이 그 오랑캐의 준마를 타다가 떨어져 다리가 부러졌다. 마을 사람들이 이를 위로하자 노옹은 조금도 슬픈 기색 없이 태연하게 말했다.

"누가 아오? 이 일이 복이 될는지?"

그로부터 1년이 지난 어느날, 오랑캐가 대거 침입해 오자 마을 장정들은 이를 맞아 싸우다가 모두 戰死했다. 그러나 노옹의 아들만은 절름발이었기 때문에 무사했다.

　그러므로 인간세상에서 福이 禍가 되고 禍가 福이 되는 것은 그 변화가 너무 깊어 측량할 수가 없다.

15. 삶을 함께하는 부부

1) 단어

夫婦   結婚   婚姻

親迎   仲媒   祝儀

百年偕老   糟糠之妻

鴛鴦之契   雲雨之情

2) 문장

○ 夫婦有別

○ 擧案齊眉

○ 三從之道 糟糠之妻不下堂

○ 忠臣 不事二君, 烈女 不更二夫

○ 窈窕淑女 君子好逑

3) 결혼이란

　남녀가 만나 사회가 인정하는 절차에 따라 결합하여 부부가 되는 것을 結婚이라
고 한다. 結이란 糸가 부수로 신랑과 신부를 실로 묶어 한 몸처럼 일생을 맺어준다
는 의미이다. 婚이란 계집 女字와 저물 昏字가 합쳐진 글자로 결혼은 예로부터
남자보다는 여자에게 큰 변화가 있었기 때문에 부수로 쓰인 듯하다. 그렇다면 저

물 帛이 결혼에 들어간 유래는 무엇일까. 이것에는 의견이 분분하다. 일반적으로는 밤에 몰래 여자는 납치해서 결혼한 약탈혼의 유래로 보고 있다. 그러나 번번이 여자를 납치해서 결혼한 것이 일반화되었을 리가 없기 때문에 아마도 저물녘에 신부를 맞이한 것에서 유래한 것으로 보고 있다. 요즘이야 주말 점심 무렵에 결혼식에 초대되기 때문에 축하객 입장에서는 꽤 부담스러운 주말 행사가 되어버렸지만, 옛날에는 신랑이 신붓집까지 찾아가서 결혼식을 올려야 했기 때문에 시간상으로 저물녘에 결혼식을 마치고 신방에 드는 것이 타당했을 듯하다.

結婚이란 말의 우리 식 표현은 婚姻이나 婚禮가 전통적 표현이다. 그런데 일제 강점기에 결혼이란 말을 사용하기 시작하면서 점차 전통적 표현은 사라지고 오늘날은 결혼이란 말이 당연하게 쓰이고 있다. 요즘은 新式 결혼이란 말은 사용하지 않고 있지만, 우리나라에서 전통혼례가 사라지고 서양식 결혼 즉 신식 결혼이 행해지게 된 것은 1890년경부터라고 한다.

상고 시대의 원시 婚俗에 대해서는 알려진 바가 없다. 그러나 雜婚이나 群婚이 있었으리라 추측되며, 부여에서는 家系를 중요시하여 형이 죽으면 형수를 아내로 맞이하였다. 동옥저에서는 민며느리의 혼습이 있었다. 장차 며느리를 삼으려고 계집아이를 민머리인 채 데려와 기르던 혼인풍속이 민며느리제도인데, 預婦制라고도 한다. 여자 나이 10세경에 약혼을 하여 남자 집에서 미리 맞이하고 오랫동안 길러 며느리로 삼는다. 성인이 되면 본집으로 돌려보내고, 여자의 집에서는 錢幣를 청구하여 그것이 끝난 뒤에 다시 남자의 집으로 돌려보냈다. 이는 빈곤한 생활과 양육하기 어려운 환경에서 기인한 풍속으로, 후세에도 주로 빈민층의 가정에서 家計의 필요상 나이 어린 계집아이를 미리 맞아 노동에 종사케 하는 습속이 있었다.

삼국 시대에 들어오면, 고구려에는 모계 중심 사회의 풍습으로 婿屋의 혼속이 있었다. 남녀간에 혼담이 성립되면 여자집에서는 자기집 뒤에 작은 집을 세우는데 이것을 서옥이라고 하였다. 해질 무렵 신랑 될 사람이 집 밖에 와서 신부 될 사람과 함께 잘 것을 3번 간청하면 신붓집 부모는 서옥에서 신부와 동숙하게 한다. 신랑은 다음날 돈과 폐물을 내놓고 돌아가고, 이들 사이에 자녀가 생겨서 성장한 뒤 신랑은 처자를 데리고 신랑집으로 간다. 데릴사위제라고도 한다. 신라시대에는 왕족의 순수성을 유지하기 위하여 왕족 간의 혈족 혼인이 있었다. 백제에서는 부녀의 정조가 절대로 요구되는 일부일처제의 혼속이 정립된 것으로 보아, 신라나 고구려에서보다 일찍 혼속이 정립된 듯하다.

삼국통일 이후 고려 초기에서도 계급적 내혼제가 그대로 답습되고 근친혼이 성행하였다고 전해진다. 그래서 元나라의 世祖가 왕가의 同姓婚은 성지에 위배되므로 앞으로 위반하면 논죄하겠다고 경고함에 따라, 1310년 충선왕이 우리나라 역사상 처음으로 종친과 양반의 同姓禁婚을 국법으로 공포하기에 이르렀다. 또 고려시대에는 어린 남자를 신부집에서 양육하여 장성하면 혼인시키는 데릴사위제의 풍습이 있었고, 원나라의 貢女策으로 처녀의 숫자를 줄이기 위하여 일부다처 제도도 있었다.

고려 말부터는 『四禮便覽』에 의한 절차에 의해 결혼식을 거행하기에 이르렀다.

4) 結婚의 절차

옛날의 결혼절차는 그 격식이 매우 엄격하였고 六禮에 근거한 격식을 차렸다. 육례란 納采, 問名, 納吉, 納幣, 請期, 親迎을 말한다. 그러나 나중에는 이 절차가 까다로워 육례를 사례로 줄여 『朱子家禮』와 같이 議婚, 納采, 納幣, 親迎으로 하기도 하였다.

① 納采

『四禮便覽』에는 남자 나이 16~30세, 여자 나이 14~20세에는 혼인하고, 『小學』에는 남자 30세, 여자 20세에 혼인하도록 쓰여 있다. 그런데도 우리나라에서는 1920년대를 경계로, 이전에는 남자는 15세 미만에, 여자는 15세 이후에 혼인하는 예가 많았다. 과거에는 반드시 중매를 통해서 혼인 의사 결정이 이루어졌다. 오늘날과 같이 남녀가 직접 교제하거나, 혼주가 직접 상대할 수 없었던 풍습 때문이기도 했지만 이 같은 방식은 혼주 간에 상대방의 실정 파악에 소홀함이 있게 마련이며, 한편 중매라는 완충역을 사이에 두고, 원만한 해결과 결정 전의 관찰을 객관화할 수 있는 이점이 있었다. 특히 혼인에는 남녀의 사주, 궁합을 맞춰보는 것이 필수적인 요건으로 되어 왔다. 이것은 혼인 후에 남녀가 화합하여 잘 살 것인지 여부가, 궁합에 달렸다고 믿는데서 유행되었던 것으로, 한편으로는 청혼을 거절하는 무난한 구실로 삼기도 하였다.

혼인할 나이가 되면 신랑신부 양가에서 사람을 보내 상대의 인물, 학식, 인품, 형제, 가법 등을 조사하고 혼인 당사자의 궁합을 본 후에 두 집안의 합의가 되면 혼인을 허락하는 것으로 이것을 面約이라고도 하였다.

납채는 중매인이 남녀 양가를 오가다가 혼인할 의사가 합의되었을 때 남자 측 혼주가, 여자 측 혼주에게, 혼인을 승낙 해주어서 고맙다는 편지를 보내는 것을 말한다. 이 편지와 함께 예물로 채단을 보낸다.

② 問名

문명은 양가의 부모들이 혼인을 승낙한 다음에 서로 이름과 생년월일을 물어보는 것이다. 먼저 신부집에서 혼주로부터 四柱를 청하는 편지를 받으면, 신랑 측에서는 四星狀과 함께 답장을 써서 하인에게 보낸다. 四星狀은 일곱 겹으로 접는데, 양단의 폭은 반 폭쯤 되게 한다. 약식으로 다섯 겹으로 접는 경우도 있다. 이렇게 접은 중앙폭에 종서로 신랑의 생년월일시를 모두 干支로 적는다.

이 절차가 두 번째로 되어 있으나, 우리 풍속으로는 먼저 양가에서 서로 생년월일시를 물어 궁합을 보아 길흉을 점친 뒤에 혼인을 결정해 왔으므로 실상 납채보다 문명이 앞서게 되어 있었다.

③ 納吉

납길은 涓吉이라고도 하는데, 양가에서 서로 사주를 교환한 뒤에 신랑집에서 신부 될 규수의 생년월일시에 비추어 가장 길한 날을 택하여 혼인날을 받아 신부

집에 보내는 것이다. 이 서식도 四星狀과 마찬가지로 일곱 겹으로 접어, 둘째 칸에 신랑 될 사람의 생년이 갑자년이라면 乾甲子라 쓰고, 신부 될 사람의 생년이 무진년이라면 셋째 칸에 坤戊辰이라 쓰며, 중앙에는 혼인날의 연월일시를 쓴다.

　　그러나 실제 우리 풍속은 사주를 남자 쪽에서만 보내고 여자 측에선 보내지 않으며, 택일도 먼저 여자 쪽에서 하여 남자 쪽에 알리고 있다. 이렇듯 신부 될 측에서 혼인 날짜를 택일하는 것은, 혼례일하고 신부의 생리일이 겹치면 안 되므로 피하기 위한 것이라고도 한다.

④ 納幣

　　신랑 측에서 신부 측에게 예물을 보내는 납폐의 예가 행해진다. 보통 함이라고도 한다. 이 예물은 치마감인 采緞인데, 이것을 婚書紙와 함께 함 속에 넣어 보낸다. 채단은 신부의 옷감으로 청색과 홍색을 갖추어 두 감이면 되는데, 이 채단의 양쪽 끝을 청홍의 색실로 묶어서 보낸다. 채단을 넣는 양에 대해서『朱子家禮』에는 "적게는 두 감을 넘지 않고, 많이 해도 열 감을 넘지 않는다."라고 했는데, 이것은 형편에 따라서 하라는 것을 시사한 것이다. 형편이 어려워서 채단에 가름하여, 창호지 두 장을 청홍으로 물들여서 예물로 쓰던 것이 옛날의 풍속이었다. 이 채단과 함께 보내는 혼서지도 일곱 겹으로 접은 장지에, 한 칸에 두 줄씩 쓴다면, 둘째 칸에 혼주부터 표시하는데, 예를 들면 "金海後人 金○○"라고 쓰고, 다음에 계절 인사와 안부를 묻고, 저의 장자 ○○가 이미 장성하여 짝을 가질 나이가 되었더니, 존당의 영애로써 아내 삼도록 허락을 받아 이에 선인의 예에 따라 납폐의 의식을 행하오며, 삼가 절하며 글을 올린다는 내용의 편지를 쓴다. 이 혼서지는 채단함과 다른 작은 함에 담아가는 경우도 있고, 한 함에 넣어 보내는 경우도 있다.

　　신부 측에서 함을 받을 때는 함이 도착하면 대청이나 뜰 가운데 자리를 펴고, 여기에 상 하나를 준비하고 지방에 따라서는 시루떡을 해서 올려놓기도 한다. 그런 후에 혼주는 함을 가지고 온 함진아비를 맞게 된다. 이때 함진아비는 가지고 온 편지를 혼주에게 전하면, 함진아비를 들어오게 하고 신부 측에서는 이 함을 받아서 상 위에 놓았다가 함진아비와 혼주 사이에 예가 끝난 뒤에 신부 방으로 옮기게 된다.

⑤ 請期

청기는 납폐 후에 여자 측에서 남자 측에 혼인할 기일을 청하는 것이다. 앞의 납길은 신랑 측에서 먼저 길한 날짜를 가려 여자 측에 알렸지만, 사정에 의해 합당치 않을 수 있으므로, 請期는 택일된 날짜에 가부를 물어 합의를 보는 절차이다. 그런데, 우리 풍속은 남자 측에서 사주를 보낼 때 四星送書라는 편지를 함께 보내는데, 이를 받은 여자 측에서는 결혼 날짜를 가려 納吉書라는 편지를 남자 측에 보내고, 이를 받은 남자 측에서는 납길서의 혼인 날짜에 대한 가부를 회답하는 納吉復書를 다시 여자 측에 보내는 것이 원칙으로 되어 있다. 이러한 절차를 밟지 않는다 하더라도 납길할 때, 남녀 양측이 중매인을 통하여 혼인 할 수 있는 시기의 결정을 보고 택일하게 되므로, 우리 풍속에서는 청기라는 절차가 따로 필요가 없다.

⑥ 親迎

친영은 신랑이 신부를 맞이해 오는 가장 중요한 절차로서, 혼례식인 대례가 포함되어 있어, 복잡한 절차가 따르는데, 대례의 중요한 내용은 奠雁禮, 交拜禮, 합졸禮 등이다.

혼인날 신랑은 일찍 일어나 혼사를 사당에 고하고, 부모님께 인사를 하고 옷을 갖춰 입고 신부집으로 출발한다. 신랑이 신부를 맞으러 가는 이 행차를 新行이라고 한다. 신행 길에 오르는 신랑은 紗帽, 官服을 착용하고 띠를 두르는데, 이 복장을 통칭 사모관대라고 한다. 신랑이 신행을 떠날 때는 말을 타고 가도록 되어 있으나, 형편에 따라서는 가마를 이용하기도 한다.

신행길에는 나무로 만든 기러기를 들고 가는 사람이, 신랑 앞에 가고 신랑 뒤에는 신랑을 데리고 가는 상객이 따른다. 기러기의 천성이 한 번 배필을 정하면 절대로 바꾸지 않는 신의를 지녔고, 날아갈 때 순서를 지켜 날아가는 예절을 안다고 하여 이를 본받는다는 뜻에서 쓴 것이다.

신랑이 신부의 마을에 도착하면, 곧바로 신부 집에 들어가는 것이 아니라 우선 따로 정해진 집으로 들어간다. 이 집에서 신랑 일행은 여장을 풀고 간단한 접대를 받는다. 신랑이 이곳에서 대례를 치를 의복으로 갈아입고 대례를 기다린다. 이때 신부 측에서 신랑과 벗잡이의 한 사람이 나와서 신랑의 모든 일을 돌보는데, 이를 대반이라고 한다. 이 대반은 혼례가 다 끝날 때까지 신랑을 돌보며 말벗이 되니, 처족 중에서 친밀한 벗이 되기 마련이다.

가) 奠雁禮

혼주가 사위를 문 밖에서 맞는데 서향하고 재배한다. 사위는 동향하고 답배한다. 주인이 읍하고 들어간다. 사위는 기러기를 들고 따른다. 미리 준비한 상 위에 기러기를 놓는다. 그리고 북쪽을 향하여 세 번 절하고, 물러나서 또 다시 세 번 절한다. 신부 측에서 한 여인이 나와서, 상 위의 기러기를 안아다가 신부가 있는 곳에 가서 신부 앞에 놓는다.

나) 交拜禮

奠雁禮가 끝나면 신부는 혼주의 인도로 초례상 앞에 나아가 결혼을 약속하는 교배례를 하게 된다. 신부가 대례청에 나올 때는 양손을 이마에 올려 신부가 입은 혼례복의 소매가 앞을 가리게 한다. 시중드는 두 여인이 양쪽에서 팔을 끼어, 신부는 도움을 받아 밖으로 나와 초례상 앞에 서게 된다. 이때 신부가 입는 혼례복은 예로부터 원삼과 활옷에 족두리나 화관을 쓴 차림이었다. 원삼은 고려 때부터 대례복으로 사용되어 왔고, 활옷에는 홍색바탕 천에 숭고함과 부귀와 장수를 상징하는 연꽃, 모란꽃, 학, 물, 구름, 십장생 등과 二姓之合, 百福之源, 壽如山, 富如海 등의 문자를 수놓았다. 이러한 문양이나 문자는 예부터 우리나라 사람들의 바램인 건강과 가정의 화목을 기원하는 뜻이 담긴 것이다.

한편 이에 앞서 전안례를 마친 사람은 초례상 앞의 동쪽에 선다. 신부는 그 서쪽에서 나온다. 신랑이 두 팔을 가슴에 대고 읍을 하면, 신부는 정한 자리에 선다.

신부가 먼저 재배하면, 신랑이 재배로 답례하고, 신부가 또 재배한다. 또는 신랑 재배, 신부 사배의 홀기를, 연속하여 동시에 불러 신랑 신부가 동시에 예를 교환하는 경우도 있다.

다) 合졸禮

합근례는 교배례에 이어 신랑 신부가 술잔을 교환하는 의식이다. 신랑은 초례상 왼쪽에 준비된 세숫물로 손을 씻는데, 실상은 손 씻는 흉내에 불과하다. 초례상에는 표주박과 같은 술잔이 준비되어 있는데, 신부 앞에 놓인 술잔에 신부 측 手母가 술을 부어 신부에게 주면, 신부는 그 술잔을 받아 마시지 않고 도로 수모에게 전하는데, 수모는 그 잔을 받아 신랑 측 시중을 드는 중방에게 전한다. 신랑이 그 잔을 받아 조금 마시고, 중방에게 주면 중방은 그 잔을 상 위에 놓는다. 이어서 중방은 신랑 앞에 놓인 술잔에 술을 부어서 신랑에게 주면, 신랑은 그 잔을 받아 다시 중방에게 주어, 신부 측 수모에게 전하게 한다. 수모는 그 잔을 받아 신부에게 주는데, 신부는 그 잔을 받아서 마시는 시늉만 하고, 수모에게 준다. 수모는 잔을 받아 상 위에 놓는다.

합근례가 끝난 후 신랑과 신부의 시종들이 안주를 들어주어 먹게 하기도 하고, 신랑 신부의 주머니에 넣어 주기도 한다. 이때 신랑이 밤을 먼저 먹어야 아들을 낳는다는 속신이 있다. 이렇게 해서 예식이 끝난다. 그리고 신부는 안방으로 들어가고 신랑은 객실에 인도되어 상객에게 인사를 하는데, 이때 신부 측에서는 상을 차려 대접을 한다. 후한 대접을 받은 신랑 측 일행은 그날 집으로 돌아가고, 신랑만 첫날밤의 신방에 들어가게 된다.

이때에 신부의 친척들이나 이웃 동년배들이 장난으로 신랑을 다루는 일이 있었다. 이를 신랑다루기 또는 東床禮라고 한다.

라) 見舅姑禮

현구고례는 신부가 시부모에게 첫 인사를 하는 의식이다. 대추, 밤, 엿, 포, 등의 폐백 음식을 올리면서 시부모와 친척에게 인사를 올리는데, 폐백 때 대추를 쓰는 것은 대추는 신선의 선물로 장수를 뜻해서라고 한다. 일반적으로 신랑, 신부가 절을 받은 시아버지는 폐백대추를 시어머니는 폐백포를 며느리의 흉허물을 덮어주겠다는 뜻으로 쓰다듬어 준다. 또한 폐백음식인 대추, 밤, 은행 등은 자손번영, 수명장수, 부귀다남의 의미이며 육포와 닭은 시부모님을 받들어 공경한다는 의미를 지니고 있다. 폐백 음식으로 엿을 보내는 것은 시누이의 입을 막는다는 의미라고도 한다.

신부는 제일 먼저 시부모에게 사배하고, 다음에 시부모의 안내로 시조부모를 뵙고, 기타 친척에게 촌수에 따라서 차례로 인사한다. 시부모 외의 인사는 평배이므로 단배이다. 구고례가 끝나면 사당에 참배하는데 사배를 한다.

5) 夫婦 사이의 情

옛날 혼례를 치르던 절차는 지금은 시대가 변하고 사람들의 의식도 바뀌어 많이 변화했지만, 남녀가 만나 새로이 가정을 꾸리고 일생을 함께하겠다는 마음에는 변함이 없다. 전통 혼례도 아니요 서구식 결혼도 아닌 오늘날 자리잡은 우리만의 결혼 풍습에서 부부 사이에 지켜야 하는 도리와 오늘날 의식에서도 변함없이 사용되고 있는 한자말에 대해 살펴보기로 하자.

① 중매인

전통 혼례에는 반드시 仲媒인이 있었다. 이는 중국 『周禮』에 媒씨라는 관직에서 유래한 것이다. 매씨란 남녀의 결혼을 주관하는 관직으로 周나라에는 아이가 태어나 3개월이 지나면 그 아이의 이름과 생년월일을 써서 매씨에게 제출하게 되어 있고, 매씨는 그 명부에 기초해 남자는 30살이면 장가를 보내고, 여자는 20살이면 시집을 보내게 했다. 우리나라의 경우 중매는 대개 老婆가 하였으므로 매씨와 노파가 합쳐져 媒婆라는 말이 생기게 되었으며, 仲媒란 중간에서 혼인이 이루어지도록 하는 일을 말한다.

이러한 중매인을 月下氷人이라고도 하는데 이것은 남녀의 연분을 땅에서는 중매인이라는 사람이 하는 것 같지만 실상은 하늘이 연분을 맺어준 것이라는 생각이 깔려 있는 듯하다. 月下氷人은 月下老人과 氷人이 합쳐진 고사성어로, 월하빙인은 『續幽怪錄』에 전하며 빙인은 『晉書』「索眈篇」에 전한다.

당나라 초기, 貞觀 2년에 韋固라는 청년이 여러 곳을 여행하던 중에 宋城에 이르렀을 때 어느 허름한 여관에 묵게 되었다. 그날 밤 휘영청 밝은 달빛 아래 한 노인이 자루에 기대어 앉아 커다란 책을 뒤적이고 있었다. 위고가 "무슨 책을 보고 계십니까?"라고 묻자 그 노인은 이렇게 대답했다.

"이 세상 혼사에 관한 책인데, 여기 적혀 있는 남녀를 이 빨간 끈으로 한 번 매어 놓으면 어떤 원수지간이라도 반드시 맺어진다네."

"그럼, 지금 제 아내감은 어디에 있습니까?"

"음, 이 宋城에 있구먼, 성 북쪽에서 채소를 팔고 있는 陳이란 여인네의 어린 아이야."

위고는 약간 기분이 언짢긴 했지만 대수롭지 않게 생각하고 그 자리를 떠났다. 그로부터 14년이 지난 뒤 상주에서 벼슬길에 나아간 위고는 그곳 太守의 딸과 결혼했다. 아내는 17세로 미인이었다. 어느날 밤 위고가 아내에게 身上에 대해 묻자 그녀는 이렇게 대답했다.

"저는, 실은 태수님의 양녀입니다. 친아버지는 송성에서 벼슬을 사시다가 돌아가셨지요. 그때 저는 젖먹이였는데 마음씨 착한 유모가 성 북쪽 거리에서 채소 장사를 하면서 저를 길러 주었답니다."

晉나라에 索眈이란 점쟁이가 있었다. 그는 천문과 꿈 해몽에 대해 밝았다. 어느날 令狐策이라는 사람이 이상한 꿈을 꾸어 색담을 찾아왔다.

"꿈속에서 나는 얼음 위에 서 있고 얼음 밑에는 누군가가 있어 그 사람과 이야기를 나누었는데 통 생각이 나지를 않습니다."

그러자 색담은 이렇게 해몽을 해주었다.

"얼음 위는 곧 陽이며, 얼음 밑은 陰인데 양과 음이 이야기했다는 것은 얼음 위에 선 사람인 그대가 결혼 중매를 서게 될 조짐이오. 그리고 이 혼사는 얼음이 풀릴 무렵 성사될 것이오."

과연 영호책은 태수로부터 자기 아들과 張씨의 딸을 중매 서 달라는 부탁을 받아, 얼음이 풀릴 무렵에 이 결혼을 성사시키게 되었다.

이 두 이야기로부터 사람들은 중매인을 가리킬 때에 월하노인 또는 빙상인이라 부르고 이 둘을 합쳐서 월하빙인이라 부르게 되었다.

② 축하하는 인사

우리는 보통 결혼식을 올리기에 앞서 가까운 친척과 지인들에게 결혼식에 초대하는 請牒狀을 보낸다. 초대를 받고서 결혼식에 가게 되면 새로운 인생을 출발하는 신랑과 신부를 축하해주기 위해 賀客들은 돈이나 선물을 가져가는 경우가 있다. 이를 두고 扶助라고 한다. 扶助는 도울 扶와 도울 助가 합쳐져 이루어진 글자로 말 그대로 돕는다는 의미이다. 옛말에 '딸이 셋이면 문을 열어 놓고 잔다.'는 말이 있다. 즉 딸을 많이 둔 사람은 딸들을 다 결혼시키고 나면 집안 살림이 몹시 가난해진다는 뜻이다. 딸 셋을 다 시집보내고 나면 돈이 너무 많이 들어 재산이 많이 줄게 되므로 잘 때 문을 열어놓고 잠을 자도 도둑도 들지 않을 정도로 몹시 가난해진다는 말인 것이다. 그러므로 옛 우리 조상들은 十匙一飯하여 서로 돕고 사는 의미에서 부조를 하게 되었던 것 같다.

요즘 부조는 주로 선물보다는 돈으로 하게 되는데, 부조할 때 겉봉투에 결혼을 축하하는 문구를 쓰기 마련이다. 보통 '祝 結婚'을 가장 많이 사용하고, 이 밖에도 '祝 華婚, 祝 華燭, 祝 盛典, 祝 聖婚, 祝 華燭盛典, 祝 華燭之典, 祝儀'라고도 쓴다.

③ 披露宴

결혼식이 끝난 후 참석해 준 친척과 지인들에게 인사 겸 잔치를 베푸는 것을 우리는 披露宴이라고 한다. 그런데 오늘날은 결혼을 준비하는 과정에서 지친 신랑 신부가 疲勞를 풀기 위해 베푸는 잔치로 오해를 하고 있다. 披露宴에서 披는 가려져 있는 것을 보이게 한다는 의미로 쓰였다. 또한 露字 역시 감춰져 있는 것을 만방에 훤히 드러낸다는 의미로 쓰였기 때문에 披露宴은 글자 그대로, 드러내 널리 알린다는 뜻이다. 즉, 결혼이나 승진, 아기 돌 등 기쁜 일을 드러내어 널리 알린다는 의미인 것이다.

披露宴 장소에서 신랑 신부의 친구들이 이런저런 이유로 신랑을 골려주기도 하는데 이것은 전통 혼례에서 행해져 온 '신랑다루기'와 통하는 면이 있다. 신랑이 신붓집에 갔을 때 신부의 이웃 젊은이들이 신랑을 괴롭혀 고초를 겪게 하는 의식으로 東床禮라고도 한다. 경기도이남 지방에서는 신랑의 발목을 묶어 건장한 자가 어깨에 거꾸로 매달고 다른 사람들은 방망이로 신랑의 발바닥을 사정없이 때린다. 그러다가 신붓집에서 큰상을 차려 내오면 멈추고 향응을 즐긴다. 평안도 지방에서는 신랑에게 한시를 지으라고 강요하여 괴롭히기도 한다. 함흥과 그 인근 지방에서는 한시 한 구절을 제시하고 신랑에게 알맞은 대구를 지으라고 한다. 신랑다루기의 주목적은 축하하는 것으로서 신랑다루는 사람들이 많이 모여든다는 것은 신부집이 명성과 덕망이 있다는 것을 나타내는 증거가 되므로 이를 기뻐하였다.

이 신랑다루기를 東床禮라고 하는 것에 대해서는 정확한 유래를 알 수 없으나, 신랑을 東床이라고도 하므로 신랑과 관련된 절차라는 것을 짐작할 수 있다. 東床은 坦腹東床에서 온 말로, 일반적으로 사위를 가리키는 말이다. 중국 晉나라의 명필인 王羲之와 관련된 고사에서 유래한 것으로, 晉나라의 郗鑒이 王導의 문하에서 사위를 고르기 위해 王導의 집으로 찾아왔다. 그러자 왕도의 다른 자제들은 모두 잘 차려입고 郗鑒에게 잘 보이려고 하였지만, 王羲之만은 신경 쓰지 않고 배를 내놓고 東床 위에 누운 채 胡餅을 먹고 있었다 이것을 본 郗鑒은 그를 사위로 선택했다고 한다. 이때부터 사위를 東床이라고 부르게 되었다고 한다. 그러나 중국에는 東床禮가 없다.

④ 結婚 紀念日

결혼한 날을 기념하여 부부 두 사람이 모두 건재하다는 것을 축하하는 날이다. 결혼기념일을 축하하는 풍습은 19세기 영국에서 유래한 것으로, 주로 유럽의 그리스도 국가에서 결혼기념일에 축하예배를 보던 것에서 유래하였다고 한다. 최근에는 해마다 결혼기념일을 축하하는 가정이 늘고 있다. 구미에서는 결혼기념일의 상징을 정하여 놓고 축하하는데, 우리나라에서도 이와 같은 풍습을 따르고 있다. 대개 그해에 해당하는 재료로 선물을 하는 관습이 있지만, 보통은 결혼 25주년인 銀婚式과 50주년인 金婚式을 축하하는 예가 많다. 유럽과 미국에서는 이날 가까운 친지를 초대하여 파티를 여는 것이 통례로 되어 있다.

紙婚式(1주년 지혼식)
藁婚式(2주년 고혼식)
菓婚式(3주년 과혼식)
革婚式(4주년 혁혼식)
木婚式(5주년 목혼식)
花婚式(7주년 화혼식)
錫婚式(10주년 석혼식)
麻婚式(12주년 마혼식)
銅婚式(15주년 동혼식)
陶婚式(20주년 도혼식)
銀婚式(25주년 은혼식)
眞珠婚式(30주년 진주혼식)
珊瑚婚式(35주년 산호혼식)
碧玉婚式(40주년 벽옥혼식)
紅玉婚式(45주년 홍옥혼식)
金婚式(50주년 금혼식)
金剛婚式(60주년 금강혼식)

그러나 回婚禮를 제외한 결혼기념일은 모두 외국의 풍습이다. 우리 조상들은 결혼한 지 60주년에 回婚禮를 치뤘다. 회혼례란 偕老하는 부부의 혼인 60주년을 기념하는 의식으로, 회근례라고도 한다. 유교적 예속으로 孝사상 구현과 자기 가문의 우월성을 과시하는 것으로서 그 기원은 확실히 알 수 없으나 조선시대에 성행하였으며 오늘날까지도 이어지고 있다. 요즘처럼 결혼 연령이 늦어지고, 이혼율이 급증하고 하고 있는 현실에서는 회혼례란 그리 흔한 일은 아니다. 의식절차는 노부부가 혼례복장을 갖추고 혼례의식을 재연하며 자손들의 獻壽와 친지로부터 축하를 받는다. 헌수 절차는 대개 큰상을 차려놓고 장남부터 차례로 술잔을 올리고 절을 한 뒤 출가한 딸 내외와 친척·하객순으로 축배를 올린다.

⑤ 連理枝와 比翼鳥

한 나무의 가지가 다른 나무의 가지와 서로 맞닿아 결이 통한 것을 連理枝라고 한다. 이것은 화목한 부부나 남녀를 가리키며, 부부가 손을 다정히 잡고 그 나무를 쓰다듬으면 연리지처럼 다정한 부부가 된다고도 한다. 나무로 보면 장애이겠지만, 흔히 볼 수 있는 나무의 상태는 아니므로, 여기에 연리지처럼 되었으면 하는 기원하는 마음이 담긴 듯하다. 서로 다른 몸체를 가진 나무가 자라서 가지가 맞닿아 결이 통한 것을, 서로 다른 남자와 여자가 만나 한 몸처럼 살기를 바라는 기원 말이다. 이 말은 『後漢書』「蔡邕傳」에 나오는 이야기이다.

중국 後漢 말의 문인인 채옹은 효성이 지극하기로 소문이 나 있었다. 채옹은 어머니가 병으로 자리에 눕자 삼 년 동안 옷을 벗지 못하고 간호해드렸다. 마지막에 병세가 악화되자 백 일 동안이나 잠자리에 들지 않고 보살피다가 끝내 돌아가시자 무덤 곁에 초막을 짓고 시묘살이를 했다. 그 후 채옹의 방 앞에 두 개의 싹이 나더니 점점 자라서 가지가 서로 맞붙어 자라기 시작하였다. 결국 나무결이 이어지더니 마침내 한 그루처럼 되었다. 사람들은 이를 두고 채옹의 효성이 지극하여 부모와 자식이 한 몸이 된 것이라고 말했다. 이후 화목한 부부나 남녀를 가리키는 말로 쓰이게 되었다.

比翼鳥는 중국에서 암컷과 수컷 한 쌍이 한 몸이 되어 난다는 전설상의 새이다. 암컷과 수컷의 눈과 날개가 각각 하나씩이어서 나란히 짝을 지어야만 날아갈 수 있다고 한다. 이로 인해 부부가 화합하여 한 몸처럼 살라는 축원의 의미로 比翼鳥처럼 살라는 말을 한다.

중국 唐나라의 시인 白居易는 당현종과 양귀비의 사랑을 읊은 시 「長恨歌」에서 이렇게 읊고 있다.

7월 7일 장생전에서	七月七日長生殿
깊은 밤 사람들 모르게 한 약속	夜半無人和語時
하늘에서는 비익조 되기를 원하고	在天願作比翼鳥
땅에서는 연리지 되기를 원하네	在地願爲連理枝
넓고 넓은 하늘과 땅도 다할 때가 있건만	天長地久有時盡
이 한은 면면이 끊이질 않네	次恨線線無絶期

⑥ 百年偕老

　결혼식 주례에서 가장 흔하게 하던 표현 중의 하나가 바로 百年偕老라는 말일 것이다. 부부가 함께 일생을 늙어간다는 말로써 부부간의 사랑의 맹세 정도라고 볼 수 있겠다. 이 말은『詩經』「擊鼓」시에서 유래한 말로, 부부가 화목하여 같이 늙고 죽어서는 같은 무덤에 묻히기를 바라는 偕老同穴이란 말로도 쓰인다. 시의 내용을 보면, "죽든 살든 멀리 떨어져 있든 그대와의 약속 이루자고 하였노라 그대의 손 잡고 그대와 백년해로 하자고 하였노라(死生契闊 與子成說 執子之手 與子偕老)라고 되어 있다. 이 시는 부역에 종사하는 자가 그의 아내를 생각하며 읊조리는 것으로, 옛날의 약속이 이와 같았는데도 이제 함께 살 수가 없고, 백년해로의 약속이 이와 같았는데도 실행할 수 없으니 끝내 죽게 되어 아내와 더불어 옛날에 약속한 말을 실행할 수 없게 됨을 한탄한 노래이다.

⑦ 糟糠之妻

　糟糠은 술지게미와 쌀겨를 가리키는 말로, 매우 거친 음식이다. 너무 가난하여 끼니를 술지게미와 쌀겨로 이을 만큼 가난한 살림을 함께 꾸려온 아내를 뜻하는 말이 바로 糟糠之妻이다. 이 말은 원래 '糟糠之妻不下堂'이란 말에서 온 것으로 중국 後漢의 光武帝 때의 학자인 송홍과 관련된 고사에서 유래한 말이다.

　建元 2년, 당시 監察을 맡아보던 大司空 宋弘은 온후한 사람이었으나 직간할 정도로 강직한 인물이기도 했다. 어느 날, 광무제는 미망인이 된 누나인 湖陽公主

를 불러 신하 중 누구를 마음에 두고 있는지 그 의중을 떠보았다. 그 결과 호양 공주는 당당한 풍채와 덕성을 지닌 송홍에게 호감을 갖고 있다는 것을 알았다. 그 후 광무제는 호양공주를 병풍 뒤에 앉혀 놓고 송홍과 이런저런 이야기를 나누던 끝에 이런 질문을 했다.

"흔히들 고귀해지면 미천할 때의 친구를 바꾸고, 부유해지면 가난할 때의 아내를 버린다고 하던데 人之常情 아니겠소?"

그러자 송홍은 이렇게 대답했다.

"폐하, 황공하오나 신은 '가난하고 천할 때의 친구는 잊지 말아야 하며, 술지게미와 쌀겨로 끼니를 이을 만큼 구차할 때 함께 고생하던 아내는 버리지 말아야 한다.'고 들었사온데 이것은 사람의 도리라고 생각되나이다."

이 말을 들은 광무제와 호양 공주는 크게 실망했다고 한다.

⑧ 琴瑟相和

부부 사이의 애정이 유난히 돈독할 때 琴瑟이 좋다고 표현한다. 琴은 일반적으로 거문고로 해석이 되며, 줄이 일곱이어서 七絃琴이라고 하며, 13개의 徽로써 줄자리를 표시하므로 徽琴이라고도 한다. 아악합주에는 늘 瑟과 함께 연주되었으므로 琴瑟이라는 어휘를 낳게 하였다. 원래 五絃이던 것이 중국 周나라의 문왕·무왕 때에 최초로 七絃琴이 되어 전형화된 듯하다. 몸통은 오동나무로, 뒷판은 가래나무로 만들었으며, 현은 명주실을 꼬아 7줄을 雁足이나 괘에 걸었다. 기둥은 없으며, 연주는 기타처럼 왼손으로 누르고 오른손으로 퉁긴다. 음은 맑고 잔잔하다. 중국 당(唐)나라 때에 고구려에 전하여진 것으로 기록되어 있다. 瑟은 비파를 가리키는데 역시 현악기의 하나로 중국 고대의 악기로서 琴과 더불어 가장 오랜 역사를 지녔다. 줄의 수는 일정하지 않으나 우리나라의 瑟은 25줄이다. 앞면은 오동나무, 뒷면은 엄나무로 만들고, 4면의 가장자리를 검게 칠하고 앞·뒷면에는 구름·학·비단 등의 무늬를 그려 넣었다. 집게손가락으로 떠서 연주하며, 사용하지 않는 가운데 閏絃 양쪽의 줄을 동시에 떠서 화음을 낸다. 고려시대에 祭享雅樂의 藤架·軒架에 쓰였고, 조선시대에는 등가에 쓰였다.

琴瑟은 『詩經』에서 유래한 말로, 「常棣」편과 「關雎」편에 보인다.

처자 간에 좋고 화합함이	妻子好合
금슬을 타는 듯하더라도	如鼓琴瑟
형제간이 화합하여야	兄弟歸翕
화락하고 또 길이 즐길 수 있네	和樂且湛

「常棣」편은 원래 형제간의 우의에 대해 노래한 시이나, 부부 사이가 좋음을 금슬에 비유하고 있다. 이 부분은 아내와 정이 좋고 뜻이 합함이 琴瑟의 조화와 같더라도 형제간에 화합하지 못함이 있으면 그 즐거움을 오래 누릴 수 없음을 말한 것이다.

들쭉날쭉한 마름나물을	參差荇菜
좌우로 취하여 가리도다	左右采之
요조한 숙녀를	窈窕淑女
거문고와 비파로 친히 하도다	琴瑟友之
들쭉날쭉한 마름나물을	參差荇菜
좌우로 삶아 올리도다	左右芼之
요조한 숙녀를	窈窕淑女
종과 북으로 즐겁게 하도다	鍾鼓樂之

「關雎」편은 『詩經』 제일 첫 편에 실린 시로서, 后妃의 덕을 읊은 것이다. 德이 관저새와 같아 정이 돈독하면서도 분별이 있다면 후비의 성정의 올바름이 어떤지 짐작할 수가 있다. 즉 처음 배필을 얻었을 때를 근거로 말한 것인데, 이 요조숙녀를 이미 배필로 얻었다면 마땅히 친애하고 즐거워해야 할 것이다. 배필을 얻는 일은 만복의 근원이므로, 혼인의 예가 올바르게 서야 백성을 잘 다스릴 수 있으므로, 이러한 내용을 읊은 것이다. 이로 인해 부부 사이가 좋은 것을 말할 때 금슬이 좋다고 표현하게 되었다.

옛날 우리 조상들은 부부 사이의 금슬이 좋아지기를 바라는 마음에서 안마당에 자귀나무를 심었다. 일명 합환목이라고도 하는 이 나무는 예로부터 사이좋은 부부에 비유되곤 했다. 그래서 이 나무를 안마당에 심어 놓으면 부부의 금슬이 좋아진다고 하여 많이 심었다고 한다. 이와 관련하여 다음과 같은 전설도 전해지고 있다.

옛날 중국에 우고라는 사람이 조씨 성을 가진 부인과 살았다. 그 부인은 端午가 되면 자귀나무의 꽃을 따서 말린 후, 그 꽃잎을 베개 속에 넣어 두었다가 남편이 우울해하거나 불쾌해하는 기색이 보이면 말린 꽃잎을 조금씩 꺼내어 술에 넣어 마시게 했다. 그 술을 마신 남편은 곧 전과 같이 명랑해졌다고 한다.

자귀나무가 이렇듯 부부의 금슬과 깊은 관계를 가지는 것은 무엇 때문일까? 그 것은 바로 자귀나무의 잎이 가진 독특한 특성 때문이다. 자귀나무의 잎은 버드나무 잎처럼 가늘며 마주 붙어 있는 겹잎이다. 그런데 낮에는 그 잎이 활짝 펴져 있다가 밤이 되면 반으로 딱 접힌다. 그 접히는 시간이 정확히 해가 질 무렵이므로 사람들은 이 잎이 붙는 모습을 보고서 시간을 예측하기도 하였다고 한다. 그리고 사람들은 그 모습을 보고, 잎들이 서로 사이좋게 붙어 잔다고 생각한 것이다. 잎 이 서로 모이는 이유를 학자들은 다음과 같이 추측하고 있다. 첫째, 자귀나무는 더위를 좋아하는 나무이기 때문에 밤에는 열을 발산시키는 잎의 표면적을 될 수 있는 한 적게 하려고 잎을 모은다. 둘째, 잎을 모아서 폭풍우 같은 피해에 대비하여 최선의 방어 자세를 갖춘다. 셋째, 잎을 모아서 밤새 날아드는 벌레의 침입을 막는다고 보고 있다. 자귀나무는 6~7월에 실처럼 길고 붉은 꽃이 핀다.

⑨ 鴛鴦之契

부부가 기거하는 방에 깔린 이부자리를 鴛鴦衾枕이라고 한다. 鴛鴦衾枕은 鴛鴦衾과 鴛鴦枕이 합쳐진 말로, 鴛鴦衾은 원앙이 수놓여진 이불이나 부부가 함께 덮는 이불을 가리키며, 鴛鴦枕은 원앙을 수놓은 베갯모나 부부가 함께 베는 베개를 가리킨다. 이렇듯 鴛鴦이란 새가 사이좋은 부부를 가리키게 된 데에는 고사가 전한다.

중국 東晉의 역사가 干寶가 편찬한 설화집 『搜神記』에 보면, 다음과 같은 이야기가 전한다. 전국시대 宋나라 康王의 舍人 가운데 韓憑이라는 자가 있었는데 그는 빼어난 미인 何씨를 아내로 맞아 살고 있었다. 그들은 유달리 부부간의 정이 깊었는데 어느 날 하씨를 보고 반한 강왕은 권력으로 何씨를 빼앗아 후궁으로 삼아버렸다.

한빙이 이를 두고 원망하자 강왕은 그를 감옥에 넣어버렸다. 아내 하씨는 감옥에 있는 한빙에게 몰래 편지를 썼는데, "비가 많이 내리니 냇물이 불어 깊어지고 해가 뜨면 이내 마음이라."는 내용이었다. 그러나 이 편지가 강왕의 손에 들어갔으나 강왕은 도통 무슨 의미인지를 알 수 없어서 家臣인 蘇賀에게 물었다. 蘇賀가 말하기를 "비가 많이 내린다는 것은 근심하고 그리워한다는 말이고, 냇물이 불어 깊어졌다는 것은 왕래하지 못함을 말하고, 해가 뜨면 이내 마음이라는 것은 죽을 결심을 하고 있다는 말입니다."라고 하였다. 강왕은 이에 한빙을 변방으로 보내어 낮에는 軍役을 하고, 밤에는 성을 쌓는 城旦의 형을 살게 하였다. 얼마 후 한빙은 아내에 대한 그리움에 사무쳐 자살하였다. 이 일이 있은 후 하씨 역시 강왕과 누대에 올라 경치를 구경하다가 갑자기 몸을 던져 왕의 손에 옷자락만 남긴 채 죽고 말았다. 그녀가 남긴 유서에는 이런 말이 써 있었다. "왕께서는 삶을 좋아하지만 저는 죽음을 좋아합니다. 소원이니 제 시신을 한빙과 합장해 주십시오." 왕은 화가 나서 그 시체를 묻되 한빙과 마주보는 자리에 묘를 쓰도록 명하며 말하기를 "너희의 사랑은 맺어질 수가 없다. 만일 묘가 합해진다면 나도 막지는 않겠다."라고 하였다.

그런데 하룻밤 사이에 아주 커다란 나무가 두 묘 끝에서 자라나더니 열흘 만에 우거지고, 몸체가 서로를 향해 굽더니 뿌리가 서로 엉키고 위에서는 나뭇가지들이 서로 얽혔다. 또 암수 원앙 한 쌍이 각각 나무 위에 집을 짓고 아침저녁으로 그 자리에서 구슬피 울어, 듣는 이의 가슴을 저리게 했다. 이를 보고 송나라 사람들은 원앙을 한빙과 하씨 부부의 영혼이라고 했고, 그 나무를 가리켜 相思樹라고 불렀다. 이때부터 想思라는 말이 생겨났다.

⑩ 擧案齊眉

남편을 깍듯이 공경하여 부부가 신뢰를 쌓고 가정을 화목하게 한다는 말로 擧案齊眉가 있다. 이 말은 중국 『後漢書』「梁鴻傳」에 실려 전한다.

後漢시대에 梁鴻이란 학자가 있었는데, 그는 비록 집은 가난하지만 절개만은 꿋꿋해 모든 사람의 존경을 받고 있었다. 그는 뜻하는 바가 있어 장가를 늦추고 있었는데, 어느 날 같은 마을에 사는 얼굴은 못생기고 힘은 돌절구를 들 정도라는 孟光이란 처녀가 나이 서른이 넘는 처지에서도 "양홍 같은 훌륭한 분이 아니면 절대로 시집을 가지 않겠다."며 버티고 있다는 소문이 들려왔다. 그러자 양홍은 그 처녀의 뜻이 기특해 그 처녀에게 청혼을 하였고 곧 결혼을 하였다. 그런데 양홍이 결혼 후 며칠이 지나도 색시와 잠자리를 같이하지 않자 색시가 궁금하여 그 까닭을 물었다. 이에 양홍이 대답하기를, "내가 원했던 부인은 비단옷을 걸치고 짙은 화장을 하는 여자가 아니라 누더기 옷을 부끄러워하지 않고 깊은 산 속에서라도 살 수 있는 여자였소."라고 하였다. 그러자 맹광은 "이제 당신의 마음을 알았으니 당신의 뜻에 따르겠습니다."라고 하였다. 그 후부터 맹광은 화장도 하지 않고 산골 농부 차림으로 생활하다가 남편의 뜻에 따라 산속으로 들어가 농사를 짓고 베를 짜면서 살았다.

그러던 어느 날 양홍이 농사일의 틈틈이 친구들에게 시를 지어 보냈는데, 그 중에서 몇몇 시가 황실을 비방하는 내용이 들어 있었다. 그것이 발각되어 나라에서 그에게 체포령이 떨어졌다. 이에 환멸을 느낀 양홍은 吳나라로 건너가 皐伯通이라는 명문가의 방앗간지기로 있으면서 생활을 꾸려나갔다. 양홍이 일을 마치고 돌아오면 그 아내는 늘 밥상을 차려 양홍 앞에서 감히 눈을 치뜨지 않고 밥상을 눈썹 위까지 들어올려 바쳤다. 남편의 인품을 존경하며, 그의 의지를 따르고 극진한 내조로 집안을 화목하게 꾸려 남편으로 하여금 마음놓고 학문을 파고들어 명저를 저술할 수 있게 하였던 것은 맹광의 공이 크다고 하겠다.

⑪ 覆椀之功

중국에만 지혜롭고 내조 잘하는 여인들이 있었던 것은 아니다. 우리의 역사 속에도 지혜로운 여인들이 많았는데, 아버지와 남편 사이에서 갈등하던 여인이 지혜를 발휘하여 남편을 구한 예가 있다. 『高麗史』「列傳」에 그 한 예가 전한다.

고려 말의 세도가 李資謙은 누이 동생을 순종의 비로, 둘째 딸을 예종의 비로 보내어 開府儀同三司守司徒中書侍郎同中書門下平章事가 되었고, 곧 이어 邵城郡 開國伯에 봉해졌다. 예종이 죽자 자신의 외손자인 인종을 왕위에 오르게 하고, 자신의 셋째 딸과 넷째 딸을 인종의 비로 만들어 권력을 장악하였다. 이로 인해 고려 귀족관료사회의 균형이 깨지고 왕권의 약화가 초래되었다. 이자겸은 이것에 만족하지 못하고, 왕위를 빼앗으려고 온갖 계책을 강구하였다. 인종을 독살할 생각으로 그의 넷째 딸에게 독이 든 떡을 왕에게 올리게 하였다. 이에 왕비는 몰래 왕에게 아뢰어 그 떡을 까마귀에게 던져주게 하니 까마귀가 죽었다. 이것이 실패하자 다시 독약을 보내어 왕비로 하여금 왕에게 바치게 하였다. 왕비는 괴로울 수 밖에 없었다. 아버지의 말을 따르자니 남편이 죽게 되겠고, 남편을 살리자니 아버지의 명을 거스르게 되어 이러지도 저러지도 못하는 상황에 처하게 된 것이었다. 이에 왕비는 독약이 든 주발을 들고 가다가 짐짓 발이 걸려 넘어진 척하여 그 독약이 든 주발을 쏟아버렸다. 결국 남편도 살리고 아버지의 명도 거역하지 않게 된 것이었다.

인종 4년에 이자겸은 스스로 知軍國事를 칭하고 왕위를 빼앗으려고 하였으나 일당인 拓俊京의 배반으로 체포되어 靈光에 유배되었다. 이로 인해 그녀 역시 廢妃의 운명을 맞게 되었다. 그러나 인종은 覆椀之功을 잊지 않고 그녀에게 토지와 집, 노비 등을 하사하고 후하게 돌보아 주었다.

⑫ 雲雨之情

남녀가 육체적으로 즐기는 즐거움을 두고 雲雨之情, 雲雨之樂, 巫山之夢, 朝雲暮雨라고 한다. 이 말은 『文選』에 수록된 宋玉의 「高唐賦」에서 비롯된 말이다.

중국 전국시대 楚나라의 襄王은 송옥과 함께 雲夢이라는 곳에서 놀다가 고당관에 이르게 되었다. 문득 하늘을 보니 이상한 형상의 구름이 피어오르고 있어 송옥에게 무엇인지를 물었다. 그러자 송옥은 그 구름이 朝雲이며, 다음과 같은 사연이 있다고 이야기하였다.

옛날 어떤 왕이 고당관에서 연회를 열고 즐기다가 잠시 낮잠을 자게 되었는데, 꿈속에 아름다운 여인이 찾아와 말하기를, "저는 巫山에 사는 여인이온데, 왕께서 고당에 오셨다는 말을 듣고 잠자리를 받들고자 왔습니다."라고 하였다. 왕은 그녀의 아름다움에 빠져 스스럼없이 雲雨之情을 나누었다. 헤어질 무렵이 되자 그 여인은 이런 말을 하였다. "저는 무산 남쪽의 험준한 곳에 살고 있는 여인이온데,

아침에는 구름이 되고 저녁에는 비가 되어 陽臺 아래에서 아침저녁으로 당신을 그리워하고 있을 것입니다." 말이 끝나자 여인은 자취를 감추었고, 왕은 퍼뜩 잠에서 깨어났다. 다음날 아침 왕이 무산 쪽을 바라보니 꿈속의 여인 말대로 산봉우리에 아름다운 구름이 걸려 있었다. 왕은 여인을 그리워하며 그곳에 朝雲廟라는 사당을 세웠다. 그 후로 무산의 꿈은 남녀간의 密會나 육체적으로 나누는 情을 의미하게 되었다.

여기서 陽臺란 해가 잘 비치는 대라는 뜻인 동시에 은밀히 나누는 사랑을 말한다. 그래서 陽臺不歸之雲이라 하면 한 번 인연을 맺고 다시 만나지 못하는 경우를 가리킨다.

⑬ 破鏡

부부의 인연이 깨어지는 것을 破鏡을 맞이했다고 표현한다. 깨어진 거울은 다시 비추지 않는다는 破鏡不照에서 온 말로, 민속에서 거울은 남녀 간의 사랑을 상징한다. 그래서 꿈에 거울을 주우면 머지않아 현숙한 아내를 얻을 조짐이라고 풀이하고, 거울이 깨지는 꿈을 불길하게 여겼다. 『春香傳』에, 옥에 갇힌 춘향은 꿈을 꾸는데 그 가운데 거울이 깨지는 꿈이 있었다. 이에 스스로 죽을 것이라고 예측하였던 것이다. 예로부터 사랑하는 남녀가 서로 헤어지게 되었을 때는 만날 것을 기약하며 거울을 반으로 쪼개 나누어 가지는 풍속이 있었다. 우리나라에도 이와 같은 일화가 『三國史記』「列傳」에 전한다. 신라 진평왕 때에 설씨라는 여자가 있었다. 그는 가정이 한미하고 외로웠으나 얼굴이 단정하고 품행이 얌전하여 그를 보는 사람이면 모두 그를 흠모하였다. 그녀의 아버지가 늙은 몸으로 국경을 지키는 일에 징발되게 되었다. 아버지가 늙고 병들어 멀리 보낼 수도 없고, 여자의 몸으로 대신할 수도 없어 고민하였다. 이때 평소 설씨녀를 흠모해 왔던 沙梁部 출신 소년 嘉實이 병역을 대신해 주겠다고 자청하였다. 이를 고맙게 생각한 아버지는 부역이 끝난 뒤 두 사람을 혼인시키기로 하였다. 그리하여 설씨녀와 가실은 헤어질 때 거울을 절반으로 쪼개어 각각 한 쪽씩 나누어 가지고 훗날의 징표로 삼기로 하였다. 그리고 가실은 떠나면서 자신의 가진 말 한 필을 그녀에게 맡기고 떠났다. 가실이 떠나고 6년이 지나도록 돌아오지 않자 아버지는 그녀를 다른 사람과 혼인시키려 하였다. 이에 설씨녀가 거절하였으나 아버지가 억지로 날을 잡아 혼인을 시키려 하였다. 이때에 가실이 돌아왔으나 그 형상이 수척하고 의복이 남루하여 아무도 알아보지 못하였는데 깨진 거울을 내보여 맞추어 보아 가실임을 알고 좋은 날을 잡아 혼인을 하고 백년해로했다는 내용이다.

　중국에서는 신혼부부에게 주는 예물로 청동 거울과 그 앞에 한쌍의 신이 놓여진 그림을 준다고 한다. 그것은 신혼부부가 同心偕老하기를 바라는 마음에서이다. 청동 거울을 뜻하는 銅은 同과 음이 같고, 신을 뜻하는 鞋는 偕와 음이 유사한 것에서 기인한 풍습이다.

　중국에도 우리나라의 설씨녀와 가실의 이야기처럼 남녀가 헤어질 때 징표로 거울을 나누어 가졌던 예가 있다. 『太平廣記』에 보면 다음과 같은 이야기가 전한다.

　　南北朝시대 南朝의 마지막 왕조인 陳나라가 멸망하게 되었을 때 徐德言은 隨나라 대군이 양자강 북쪽에 도착하자 자기의 아내를 불러 이렇게 말했다. "나라가 망하게 되면, 당신의 미모와 재주로 인해 적의 수중에서 끌려가 다시 만날 수 없을지도 모르오." 이렇게 말하면서 옆에 있던 거울을 반으로 쪼개어 한쪽을 아내에게 주고는, "이것을 소중히 간직하고 있다가 정월 보름날 시장에 내놓고 팔도록 하시오. 만일 내가 살아남는다면 반드시 돌아오리다." 이렇게 말하고 두 사람은 헤어지게 되었고 진나라는 멸망하여 서덕언의 아내는 수나라 사람 양소의 집으로 들어가게 되었다.

　서덕언은 난리를 겪고 겨우 몸만 살아남아 1년이 걸려서 長安으로 돌아왔다. 정월 보름이 되자 서덕언은 시장으로 갔다. 그런데 거기에서 깨진 반쪽의 거울을 파는 사나이를 보고 자신의 아내가 살아있음을 확인한 서덕언은 그 거울에 얽힌 사연을 얘기한 후 자신이 가지고 있던 나머지 반쪽과 합친 다음 뒷면에 다음과 같이 시를 적어 그 사나이에게 돌려보냈다.

거울은 사람과 함께 갔으나	鏡與人俱去
거울은 돌아오고 사람은 돌아오지 않네	鏡歸人不歸
항아의 그림자 다시 볼 수 없고	無復姮娥影
밝은 달빛만 헛되이 머무네	空留明月輝

돌아온 거울을 받아든 서덕언의 아내는 이후 아무 것도 먹지 않고 울기만 할 뿐이었다. 결국 이 사연을 알게 된 양소는 두 사람의 사랑에 감동하여 그들이 함께 고향으로 돌아갈 수 있도록 했다고 한다.

⑭ 亡婦歌

남녀유별이 엄격했던 조선시대에도 부부들은 과연 사랑을 표현하고 살았을까. 중매로 혼인이 이루어져 혼인 첫날에서야 비로소 신랑 신부가 처음으로 얼굴을 마주하게 되는데 무슨 정으로 살까 싶겠지만, 살면서 쌓인 깊은 애정을 가슴에 묻어두었다가 세상 떠나는 마지막 길에 표현하는 예가 적지 않다. 그래서 조선 후기 작품들을 보면 죽은 아내에 대한 애절한 亡婦歌가 심심찮게 발견되고는 한다. 그 가운데 빼어난 작품으로 金正喜의「配所輓妻喪」을 꼽을 수가 있겠다.

김정희는 1786년(정조 10)부터 1856년(철종 7)까지 살았던 인물로, 조선 후기의 학자이자 서화가이며 金石學者이다. 자는 元春이고, 호는 추사(秋史)·완당(阮堂)·예당(禮堂) 등이 있다. 어려서부터 재주가 뛰어나 朴齊家의 인정을 받아 그의 문하생으로서 학문의 기초를 닦았다. 1809년 아버지가 동지부사로 청나라에 갈 때 수행하여 연경에 체류하면서 翁方綱의 經學·金石學·書畫에 많은 영향을 받았다. 16년에 김경연(金敬淵)과 북한산에 있는 진흥왕순수비(眞興王巡狩碑)를 판독하여 그 전까지의 잘못을 시정하였다. 1840년 尹商度의 옥사와 관련되어 제주도에 유배되어 9년 만에 풀려났고, 1851년에는 영의정 權敦仁의 禮論에 관련되어 함경도 北靑에 유배되었다가 다음해에 풀려났다. 그의 학문은 여러 방면에 걸쳐 두루 통하였기 때문에 청나라의 거유들이 그를 가리켜 '海東第一通儒'라고 칭찬하였다. 또한 예술에서도 뛰어난 업적을 남겼으며, 역대 명필을 연구하고 그 장점을 모아서 독특한

秋史體를 완성하였다. 이렇듯 학문적으로는 위대한 업적들을 쌓았으나, 개인적으로는 불우한 삶이었다고 하겠다. 남편이 유배생활을 하게 되면 그 가정생활을 꾸려 나가야 되는 아내의 고초를 말로 다 표현할 수 없을 정도로 힘들다. 다음의 시는 바로 김정희가 제주도에 유배가 있는 동안 본댁에 있던 아내가 죽었다는 訃告를 받고서 읊은 것이다. 절해고도 제주도에서 실의에 빠진 귀양살이, 늙고 병든 이에게 아내의 訃告가 날아들었다. 정작 평생을 함께 보낸 아내의 죽음에 가서 곡 한 번 할 수 없는 자신의 처지가 얼마나 기 막혔을까.

자신의 감정을 서술형으로 풀어내는 산문에도 아내 잃은 남편의 감정이 잘 묻어나지만, 말로 다 표현하지 않고 행간 사이에 자신의 감회를 숨겨둔 시야말로 읽은 이로 하여금 산문보다 더 애절하게 만드는 것 같다.

월하노인 시켜서 저승에 하소연하여	聊將月老訴冥府
내세에는 우리 부부 바뀌어 태어나게	來世夫妻易地爲
나는 죽고 그대만이 천 리 밖에 살아남아	我死君生千里外
그대로 하여금 이 슬픔 알게 하리	使君知有此心悲

16. 서로를 부르는 정겨운 호칭

1) 친족간의 호칭

넓은 의미의 친족 명칭에 포함되는 친족 호칭은 대부분이 고 대중국의 호칭이거나 중국에서 시대에 따라 변천한 것 또는 중국의 호칭을 고친 것 등이다. 우리나라의 경우는 『경국대전』에서 '寸'이 사용된 이래 계속 쓰이고 있다. 현재 사용되는 관계지시호칭은 2가지 기능을 한다. 즉 祖·叔·兄弟·姪·孫 등은 세대 표시의 기능을 하며, 從·再從·三從 등의 制限詞는 방계 친척에서의 친하고 소원함을 표시하는 기능을 담당한다. 이와 같은 세대 표현 호칭과 친소 표현의 제한사를 조합함으로써 친족원이 어느 직계에서 나뉘어졌고 어떤 세대적 지위를 차지하는가를 일목요연하게 알 수 있다.

① 촌수

촌수에서 寸이라는 말은 대나무의 마디에서 유래한 것으로 알려지고 있다. 혈족의 단위를 따지는 기본단위인 이 '촌'을 이해하면 촌수 따지는 법은 의외로 쉽다. 계촌법에서는 부모와 자식 간이 1촌, 형제간이 2촌이 되는 것이 기본원리이다. 이것을 아버지의 형제, 자매로 옮기게 되면 여기에 형제간 촌수인 2촌을 더하면 된다. 즉 아버지의 형제는 3촌, 그 형제의 자식은 나와 4촌간이 된다. 할아버지의 형제라면 여기에 3촌을 더한다. 아버지가 할아버지와 부모, 자식 간이므로 1촌이고 여기에 형제간 촌수인 2촌을 더해서 할아버지의 형제, 자매인 從祖와 대고모는 각각 자신과 4촌간이 된다.

이렇게 1대가 올라갈수록 형제, 자매가 분화될 때 붙이는 한자말이 從, 아버지 형제의 자식은 나와 종형제, 할아버지 형제의 손자는 나와 재종형제가 된다. 민법

상에 나오는 8촌 이내의 혈족이란 할아버지의 형제, 자매의 현손까지이다. 아버지의 누나나 여동생, 즉 고모로부터 이어지는 후손들에 대해서는 內를 붙여 내종형제라고 하고, 어머니의 형제인 외삼촌, 이모의 후손들은 外와 姨를 붙여 외종형제 이종형제라고 부른다.

② 촌수 따지는 법

직계가족과의 寸數는 자기와 대상까지의 代數가 촌수이다. 즉 아버지와 아들은 1代니까 1寸이고, 할아버지와 손자는 2代니까 2寸이다. 방계가족과의 寸數는 자기와 대상이 어떤 조상에게서 나뉘어졌는지를 먼저 알고 자기와 그 조상의 대수에 그 조상과 대상의 代數를 합해서 寸數로 한다. 즉 형제자매는 아버지에게서 나뉘어졌는데, 자기와 아버지는 1代이고, 아버지와 형제자매는 1대니까 합해서 2촌이고, 백숙부와 자기는 할아버지에게서 나뉘어졌는데, 할아버지와 백숙부는 1대이고, 할아버지와 자기는 2대니까 합해서 3촌이 되는 것이다. 그렇게 따지고 보면 아버지의 동기인 백숙부의 자녀와 자기는 4촌이 된다. 따라서 고모의 자녀는 내사촌이고 어머니의 동기인 외삼촌의 자녀는 외사촌이고 이모의 자녀는 이종사촌이다. 아버지의 4촌인 당숙의 자녀는 6촌이다.

〈친족〉

玄孫 : 증손자의 아들 / 玄孫婦 : 현손의 아내

伯父 : 世父. 祖父의 장자 / 伯母 : 世母. 백부의 아내

仲父 : 아버지의 중형 / 仲母 : 중부의 아내

叔父 : 季父. 아버지의 동생 / 叔母 : 아버지의 동생의 아내

姉 : 누님. 손위 누이 / 妹 : 여동생. 손아래 누이

從孫 : 형제의 손자 / 從孫父 : 형제의 손부

從兄弟 : 백숙부의 아들 / 從姉妹 : 백숙부의 딸

堂姪 : 종형제의 아들 / 堂姪婦 : 당질의 아내

再從孫 : 종형제의 손자

從祖父 : 조부의 형제 / 從祖母 : 종조부의 아내

堂叔 : 아버지의 종형제 / 堂叔母 : 당숙의 아내

再從兄弟 : 당숙의 아들 / 再從姉妹 : 당숙의 딸

再堂姪 : 재종형제의 아들 / 再從祖父母 : 아버지의 당숙과 당숙모

再堂叔 : 아버지의 재종형제 / 再堂叔母 : 재당숙의 아내

三從兄弟 : 재당숙의 아들 / 三從姉妹 : 재당숙의 딸

王姑母 : 아버지의 고모 / 從姑母 : 아버지의 종자매

姑母 : 아버지의 여형제 / 姑母夫 : 고모의 남편

姉兄 : 누님의 남편 / 妹夫 : 여동생의 남편 / 妹弟 : 손아래 누이의 남편

甥姪 : 여자 형제의 아들 / 甥姪女 : 여자 형제의 딸

兄嫂 : 형의 아내 / 兄嫂氏 : 형의 아내를 남에게 일컬을 때

弟嫂 : 동생의 아내

〈외가〉

外祖父 : 外王父. 어머니의 아버지 / 外祖母 : 外王母. 어머니의 어머니

外叔 : 어머니의 오빠나 남동생 / 外叔母 : 외숙의 아내

外從叔 : 어머니의 사촌 여자 형제 / 姨母 : 어머니의 여자 형제

從姨母 : 어머니의 사촌 여자 형제

外從 : 외숙의 아들, 딸 / 姨母夫 : 이모의 남편

姨從 : 이모의 자녀 / 姨姪 : 아내의 자매의 자녀

〈인척〉

媤父 : 남편의 아버지 / 媤母 : 남편의 어머니

媤叔 : 남편의 남자 형제 / 媤妹 : 남편의 여자 형제

聘父 : 丈人. 아내의 아버지 / 聘母 : 丈母. 아내의 어머니

妻伯父母 : 아내의 백부모 / 妻叔父母 : 아내의 숙부모

妻男 : 아내의 남자 동기 / 妻男宅 : 처남의 아내

妻弟 : 아내의 여동생 / 妻兄 : 아내의 언니

2) 서로 부르는 호칭

同壻 : 형제의 아내 끼리나 자매의 남편끼리 서로 일컬음

祖母 : 할머니

祖父 : 할아버지

子婦 : 며느리

宗婦 : 종가집 맏며느리

姪婦 : 조카 며느리

宗孫 : 종가의 맏손자

令夫人. 夫人 : 남의 아내

夫君 : 남의 남편

令愛. 令孃 : 남의 딸

內子 : 남에게 자기 아내를 일컬을 때

老兄 : 11년 이상 15년까지의 연장자를 부르는 말

家親, 嚴親 : 남에게 생존해 계신 자신의 아버지를 일컬을 때

先考, 先親 : 남에게 돌아가신 자신의 아버지를 일컬을 때

母親, 慈親 : 남에게 생존해 계신 자신의 어머니를 일컬을 때

先慈親, 先妣 : 남에게 돌아가신 자신의 어머니를 일컬을 때

春府丈, 春堂 : 생존해 계신 남의 아버지를 일컬을 때

先大人, 先考丈 : 돌아가신 남의 아버지를 일컬을 때

大夫人, 尊堂 : 생존해 계신 남의 어머니를 일컬을 때

先大夫人, 先慈 : 돌아가신 남의 어머니를 일컬을 때

3) 올바른 호칭법

① 남 앞에서 남편을 부를 때

'그이', '그 사람'이라는 호칭이 무난하며, 가까이 옆에 있을 때는 '이이', '이 사람', 떨어져 있을 때는 '저이', '저 사람'으로 바꾸어 부른다. 남 앞에서 남편을 소개하거나 지칭할 경우에는 '제 남편, 우리 남편' 등으로 '남편'을 쓰는 것이 옳다.

② 남 앞에서 아내를 부를 때

'집사람', '안사람'이 적절한 호칭이다. 윗분 앞에서는 '제 아내, 제 처'로 아랫사람이나 평교 간에는 '내 아내'가 적절하다. '마누라'는 신혼 초에는 어색하겠으나, 나이가 들어서는 아끼고 사랑하는 마음을 담아 쓰는 호칭이다.

③ 미스와 양

보통 20세 전후의 여성에게 '미스'와 '양'을 부르나, 요즘은 대부분의 여성들이 '○○○ 씨'라 불러 주기를 바라므로 이름 뒤에 '씨'를 붙여 부르는 추세이다. 직장에서는 기혼 여성에게도 '미스', '양', '씨'로 칭하는 것이 바람직하다.

④ '사모님'과 '부인'

'사모님'이라는 호칭은 본래 자기가 직접 배운 선생님의 아내를 이를 때만 쓸 수 있으나, 10세 이상 연상이나 사회적으로 스승의 자리에 앉을 만한 분의 아내에게도 쓴다. '부인'은 자기보다 아래 나이의 여성이나 대여섯 위의 여성에게 쓴다.

⑤ 사돈 간의 호칭

바깥사돈끼리 : 사돈

안사돈끼리 : 사부인(査夫人), 사돈

바깥사돈이 안사돈을 부를 때 : 사부인

안사돈이 바깥사돈을 부를 때 : 사돈어른

위 항렬에게 : 사장어른

남동생의 아내 : 올케

17. 세월 가며 늙어가는 나이

1) 단어

志學　不惑

耳順　知天命

2) 명문장

○ 子曰 吾十有五而志于學. 三十而立. 四十而不惑. 五十而知天命. 六十而耳順. 七
十而從心所欲 不踰矩. (爲政)

○ 子曰 後生 可畏 焉知來者之不如今也 四十五十而無聞焉 斯亦不足畏也已.(子罕)

○ 子曰 君子有三戒 少之時 血氣未定 戒之在色, 及其壯也 血氣方剛 戒之在鬪, 及
其老也 血氣旣衰 戒之在得. (明心寶鑑, 正己)

3) 늙어가는 나이

이익의 『星湖僿說』을 보면 '老人十拗'라는 재미있는 글이 있다.

"노인의 열 가지 좌절이란 대낮에 꾸벅꾸벅 졸음이 오고, 밤에는 잠이 오지 않으
며, 곡할 때에는 눈물이 없고, 웃을 때에는 눈물이 흐르며, 30년 전의 일은 모두
기억되어도, 눈앞의 일은 문득 잊어버리며, 고기를 먹으면 뱃속에 들어가는 것이
없이 모두 이 사이에 끼며, 흰 얼굴은 도리어 검어지고 검은머리는 도리어 희어지는
것이다. 이는 太平老人의 명담이다. 내가 장난삼아 다음과 같이 보충해 보았다.
눈을 가늘게 뜨고 멀리 보면 오히려 분별할 수 있는데, 눈을 크게 뜨고 가까이

보면 도리어 희미하고, 지척의 말은 알아듣기 어려운데 고요한 밤에는 항상 비바람 소리만 들리며, 배고픈 생각은 자주 있으나, 밥상을 대하면 먹지 못하는 것이다.”

이 말만큼 나이 먹는 것에 대한 좌절과 절실함을 표현한 말이 있을까 싶다. 젊을 때는 시간이 빨리 흘러갔으면 하고 바라게 되고, 나이가 들어 노인이 되고 나면 세월의 흐름이 야속하기만 하다.

세월 가면 먹는 것이 바로 나이이다. 그래서 한 해 한 해 흘러가는 세월을 보태어 나이라고 부르는데, 이 나이를 가리키는 말도 여러 가지가 있다. 자기보다 윗사람에게 높여 부르는 말로 年歲라는 말이 있다. 年과 歲 모두 1년을 나타내는 말이지만, 엄밀히 따져보면 두 말에 약간의 차이점이 있다. 歲에 대해 『爾雅』 「釋天」편을 보면, “唐虞 시대에서는 載라 하고, 夏나라에서는 歲라 하고, 商나라에서는 祀라 하고, 周나라에서는 年이라고 했다(唐虞曰載 夏曰歲 商曰祀 周曰年).”라고 한 구절이 있다. 그리고 그 註에 “年은 벼가 한 번 익는 기간을 취한 것이다.”라고 하였다. 즉 수확의 의미를 담고 있는 글자가 바로 年인 것이다. 고대인들에게 풍성한 수확은 바로 먹고 사는 것과 직결되므로 그 의미가 컸을 것이다. 그러므로 농사를 지어 1년에 한 번 벼를 수확하는 것으로 해를 헤아리는 단위로 삼았던 것 같다. 그리고 歲에 대한 註를 보면, “歲는 歲星이 한 바퀴 도는 시간을 취한 것이다.”라고 하였다. 歲星이란 木星을 가리킨다. 하늘을 12등분하여 각 구획을 十二支로 배분하여 목성의 위치에 따라 해의 이름을 바꾸어 불렀다. 지구의 자전축이 黃道面의 축의 둘레를 도는 현상을 歲差라고 하는데 이는 춘분점의 이동 현상으로 나타나며, 1주기가 2만 5800년인데 1년에 50.3초 가량 서쪽으로 이동한다. 이 차이가 나는 것을 모아 윤달을 지정하여 한 번씩 조정하는 것이다. 그러므로 우리가 말하는 1년이라는 시간에는 年과 歲가 합쳐진 개념이어야 맞게 되는 것이다.

웃어른에게 나이를 묻는 말로 年歲 이외에 春秋라는 것이 있다. 이 역시 1년 단위의 세월을 가리키는 말이다. 年歲나 春秋라는 말보다 나이가 좀더 든 어른에게 쓰는 표현 가운데 年齒라는 있다. 또한 나이가 들어 죽은 경우 沒齒라는 표현을 쓰기도 한다. 이 경우 모두 齒라고 하는 이의 개념이 들어가는데 나이와 이는 어떤 관계가 있는 것일까. 예로부터 이가 많다는 것은 나이가 많다는 것을 상징하며,

연장자나 지혜로운 자라는 의미로까지 확대되어 쓰였다. 『三國史記』「新羅本紀」 조를 보면 나이와 이에 대한 이야기가 전한다.

儒理 尼師今이 왕위에 오르니 그는 南解王의 태자이다. 어머니는 雲帝부인이요, 왕비는 日知 葛文王의 딸이다. 처음에 남해왕이 죽고 유리가 왕위에 오르게 되었을 때에 대보 脫解가 본디 덕망이 있다고 하여 왕위를 탈해에게 사양하였다. 그러나 탈해가 말하기를 "임금의 자리란 여느 사람이 감당할 바가 아닙니다. 저는 들으니 거룩하고 지혜로운 사람은 이가 많다고 합니다."라고 하였다. 그래서 서로 사양하게 되어 떡을 깨물어 시험하니 유리의 잇금이 더 많았으므로 좌우의 신하들이 그를 받들어 왕위에 올리고 왕호를 니사금이라고 하였다. 예전에 남해왕이 죽을 적에 아들 유리와 사위 탈해에게 말하기를, "내가 죽은 뒤에는 너희들 朴과 昔 두 姓이 나이 많은 자로써 왕위를 잇게 하라."고 하였다. 그 후 金씨 성이 또 일어나 세 성씨가 나이 많은 자로써 서로 왕위를 이었으며 이 까닭에 니사금이라고 일컬었다.

이 내용을 보면 이가 많다는 것은 더 연장자라는 말이 되고, 임금이라는 지배자를 선출하는 데 정력과 활동력에 근거를 두었음을 알 수 있다. 그러므로 더 이상 활동하지 못하고 죽게 되는 것을 이를 다 거두어 갔다는 의미로 沒齒라고 표현한 것이다.

사람들은 어느 일정한 나이가 되면 그에 어울리는 한자식 이름을 붙이고 그 의미를 되새겼다. 이제부터 숫자가 아니라 의미가 담긴 나이에 대한 표현들을 살펴보기고 하겠다.

4) 나이의 異稱

○ 志學

『論語』「爲政」편을 보면, 공자는 자신의 일생을 돌아보며 '吾十有五而志于學'이라고 15세에 학문에 뜻을 두었다고 하였다. 이후 志學은 15세를 가리키는 말이 되었다. 志자는 之자가 변형된 士와 마음 心이 합쳐진 글자로, 마음이 가는 쪽을 나타내어 뜻이라는 훈고를 지니게 되었다. 즉 자신의 의지나 관심이 들어간 글자가 바로 志인 것이다.

○ 破瓜

破瓜之年은 깨뜨릴 破와 오이 瓜로 이루어진 글자로, 여자의 경우는 16세를 가리키며, 남자의 경우에는 64세를 가리킨다. 瓜자를 세로로 한가운데를 나누면 두 개의 八자가 되는데, 이것을 합하면 16, 곧 여자의 나이 16세를 가리키는 숫자가 되고, 또 이것을 곱하면 64가 되어 남자의 나이 64세를 가리키게 되는 것이다. 줄여서 破瓜라고 하는데, 破瓜란 '외를 깨친다'라는 뜻으로, 외를 여성에 비유하여 여자의 나이 16세를 가리키기도 하고, 여자가 '처녀성을 잃는다'는 의미와 '초경이 시작되는 나이'라는 의미도 담고 있다. 중국 晉나라의 孫綽의 「情人碧玉歌」에 이 말이 나오는데,

푸른 구슬이 외를 깨칠 때	碧玉破瓜時
님은 온 마음을 쏟아 사랑을 하네	郎爲情顚倒
그대를 사랑하여 부끄러워하지 않고	感君不羞赧
몸을 돌려 님에게 안겼네	廻身就郎抱

라고 하였다. '破瓜'가 남자 나이 64세를 가리킬 때는 남자로서 이 나이가 되면 혼자서 잠자리에 드는 나이가 되었음을 의미한다.

○ 弱冠

인간이 태어나 정신적, 육체적으로 성숙해져서 독자적인 행위와 판단능력을 갖추게 되는 나이를 成年이라고 하고, 이러한 의식을 成年式이라고 한다. 성년이 되는 기준이야 민족별로 다 다르지만, 우리나라와 중국에서는 육체적인 변화를 기준으로 삼은 것이 아니라 내면적인 도덕성과 지적 판단능력이 갖추어졌는가를 보아 성년식을 치렀다. 오늘날의 성년식과 같은 의식을 冠禮라고 하여, 인간이 거치

는 통과의례의 맨 앞에 두었다. 이때 남자는 상투를 틀고 官帽를 썼으며, 어른으로부터 새로운 이름인 字라는 것을 받았다. 이렇듯 남자가 冠禮를 치르고 어른이 되었다는 의미로 弱冠은 남자 나이 20세를 가리키는 말이 되었다.

남자에 비해 여자가 성년이 되는 시기는 좀더 빨랐던 것 같다. 예나 지금이나 여자가 남자보다 조숙한 듯하다. 여자는 쪽을 지어 올리고 비녀를 꽂기 때문에 비녀 笄자를 써서 笄禮라고 하며, 笄年, 笄壽라고 하면 여자 나이 15세를 가리킨다. 여자에게만 쓰는 표현 중에 芳年과 妙齡이라는 말이 있다. 芳年는 20살 안팎의 꽃다운 나이라는 의미로, 芳齡이라고도 한다. 妙齡 역시 20살 안팎의 꽃답고 아리따운 여자라는 의미로 妙年이라고도 한다.

○ 而立

30세를 이르는 말로, 학문·견식이 나름대로 확립되어 도덕적으로 흔들림이 없다는 뜻이다. 공자는 『論語』「爲政」편에서 자신의 일생을 돌아보며, "30세가 되어서는 학문의 기초가 확립되었다(而立)."라고 하였다. 立이란 뜻에 따라 나아가되 구하는 바를 얻고, 이를 굳게 지켜 매번 뜻을 굳게 먹지 않아도 된다고 하였다.

○ 不惑

40세를 이르는 말로, 공자는 『論語』「爲政」편에서 자신의 일생을 돌아보며, "40세에 사리에 의혹하지 않았다(不惑)."라고 하였다. 사물의 당연한 도리에 대하여 의혹하는 바가 없다면 아는 것이 분명하여 번번이 지키려 애쓰지 않아도 저절로 지켜진다고 한 것이다.

○ 桑壽

48세를 가리키는 말로, 桑年이라고도 한다. 이것은 뽕나무 桑자를 俗字로 썼을 경우 十字 세 개 밑에 나무 木을 쓰는데 이 글자를 破字하면 十자 4개와 八字가 되기 때문에 48세의 의미로 쓰이게 되었다.

○ 知天命

50세를 이르는 말로, 공자는 『論語』「爲政」편에서 자신의 일생을 돌아보며, "50세에 천명을 알았다(知天命)."라고 하였다. 천명은 天道가 流行하여 사물에 부여한 것이니 바로 사물에 당연한 도리가 되는 연유이다. 이것을 알면 아는 것이 지극히 정밀하여 의혹하지 않은 것은 굳이 말할 것이 못될 것이다. 공자는 50의 나이까지 제자들과 천하를 돌아다니며 자신의 뜻을 펼칠 곳을 찾았다. 그러나 끝내 벼슬을 하지 못하자 점을 쳐보니 점치는 사람이 말하기를, "당신은 머리는 뛰어났으나 벼슬 할 운명이 아니다."라고 하자 공자가 이제야 하늘의 뜻을 알았다고 말했다고 한다.

○ 艾年

50세를 이르는 말로, 이 나이가 되면 검은머리가 어느덧 희끗희끗해져 나이 먹음을 절로 실감하게 된다. 이러한 신체적 변화를 나이에 반영한 글자로, 머리털이 약쑥처럼 희어진다는 데서 유래한 말이다.

○ 耳順

60세를 이르는 말로, 공자는 『論語』「爲政」편에서 자신의 일생을 돌아보며, "60세에 귀로 들으면 그대로 이해되었다(耳順)."고 하였다. 순할 順자는 내 川자와 머리 頁자가 합쳐진 글자로, 물이 흐르듯이 순리에 따른다고 하여 차례의 뜻으로 쓰이는 글자이다. 耳順 즉 귀가 순해진다는 말은, 소리를 들으면 마음에 깨달아져서 어긋나거나 걸림이 없는 것이니 앎이 지극하여 생각하지 않아도 깨달아지는 것을 말한다.

○ 還甲, 回甲

60년이 지나는 해를 還曆이라고 한다. 돌아올 還을 써서 干支가 한 바퀴 돌아

60년이 지났다는 의미인데, 이러한 의미로 還甲과 回甲은 자신이 태어난 해의 干支를 본래로 되돌린다. 즉 태어난 해의 간지로 되돌아간다는 의미에서, 우리 나이로는 61세를 가리키는 말이 되었다. 과거에는 사람들이 60세를 넘기는 경우가 드물었으므로 환갑을 맞이하는 일은 경사스러워서 그 자손들이 잔치를 베풀고 축하하는 관습이 생겼다. 탄생일에 축하를 하는 풍습이 남아 있다. 태어난 해로 되돌아가는 것을 아기로 바꾼 것으로 보고 아이들이 입는 빨간 소매 없는 웃옷과 두건을 선물하는 풍속도 있는데, 모두 축복의 뜻이다. 그러나 최근에는 60세를 넘기는 경우가 많아졌고, 또한 환갑을 맞이한 자가 살아온 햇수 이상의 의미는 없기 때문에 환갑잔치를 생략하는 경우도 늘어나고 있다.

○ 華甲

61세를 가리키는 말로, 華字를 破字하면 十字 여섯 개와 一로 이루어져 있어 61이라는 숫자가 나오고 甲은 十干의 맨 첫머리에 놓여 歲를 나타내므로 61세라는 뜻으로 쓰였다.

○ 進甲

환갑 이듬해 생일 즉 62세 생일을 가리키기도 하고, 還甲을 가리키기도 한다. 또 북한에서는 進甲이라고 하면 70세를 의미하기도 한다. 옛 속담에 "환갑 진갑 다 지내다"라고 하면 어지간히 오래 살아 장수했다고 보지만, 요즘은 평균 수명이 길어져 거의 사용하지 않는 말이 되었다.

○ 從心

70세를 가리키는 말로, 공자는 『論語』 「爲政」편에서 자신의 일생을 돌아보며, "70세에 마음에 하고자 하는 바를 좇아도 법도에 넘지 않았다(從心所欲不踰矩)." 라고 하였다. 矩는 각을 그리기 위해 사용하는 곱자를 가리키는 것으로 곱자란 나무나 쇠로 ㄱ자 모양을 만든 것인데, 이 말에서 矩는 법칙이나 법도 등을 가리키는 말로 쓰이게 되었다. 따라서 그 마음에 하고자 하는 바를 좇아도 저절로 법도에 넘지 않는 것은 70세가 되면 삶에 대한 경험도 풍부해지고 세상을 보는 안목이나 지혜도 깊어져, 편안히 행하여 힘쓰지 않아도 저절로 道에 맞게 되는 것이다.

○ 古稀

예부터 드물었다는 말로 70세를 가리키며, 중국 唐나라의 시인 杜甫의 「曲江」 시에서 유래하였다.

조회에서 돌아오면 날마다 봄옷을 맡기고	朝回日日典春衣
날마다 곡강 가에서 흠뻑 취해 돌아오네	每日江頭盡醉歸
술빚은 가는 곳마다 늘 있기 마련이지만	酒債尋常行處有
인생살이 칠십 년은 예부터 드문 일이라네	人生七十古來稀

이 시는 두보가 47세 때 지은 것이다. 李白과 더불어 쌍벽을 이룬 두보는 나이 47세가 되어서야 左拾遺라는 벼슬자리에 앉아 보았다. 그러나 어지러운 정국과 부패한 관료사회에 실망한 두보는 관직생활보다는 詩 짓는 일에 더 마음을 두었다. 그리고는 답답한 마음을 달래기 위해 매일 술을 마시면서 아름다운 자연을 상대로 시간을 보냈다. 이 시에 나오는 曲江은 수도인 장안 중심지에 있는 유명한 연못으로 풍경이 아름답기로 유명했으며, 특히 봄이면 꽃을 찾는 사람들로 붐볐다고 한다. 곡강가에서 1년 간 머물며 몇 편의 시를 남겼는데 위의 시도 그때 지은 것이다.

○ 望八

71세를 가리키는 말로, 팔십 살을 바라본다는 말에서 오래 살고자 하는 바람을 엿볼 수 있다.

○ 喜壽

77세를 가리키는 말로, 喜字를 草書로 흘려쓰면 七十七로 보이는 데서 유래한 글자이다.

○ 傘壽

80세를 가리키는 말로, 傘이라는 글자가 八과 十 사이에 사람이 있는 글자 모양이라서 八과 十을 합하여 80세를 일컫는다. 傘의 약자는 팔을 위에 십을 밑에 쓴다.

○ 半壽

81세를 가리키는 말로, 半을 破字하면 八과 十 그리고 一이 된다. 그래서 81이 되므로 81세를 나타내는 말로 쓰이게 되었다. 81세를 가리키는 말로, 望九가 있다. 이제 81세가 되었으니 혹시 90세까지 살 수 있지 않을까라는 기원을 담은 표현이라고 하겠다.

○ 米壽

88세를 가리키는 말로, 농부가 모를 심어 추수를 할 때까지 88번의 손질이 필요하다는 데서 유래하였다고도 하고, 米字를 破字하면 위에 八, 가운데 十 그리고 아래 八이 되므로, 88세를 가리킨다고도 한다.

○ 卒壽

90세를 가리키는 말로, 卒의 俗字가 아홉 九字 밑에 열 十字를 사용하는 데서 유래한 말이다. 90세를 가리키는 말로, 凍梨라는 표현이 있다. 얼 凍자에 배 梨자가 합쳐져 이루어진 글자로 언 배라는 뜻이다. 사람이 90까지 살게 되면 얼굴에 어느덧 반점이 생기는데 그 모습이 꼭 언 배 껍질 같다는 데서 온 말이다.

○ 白壽

99세를 가리키는 말로 百에서 一을 빼면 白字가 되므로 99세를 나타낸다.

○ 上壽

100세나 100세 이상의 나이를 가리킨다. 가장 으뜸이 되고 장수했다는 의미로 上壽라고 하며, 100세를 가리키는 또 다른 표현으로 期頤之壽라는 말이 있다. 이 말은 봉양이 필요한 나이라는 말로, 頤는 養의 뜻으로 음식 기타 일체를 남에게 봉양받아야 된다는 말이고, 期는 옛날 사람들이 사람이 살 수 있는 기간을 최고 100년이라는 기간으로 정한데서 온 말이다.

5) 축하하는 말

나이를 가리키는 말 가운데 六秩, 七秩, 八秩, 九秩 등 秩이라는 글자가 있다. 이 말은 벼 禾와 잃을 失을 합친 자로 벼를 베어서 실수가 없도록 차곡차곡 볏가리를 세운다는 데서 차례 혹은 질서라는 뜻을 가지게 되었다. 이 글자는 10년을 단위로 쓰기도 하여 나이를 가리키는 말에 쓰였는데, 예전에는 나라에서 그 생일에 長壽했다는 기념으로 쌀을 선물한 데서 이러한 표현을 쓰게 되었다고 한다. 예나 지금이나 사람은 누구나 오래 살기를 바라고 주변에서 장수하는 사람이 있으면 축하해 주기 마련인데, 예전에는 쌀로써 축하했던 것 같다.

오늘날에도 특별한 나이가 되면 일가친척뿐만 아니라 가까운 지인들까지 불러 잔치를 벌이고 축하한다. 61세에 하는 환갑잔치를 壽宴이라고 하고, 베푸는 자리를 壽筵이라고 하며, 70세 잔치를 古稀宴 또는 줄여 稀宴이라고 한다.

장수하기를 축원하는 말로 가장 흔하게 쓰는 표현이 바로 萬壽無疆이라는 말이다. 이 말은 『詩經』「南山有臺」시에서 "남산에는 뽕나무가 있고 북산에는 버드나무가 있도다 즐거운 군자여 국가의 영광이로다 즐거운 군자여 만수무강하리로다 (南山有桑 北山有楊 樂只君子 邦家之光 樂只君子 萬壽無疆)."라고 하여 임금이 오래 살기를 기원한 것에서 유래하였다. 그런데 萬壽無疆의 疆자는 끝 疆자로 '만년이나 끝이 없기를'이라는 뜻으로 쓰였는데 간혹 彊자로 쓰는 이가 있는데 이 글자는 강할 強자와 같은 자이다. 그러므로 이 글자를 쓰게 되면 "無彊이 되어 강함이 없기를"이라는 뜻이 되니 한자로 쓸 때는 주의하여야 하는 글자이다.

이 밖에도 장수를 축원하는 말들이 있는데, 눈썹이 세고 길어지도록 오래 사시라는 의미에서 眉壽라고도 하고, 不老長生을 상징하는 10가지 사물들 중 학과 같이 천 년을 살라는 뜻에서 鶴壽라고도 한다. 『莊子』에서 유래한 말로 椿壽라는 말이 있는데, 대춘이란 나무는 8천 년을 봄으로 삼고 8천 년을 가을로 삼았다는 말에서 역시 長壽를 가리키는 말이다.

南山之壽 역시 장수를 축원하는 말인데, 이때 南山은 바로 종남산을 가리키며, 종남산이 무궁토록 이 세상에 오래 살라는 말이다. 종남산은 중국 陝西省 남부 秦嶺山脈 중부에 있는 산으로, 이곳은 역사적인 유적지가 많고 경치가 아름다운데, 산중턱에는 漢나라 武帝가 세운 太乙宮의 유적이 있다. 예부터 도사들이 있는 산으로 유명하며, 전진교의 왕중양과 여동빈이 수도하였다고 전해지는 곳이기도 한다. 이러한 신선들은 주로 不老長生하는 것으로 알려져 있어 장수를 축원할 때 신선들의 수련 장소인 종남산의 영험함으로 오래 살기를 바라는 데서 생긴 말인 듯하다. 왕중양은 金나라 때의 道士로, 호는 重陽子이며, 도교의 일파인 全眞教의 開祖이다. 宋나라와 금나라가 교전하는 어려운 시대에 문무 양과에 응시했으나 뜻을 이루지 못해 終南山 밑의 劉蔣村에서 생활하다가 어느 隱人으로부터 口傳으로 仙丹의 비결을 받고 수련하여 새로운 도교를 세웠다. 여동빈은 중국 五代 宋나라 초기의 도사로, 호는 純陽子·呂祖·孚佑帝君이라고도 불렸다. 역사적으로 명확하지 않은 인물이지만, 仙人에게 전수받은 비법으로 백성들을 고통으로부터 구했다고 한다. 그로 인해 소원은 반드시 이루어주는 신선으로 인정되어 절대적인 인기와 신앙의 대상이 되었다.

18. 풍속에 담긴 우리 조상의 삶

1) 24절기란

1년을 태양의 黃經에 따라 24등분하여 세분화 한 것을 節氣라고 한다. 황경이란 태양의 春分點을 0°로 하여 그 다음해 春分點까지 15° 간격으로 24등분하여 각 각 봄·여름·가을·겨울 4계절에 6개의 절기가 오도록 구분한 것이다. 절기와 절기 사이의 간격은 대략 15일 정도인데 옛날 농경생활을 주로 했던 우리 조상들은 이 절기에 맞추어 농사력을 맞추고 농사를 지었다. 지금은 날씨 변화를 체감하는 정도 로만 남아있으나 여전히 옛 풍습을 중시하는 이들은 절기에 맞게 일을 하고 있다.

〈봄〉

○ 立春 : 春은 햇볕을 받아 풀이 돋아나는 모양을 의미하는 것으로, 立春은 1년 의 시작을 알리는 절기이다. 이 날 콩을 방이나 문에 뿌려서 귀신을 쫓고 한 해를 맞이하고, 立春大吉이라는 立春榜을 문에 붙이기도 한다. 『禮記』에는 이 시기에 동풍이 불어서 언 땅을 녹이고, 동면하던 벌레가 움직이기 시작하고, 물고기가 얼음 밑을 돌아다닌다고 하였다.

○ 雨水 : 날씨가 거의 풀리고 봄바람이 불기 시작하며 새싹이 돋아난다. 이때 봄비가 내리고 겨우내 얼었던 대지가 녹아 물이 많아진다 하여 雨水라고 하였다. 예부터 우수·경칩에 대동강 물이 풀린다는 말이 있다. 『禮記』에는 이 시기에 수 달이 물고기를 잡아다 늘어놓고, 기러기가 북쪽으로 날아가며, 초목에는 싹이 튼 다고 하였다. 수달은 강이 풀리면서 물위로 올라오는 물고기를 잡아 먹이를 마련 하고 추운 지방의 새인 기러기는 봄기운을 피하여 다시 추운 북쪽으로 날아간다.

○ 驚蟄 : 啓蟄이라고도 한다. 날씨가 따뜻해서 초목의 싹이 돋고, 동면하던 동물이 땅속에서 깨어 꿈틀거리기 시작한다는 뜻에서 이러한 이름이 붙었다. 경칩에 흙일을 하면 탈이 없다고 해서 이날 벽을 바르거나 담을 쌓는다. 또한 개구리 정충이 몸을 보한다고 하여 개구리 알을 잡아먹고, 보리 싹의 성장 상태를 보고 그해 농사의 풍흉을 점쳤다.

○ 春分 : 낮과 밤의 길이가 같은 시기이다. 『禮記』에는 이 시기에 제비가 남쪽에서 날아오고, 우레 소리가 들려오며, 그해에 처음으로 번개가 친다고 하였다. 농가에서는 농사 준비로 분주해진다. '2월 바람에 김칫독 깨진다.', '꽃샘에 설늙은이 얼어죽는다.'라는 속담도 있듯이, 2월 바람은 동짓달 바람처럼 매섭고 차다. 이는 風神이 꽃 피는 것을 샘을 내어 꽃이 피지 못하도록 바람을 불게 하기 때문이라 한다. 그래서 '꽃샘'이라 한다.

○ 淸明 : 날씨를 말할 때 청명하다는 말이 있듯이 맑고 깨끗한 기후의 시기이다. 『禮記』에는 이 시기에 오동나무의 꽃이 피기 시작하고, 들쥐 대신 종달새가 나타나며, 무지개가 처음으로 보인다고 하였다. 봄 농사가 본격적으로 시작되며, 논 밭둑을 손질하는 가래질을 품앗이로 행한다. 또한 '한식에 죽으나 청명에 죽으나'라는 속담이 생길 정도로 寒食과 겹치게 되는데 이날 省墓를 한다.

○ 穀雨 : 봄의 마지막 절기로, 봄비(雨)가 내려 온갖 곡식(穀)을 기름지게 한다 하여 붙여진 말이다. 옛날에는 곡우 무렵에 못자리할 준비로 볍씨를 담근다. 볍씨를 담은 가마니는 솔가지로 덮어두며 밖에 나가 부정한 일을 당했거나 부정한 것을 본 사람은 집 앞에 와서 불을 놓아 악귀를 몰아낸 다음에 집 안에 들어오고, 들어와서도 볍씨를 볼 수 없게 하였다. 만일 부정한 사람이 볍씨를 보게 되면 싹이 트지 않고 농사를 망치게 된다는 俗信이 있었다. 곡우 전후에 딴 잎으로 만든 차를 雨前茶라고 하는데 차 가운데 최상품으로 친다.

〈여름〉

○ 立夏 : 여름에 들어섰다고 하여 입하라 한다. 『禮記』에는 이 시기에 청개구리가 울고, 지렁이가 땅에서 나오며, 王瓜가 나온다고 하였다. 입하 무렵이 되면 농작물이 자라기 시작하면서 몹시 바빠지는데, 해충도 왕성한 활동을 시작하기 때문에 병충해 방제는 물론, 각종 잡초를 제거하는 데도 힘을 쏟아야 한다. 세시 풍속의 하나로 이 즈음에 쌀가루와 쑥을 한데 버무려 시루에 찐 쑥범벅을 節食으로 먹기도 한다.

○ 小滿 : 만물이 점차 生長하여 가득 찬다(滿)는 의미로 소만이라고 한다. 『禮記』에는 이 시기에 씀바귀가 뻗어 나오고, 냉이가 누렇게 죽어가며, 보리가 익는다고 하였다. 농촌에서는 논에 모내기 준비가 한창이거나 밭농사는 김을 매주고, 가을 보리 베기에도 바쁜 시기라서 1년 중 농사가 가장 바쁜 계절로 접어들 때이다. 이 시기에는 가물 때가 많아서 밭곡식 관리와 모판이 마르지 않도록 물 준비를 부지런히 해야 한다.

○ 芒種 : 벼, 보리 등 수염이 있는 까끄라기(芒) 곡식의 종자를 뿌리기에 적당한 시기라는 뜻으로, 망종이라고 한다. 『禮記』에는 이 시기에 사마귀가 생기고, 왜가리가 울기 시작하며, 지빠귀가 울음을 멈춘다 하였다. 이 시기에는 모내기와 보리 베기를 하므로, '보리는 익어서 먹게 되고 볏모는 자라서 심게 되니 망종이오.'라는 속담도 있다. 남쪽에서는 '발등에 오줌싼다'라고 말할 만큼 1년 중 제일 바쁜 때이다.

○ 夏至 : 하지 때는 1년 중 태양이 가장 높이 떠 낮의 길이가 길어지고, 지구 표면이 받는 열량이 가장 많아져 하지 이후에는 기온이 점차 상승하여 몹시 더워진다. 『禮記』에는 이 시기에 사슴의 뿔이 떨어지고, 매미가 울기 시작하며, 半夏의 알이 생긴다고 했다. 농사로는 모내기가 끝나는 시기이며 장마가 시작되는 때이기도 하다.

○ 小暑 : 본격적인 더위가 시작되는 시기이다. 『禮記』에는 이 시기에 더운 바람이 불어오고, 귀뚜라미가 벽에 기어다니며, 매가 비로소 사나워진다고 하였다. 우리나라에서는 장마전선이 가로질러 가게 되어 장마철로 접어드는 시기이며, 습도가 높아지고 많은 비가 내린다. 하지 무렵에 모내기를 끝내고 난 뒤 소서 때는 논매기를 한다. 이 시기엔 퇴비를 장만하기 위하여 밭두렁의 잡초 깎기도 하고, 채소나 과일이 풍성해지는 시기이다.

○ 大暑 : 『禮記』에는 이 시기에 썩은 풀이 화하여 반딧불이 되고, 흙이 습하고 무더워지며, 때때로 큰 비가 내린다고 하였다. 우리나라에서는 이 시기에 中伏이 들어 있어, 대개 장마가 끝나고 더위가 가장 심해지는 때이다. 참외나 수박 등이 풍성하고 과일은 이때 가장 맛이 좋다. 햇밀과 보리를 먹으며, 녹음이 우거진다.

〈가을〉

○ 立秋 : 秋를 메뚜기 모양에서 왔다고 보거나 곡식을 추수하는 데서 온 글자로, 立秋는 가을이 시작되는 절기이다. 아침저녁으로 부는 바람은 선선하여 가을이 시작되었음을 알려 준다. 『禮記』에는 이 시기에 서늘한 바람이 불어오고, 이슬이 진하게 내리며, 쓰르라미가 운다고 표현하였다. 벼가 한창 익어 가는 시기로, 입추가 지나서 비가 닷새 동안만 계속 내려도 조선시대에는 조정이나 각 고을에서 비를 멎게 해달라는 祈晴祭를 올렸다.

○ 處暑 : 더위가 물러가는 시기라는 의미로, 處暑라고 하였다. 『禮記』에는 이 시기에 매가 새를 잡아 늘어놓고, 천지가 쓸쓸해지기 시작하며, 논벼가 익는다고 하였다. 처서가 지나면 따가운 햇볕이 누그러져서 풀이 더 이상 자라지 않으므로 산소에 벌초를 한다. 아직 남아있는 여름 햇살과 선선한 가을 바람에 장마로 습기찬 옷이나 책을 말리는 暴曬도 이 무렵에 한다. '처서가 지나면 모기도 입이 비뚤어진다.'라는 속담처럼 선선한 바람에 파리 모기도 사라지고, '어정칠월 건들팔월'이란 속담처럼 농촌은 한가한 한때를 맞이하게 된다.

○ 白露 : 밤 동안 기온이 크게 떨어지고, 대기 중의 수증기가 엉겨서 이슬이 되므로 백로라고 한다. 『禮記』에는 이 시기에 기러기가 날아오고, 제비가 돌아가며, 뭇 새들이 먹이를 저장한다고 하였다. 백로에 비가 오면 풍년의 징조로서, 속담에 '백로에 비 오면 십 리 천 석을 늘린다.'고 하였다. 또한 백로에 콩잎 내린 이슬을 새벽에 손으로 훑어 먹으면 속병이 낫는다고 한다.

○ 秋分 : 낮의 길이가 점점 짧아지며, 밤의 길이가 길어져 낮과 밤의 길이가 같은 날이다. 이 시기는 추수기이므로, 백곡이 풍성한 때이다. 『禮記』에는 이 시기에 우레 소리가 비로소 그치게 되고, 동면할 벌레가 흙으로 창을 막으며, 땅 위의 물이 마르기 시작한다고 하였다. 추분 즈음이면 논밭의 곡식을 거두어들이고, 목화를 따고 고추도 따서 말리는 등 잡다한 가을걷이 일을 한다.

○ 寒露 : 이슬이 찬 공기를 만나서 서리로 변하기 직전의 시기이다. 『禮記』에는 이 시기에 기러기가 초대를 받은 듯 모여들고, 참새가 줄고 조개가 나돌며, 국화가 노랗게 핀다고 하였다. 이 시기는 단풍이 짙어지고, 제비 등 여름새가 남쪽으로 날아가고 기러기 등 겨울새가 날아오며, 菊花煎을 지지고 국화술을 담그기도 한다. 이 무렵엔 세시풍속으로 重陽節이 드는데, 중양절에는 높은 산에 올라가 머리에 茱萸를 꽂으면 잡귀를 쫓을 수 있다고 한다. 이는 붉은 수유 열매가 귀신을 쫓는 벽사력을 가지고 있다고 믿었기 때문이다.

○ 霜降 : 맑은 날씨가 계속되며, 밤에는 기온이 뚝 떨어져 수증기가 지표에서 엉겨 서리가 내리게 되어 상강이라고 한다. 『禮記』에는 이 시기에 승냥이가 산짐승을 잡고, 초목이 누렇게 되며, 冬眠하는 벌레가 모두 땅에 숨는다고 하였다. 서서히 겨울잠에 들어갈 동물들은 동면을 준비하고, 봄부터 바빴던 농사일도 추수의 가을걷이가 마무리되면서 상강 때쯤이면 거의 끝이 난다.

〈겨울〉

○ 立冬 : 冬은 본래 끈을 묶은 모양으로 계절의 끝인 겨울을 상징하다가 추위를 나타내는 얼음 氷을 넣어서 만든 글자이다. 겨울이 시작된다 하여 입동이라 하였다. 『禮記』에는 이 시기에 물이 비로소 얼고, 땅이 처음으로 얼어붙으며, 꿩은 드물어지고 조개가 잡힌다고 하였다. 김장 시기는 입동 전후 1주일간이 적당하다고 전해 내려오지만 근래에는 김장철이 늦어져 가고 있다. 입동날 날씨가 추우면 그 해 겨울은 추울 것이라고 점을 친다.

○ 小雪 : 『禮記』에는 이 시기에 무지개가 걷혀서 나타나지 않고, 天氣가 올라가고, 地氣가 내리며 폐색되어 겨울이 된다고 하였다. 첫겨울의 징후가 보이기 시작하는데, 살얼음이 잡히면서 제법 춥지만 그래도 낮엔 아직 따뜻하여 小春이라 부르기도 한다. 소설 무렵, 심한 바람이 불면서 날씨가 갑자기 추워지기도 하는데 이날은 손돌(孫乭)이 죽던 날이라 하고, 이때의 바람을 '손돌바람'이라 해서 외출을 삼가고 배를 바다에 띄우지 않는다.

○ 大雪 : 눈이 많이 내린다는 뜻에서 대설이라고 하였으나, 반드시 눈이 많이 오는 것은 아니다. 『禮記』에는 이 시기에 산박쥐가 울지 않고, 범이 교미하여 새끼를 낳는다고 하였다.

○ 冬至 : 태양의 남중고도가 1년 중 제일 낮아 밤이 가장 긴 날이다. 예부터 동지는 '亞歲', 또는 '작은 설'이라고 해서 크게 다양한 세시 풍속이 행해졌다. 궁중에서는 군신과 왕세자가 모여 '會禮宴'을 베풀었으며, 해마다 중국에 예물을 갖추어 冬至使를 파견하였다. 민간에서는 새알심을 넣은 붉은 팥죽을 먹었는데, '동지 팥죽을 먹어야 진짜 나이를 먹는다'는 속담이 있다. 팥의 붉은 색은 疫鬼를 쫓는 벽사의 기능을 한다고 믿어 벽이나 마당 등에 뿌리기도 하였다.

○ 小寒 : 『禮記』에는 이 시기에 기러기가 北으로 돌아가고, 까치가 집을 짓기 시작하고, 꿩이 운다고 하였다. 절후의 이름으로 보아 大寒 때가 가장 추운 것 같으나 실은 小寒 때가 우리나라에서는 1년 중 가장 춥다. 그래서 속담에 '대한이가 소한의 집에 가서 얼어죽는다.'라는 말이 있다. 그러나 추위를 이겨냄으로써 어떤 역경도 감내하고자 했던 까닭으로 '小寒 추위는 꾸어다가라도 한다.'고 하였다.

○ 大寒 : 小寒 15일 후부터 立春 전까지의 절기로, 대한은 그 말뜻으로 보면 가장 추운 때를 의미하지만, '소한 얼음, 대한에 녹는다'라는 속담처럼 소한 추위가 가장 심하다. 이 시기는 겨울을 매듭짓는 절후로, 대한의 마지막 날을 節分이라 하여 연말일로 여겼다.

2) 십간(十干)과 십이지(十二支)

干支란 十干과 十二支를 일컫는 말로, 인간의 길흉화복을 점치는 四柱나 일 년 四時를 기록한 달력 등에 사용되고 있으나 정확한 기원은 알 수가 없다.

十干의 구체적 기원에 대한 명확한 자료는 확인할 수가 없으나, 다만 중국 고대 伏羲氏가 易의 八卦를 만드는 바탕이 되었다는 河圖에 十干이 보이는 것을 보면 그 기원은 夏나라 이전으로 올라간다고 볼 수 있다. 그러나 일반적인 학설로는 중국 漢나라 때 완성된 것으로 전해지고 있다. 명칭은 처음에는 十幹으로 쓰이다가 十干으로 변화되었으며, 점술가들에 의해 五行이 결부되어 天干으로 불리게 되었다. 十干은 甲·乙·丙·丁·戊·己·庚·辛·壬·癸로 구성되어 있다.

十二支 역시 중국 殷나라 때 이미 널리 사용된 것으로 보아 그 기원은 殷나라 이전인 夏나라까지 올라간다고 볼 수 있다. 12라는 숫자는 1년이 12달인 것에서 온 것으로 보이며, 五行이 결부되어 地支로 불리게 되었다. 十二支는 子·丑·寅·卯·辰·巳·午·未·申·酉·戌·亥로 구성되어 있으며, 각각 12동물과 결부되어 있다. 十二支의 맨 앞에 쥐가 오게 된 데에는 설화가 몇 가지 전한다.

옛날, 하늘의 천제가 동물들에게 지위를 주고자 했다. 이에, 그 선발 기준을 어떻게 할까 고민하다가 정월 초하루에 제일 먼저 천상의 문에 도달한 동물부터 차례대로 12동물에게 그 지위를 주겠다고 했다. 이 소식을 들은 각 동물들은 기뻐하며 저마다 빨리 도착하기 위한 훈련을 했다. 그 중에서도 소가 가장 열심히 수련을 했는데, 각 동물들의 이런 행위를 지켜보던 쥐가 도저히 작고 미약한 자기로서는 먼저 도달하는 것이 불가능하다고 생각하여, 그 중 제일 열심인 소에게 함께 길동무하며 가자고 제안하였다. 정월 초하루가 되어 동물들이 앞다투어 달려왔는데, 소가 가장 부지런하여 제일 먼저 도착하였으나, 도착한 바로 그 순간에 소의 머리에 타고 있던 쥐가 뛰어내리면서 가장 먼저 문을 통과하였다. 소는 분했지만 두 번째가 될 수밖에 없었다. 쥐가 십이지의 첫머리로 자리잡을 수 있었던 것은 자신의 미약한 힘을 일찍 파악하고, 약삭빠르게 꾀를 썼기 때문이다. 이렇듯 12띠와 결부된 十二支는 오늘날에도 인간의 운명을 점치는 데 사용하고 있다.

十二支	子	丑	寅	卯	辰	巳	午	未	申	酉	戌	亥
동물	쥐	소	범	토끼	용	뱀	말	양	원숭이	닭	개	돼지
달 (음력)	11월	12월	1월	2월	3월	4월	5월	6월	7월	8월	9월	10월
오행	水	土	木	木	土	火	火	土	金	金	土	水
시간	23~1	1~3	3~5	5~7	7~9	9~11	11~13	13~15	15~17	17~19	19~21	21~23

十干과 十二支를 순차적으로 조합시키면 60개의 간지를 얻게 되는데 이를 六十甲子, 또는 六甲이라고 한다. 또한 자신이 태어난 干支가 돌아오는 해를 回甲, 還甲, 華甲이라고 부른다.

甲子 乙丑 丙寅 丁卯 戊辰 己巳 庚午 辛未 壬申 癸酉
甲戌 乙亥 丙子 丁丑 戊寅 己卯 庚辰 辛巳 壬午 癸未
甲申 乙酉 丙戌 丁亥 戊子 己丑 庚寅 辛卯 壬辰 癸巳
甲午 乙未 丙申 丁酉 戊戌 己亥 庚子 辛丑 壬寅 癸卯
甲辰 乙巳 丙午 丁未 戊申 己酉 庚戌 辛亥 壬子 癸丑
甲寅 乙卯 丙辰 丁巳 戊午 己未 庚申 辛酉 壬戌 癸亥

3) 12달의 세시풍속

○ 1월

元朝[元正, 元旦, 元日, 正朝, 三元, 新元, 愼日],
立春, 人日, 上元, 上亥日, 上子日, 卯日

○ 2월

中和節, 寒食

○ 3월

上巳[元巳, 重三, 上除, 踏靑節, 삼짇날]

○ 4월

초파일[釋誕日, 浴佛節, 燈夕]

○ 5월

端午[端陽, 天中節, 戌衣日, 水瀨日, 수릿날, 重五節]

○ 6월

流頭, 三伏

○ 7월

七夕, 百種[百中, 中元, 亡魂日]

○ 8월

秋夕[嘉俳, 仲秋節, 한가위]

○ 9월

重陽節

○ 10월

午日

○ 11월

冬至[亞歲]

○ 12월

臘日, 除夜[除夕]

19. 세상과의 마지막 인사 상례

1) 상례란

사람이 태어나서 마지막 통과하는 관문이 죽음이고 이에 따르는 의례가 상례이다. 대부분의 사회에서는 인간의 죽음을 단순히 생물학적 활동의 정지가 아니라, 인간의 영혼이 현세에서 他界로 옮겨간다고 믿어왔으며, 상례에서는 그러한 관념들이 일정한 행위로 표현되고 있다. 그러나 사회마다 그 개념과 내용에는 차이가 있다. 우리나라에서도 여러 유형의 상례가 실행되어 왔는데, 보편적으로 행해지는 상례에는 무속적인 상례, 불교식 상례, 유교식 상례, 기독교 상례가 있다.

물론 이들 상례들은 서로 糟合되어 나타나기도 한다. 그 가운데 오늘날까지 가장 보편적으로 행해지고 있는 전통적인 상례방식은 유교식 상례라 할 수 있다. 무속이나 불교가 유교보다 일찍 우리나라 사람들의 생활을 지배하였음에도 불구하고 유교식 상례가 보편적으로 행해지고 있는 것은, 조선시대에 유교적 예법을 사회규범으로 받아들여 그 실행을 법적으로 강요한 결과 그 유풍이 오늘날까지 널리 전승되고 있기 때문이다. 상고시대의 상례풍습을 살펴보면, 부여에서는 殉葬의 풍습이 있었고 遲葬의 풍속이 있어 길면 5개월까지 이르는 경우가 있었고, 洗骨葬과 같은 장법도 있었다. 고구려에서도 순장과 함께 厚葬의 풍습이 있었으며 옥저에서도 세골장이 행해졌다. 진한지방에서는 장례식 때 큰 새의 날개를 함께 묻는 풍습이 있었다. 신라에서도 초기에는 순장의 풍속이 있었다.

그런데 4~5세기에 불교와 유교가 들어오고 7세기에 도교가 전래되면서 상례풍속도 많이 바뀌게 되었다. 신라에서 불교식 다비와 유교식 매장법이 병행하였던 것은 이러한 영향을 잘 반영해준다. 그러다가 신라 말엽에 讖緯說과 풍수지리설이 유행하게 되면서부터 매장의 풍속이 성하게 되어 고려시대까지 이어졌는데, 고려에서는 숭불정책이 강화되어 화장의 풍습도 널리 행해졌다. 조선시대에는 상류층은 물론 일반 서민들에 이르기까지 유교식 의례를 따랐음을 알 수 있다. 이러한 유교식 의례는 오늘날도 여전히 따르고 있으나, 그 의식은 많이 간소화해지고, 집안에 따라 조금씩 개인차를 보이고 있다. 다음은 오늘날 행해지고 있는 상례 절차를 살펴보기로 하겠다.

2) 상례의 절차

① 初終

초종에는 臨終에 대한 준비, 招魂, 시체 거두기, 初喪 동안의 소임 분담, 棺 준비, 訃告 발송 등에 대한 내용이 있다.

임종은 殞命이라고도 하는데 환자가 마지막 숨을 거두는 것을 말한다. 사람이 죽으면 死亡, 下直, 別世, 逝去, 永眠, 他界 등 여러 가지 表現을 하게 되는데 이러한 언어 표현에서 죽음 이후에 대한 세계를 인정하고 있는 면을 엿볼 수가 있다.

옛날의 예법에는 남자는 여자가 지키고 있는 데서 숨이 끊어지지 않게 하고, 이와 반대로 여자는 남자가 지키고 있는 데서 숨이 끊어지지 않게 한다고 하였다. 숨을 거두고 나면 故人의 명복을 빌고 고인의 몸 전체를 깨끗이 씻기고 햇솜으로 귀와 코를 막은 다음 머리가 방의 윗목으로 가도록 하여 머리를 높고 반듯하게 괸다. 그리고 백지로 얼굴을 덮은 후 희고 깨끗한 홑이불로 머리에서 발끝까지 덮는다. 남자는 왼손을 위로 여자는 오른손을 위로 하여 두 손을 한데 모아 백지로 묶는다.

시신을 거두는 것이 끝나고 나면 招魂을 한다. 남자의 초상에는 남자가, 여자의 초상에는 여자가 죽은 사람의 상의를 가지고 동쪽 지붕으로 올라가 왼손으로는 옷의 깃을 잡고 오른손으로는 옷의 허리를 잡고서 북쪽을 향해 옷을 휘두르면서 먼저 죽은 사람의 주소와 성명을 왼 다음에 '복! 복! 복!' 하고 세 번을 부른다. 이것은 죽은 사람의 혼이 하늘로 가고 있는 것을 다시 돌아오도록 부르는 것으로 이렇게 해도 살아나지 않아야 비로소 죽은 것으로 인정하고 곡을 하는 것이라 했다.

　그리고는 고인을 데리러 온 저승사자를 위해 사자 밥을 차렸다. 사자 밥은 보통 밥상이나 쟁반에 밥 세 그릇, 술 석잔, 백지 한 권, 명태 세 마리, 짚신 세 켤레, 동전 몇 닢을 얹어 놓고 촛불을 켜서 뜰아래나 대문 밖에 차려 놓는다.

　喪中에는 주인은 슬퍼서 일을 볼 수가 없기 때문에 護喪을 둔다. 護喪은 친족이나 친지 중 喪禮에 밝고 경험이 있는 사람을 뽑아 喪主를 대신해서 장례 전반의 일을 돕도록 한다. 상중에 주인이 슬퍼서 경황이 없는 것을 잘 표현한 말에 喪家之狗라는 말이 있다. 이 말은 초상집의 개라는 말로 여위고 기운 없이 초라한 사람을 빈정거리는 표현이다. 『孔子家語』에 보면 이에 관한 이야기가 전한다.

　　魯나라 定公 때 大司寇로서 재상의 직무를 대행하고 있던 孔子는 왕족인 三桓 씨에게 배척을 당하여 노나라를 떠나고 말았다. 그 후 공자는 수년 간 자신이 이상으로 삼는 도덕 정치를 펼 수 있는 나라를 찾아서 여러 나라를 돌아다녔으나 받아주는 군주가 없었다. 한번은 鄭나라를 찾아갔던 공자(56세)가 제자들을 놓쳐 버리고 홀로 동문 옆에 서서 그들이 찾아오기만 기다리고 있었다. 한편 스승을 찾아나선 子貢이 한 행인에게 孔子의 人相着衣를 대면서 혹시 보지 못했느냐고 묻자, 그 행인은 이렇게 대답했다. "동문 옆에 웬 노인이 서 있는 것을 보았는데, 이마는 堯임금과 같았고, 목은 皐陶와 같고, 어깨는 子産과 같았소. 그러나 허리 아래로는 禹임금에게 세 치쯤 미치지 못했다. 그 지친 모습은 마치 '상갓집 개[喪家之狗]' 같습디다."

　　다른 제자들과 함께 동문으로 달려간 자공은 공자를 만나자 방금 행인에게서 들은 이야기를 고했다. 이야기를 듣고 난 공자는 웃으며 말했다. "용모에 대한 형용은 들어맞는다고 하기 어려우나 상갓집 개와 같다는 표현은 딱 들어맞는 말이다."

　　그 후 鄭나라에서도 뜻을 이루지 못한 공자는 그야말로 상갓집 개와 같이 초라한 모습으로 기운 없이 노나라로 다시 돌아갔다.

　보통 喪主는 상을 주관하는 사람으로 主喪이라고 한다. 아버지가 돌아가시면 큰 아들이 상주가 되지만 큰아들이 없는 경우 장손이 상주가 된다. 아버지가 있으면 아버지가 상주가 되고, 아버지도 없고 형제만 있을 때는 큰 형이 상주가 되고 자손이 없을 때에는 최근친자가 상례를 주관한다.

이러한 모든 절차를 준비하고 나면 주변에 돌아가신 분의 사망 소식을 알리는 訃告를 띄운다.

② 殮襲

염습은 목욕·습·반함·소렴·대렴의 순으로 진행된다. 먼저 향나무 맑은 물이나 쑥을 삶은 물로 시신을 정하게 씻기고 나서 수건으로 닦고 머리를 빗질하고 손톱과 발톱을 깎아 주머니에 넣는다. 그리고 壽衣를 입히는데, 옷은 모두 오른쪽으로 여민다. 수의는 지역과 집안에 따라 다르나, 생전에 입던 옷보다 크고 넉넉하게 한다. 일반 가정에서는 부모의 환갑이 가까워지면 집안 형편에 따라 윤달을 택하여 수의를 만들어 둔다. 부모의 수의를 만들 때는 효를 다한다는 의미로 무슨 일을 해도 해가 없다는 윤달 중 길일을 택할 뿐만 아니라, 팔자가 좋고 장수하는 노인을 모셔다가 바느질을 부탁한다. 빨리 썩는 것이 좋다고 하여 민가에서는 모시나 삼베를 많이 사용한다.

수의를 입히고 난 후 이어 시신의 입 속에 옥구슬이나 불린 쌀을 넣어 주는데 이를 飯含이라고 한다. 그다음 시신을 관에 넣을 수 있도록 옷과 이불로 단단하게 묶고 그 이튿날 입관을 한다. 그리고 靈座를 마련하여 고인의 사진을 모시고 촛불을 밝힌다. 영좌의 앞에 향탁을 놓고 향을 사르며 영좌의 오른쪽에 銘旌을 만들어 세운다.

喪廳은 喪中에 죽은 이의 魂帛 또는 神主를 모셔두는 곳으로, 殯所·靈筵·賓室 등으로 부르며 襲을 마친 뒤에 설치한다. 이곳에서 문상객들의 조문을 비롯하여 아침과 저녁으로 드리는 上食 등이 행해진다. 남자들은 棺의 동쪽에 늘어서서 서쪽을 향하며 부인들은 그 반대편에 위치한다.

③ 成服

입관을 하면 喪服을 입는데 이때 상복을 입는 성복제는 지내지 않는다. 상복을 입는 친척을 有服親, 또는 服人이라고 한다. 상복은 주로 삼베로 만든 옷을 입는 경우가 많으며, 한복일 경우 흰색 또는 검정색으로 하고 양복은 검정색으로 하는데 왼쪽 가슴에 상장이나 흰 꽃을 단다. 보통 일반 가정에서 상복을 입는 기간을 葬日을 지나 5일째 탈상까지로 한다.

④ 弔喪

喪家에 가서 슬픔을 위로해 주는 것을 '弔喪 간다'거나 '問喪 간다' 또는 '弔問한다'라고 한다. 문상을 갈 때에는 슬픔을 함께 나누는 경건한 마음을 지니고 가지만, 보통 봉투에 돈을 넣어 위로의 마음을 전하게 마련이다. 이때 봉투에는 謹弔, 弔意, 賻儀, 香燭代라고 쓰는 것이 일반적이다. 조문할 弔는 원래 사람 人과 활 弓으로 구성된 글자이다. 사람의 시신을 처리하는 방법에는 여러 가지가 있는데, 그 중 弔는 들이나 숲에 갖다버리는 장법이 반영된 글자이다. 시신을 들이나 산에다 갖다 버리면 짐승들의 먹이가 되기 십상이다. 그래서 가까웠던 사람이 짐승의 먹이가 되는 것을 차마 보지 못해 활을 들고 가서 시신을 며칠씩 지켜주는 것이 조문하다의 의미이다.

香燭代라는 표현도 賻儀만큼이나 자주 쓰는 표현인데 '향을 사르고 촛불을 켜는 데 사용할 대금'이란 뜻이 담긴 말이다. 우리나라에서는 돈 대신 아무 것도 먹지 못하는 상주를 위해 음식을 마련해 전해주기도 하였는데, 오늘날에도 돈 대신 물품을 보내는 경우가 있는데, 이 경우에는 奠儀라고 쓰기도 한다.

⑤ 治葬

치장은 葬地와 葬日을 정한 뒤 장지에 壙中을 파고, 誌石과 神主를 만드는 절차이다. 옛날에는 석 달 만에 장사를 지냈는데, 이에 앞서 장사를 지낼만한 땅을 고른다. 묘 자리를 정하면 이어 장사 지낼 날짜를 잡고, 날짜가 정해지면 산소에 산역을 시작하고 토지신에게 莎土祭를 지낸다.

⑥ 發靷

발인 전날 靈柩를 상여로 옮기는 遷柩 의식을 행한다. 그리고 다음날 영구가 장지를 향해 떠나는 것을 發靷이라고 한다. 이때 간단한 제물을 올리고 축문을 읽는데, 이것을 발인제라고 하며 靈柩가 喪家 또는 장례식장을 떠나기 직전에 그 상가 또는 장례식장에서 한다. 발인제는 고인의 신분에 따라 구분되는데 사회장, 단체장, 가족장 등이다. 축관이 술을 따라 올리고 무릎을 꿇고 축문을 읽고 나면 상주 이하는 모두 곡하고 절한다.

이윽고 運柩를 하는데, 이것은 영구를 운반하여 장지까지 가는 것을 말한다. 영구가 떠나면 방상이 앞에 서서 길을 인도해 간다. 방상이란 초상 때 묘지에서 창을 들고 사방 모퉁이를 지키는 사람을 가리킨다. 운구하는 도중에 상주 이하 모두 곡하면서 따른다.

옛날에는 상여가 장지를 향해 떠나는 발인 때 앞서 가는 이가 상여소리를 불렀다. 이것을 보통 상여를 끌고 간다는 의미에서 輓歌라고도 한다. 이 만가는 죽은 사람을 애도하는 노래로 고사가 전한다.

중국 漢나라 고조 劉邦이 즉위하기 직전의 일이다. 한나라 창업 三傑 중 한 사람인 韓信에게 급습 당한 齊王 田橫은 그 분풀이로 유방이 보낸 說客 酈食其를 삶아 죽여 버렸다. 이윽고 고조가 즉위하자 보복을 두려워한 전횡은 500여 명의 부하와 함께 발해만에 있는 지금의 전횡도로 도망갔다. 그 후 고조는 전횡이 반란을 일으킬까 우려하여 그를 용서하고 불렀다. 전횡은 일단 부름에 응했으나 낙양을 30여 리 앞두고 스스로 목을 찔러 자결하고 말았다. 포로가 되어 고조를 섬기는 것이 부끄러웠기 때문이다. 전횡의 목을 고조에게 전한 두 부하를 비롯해서 섬에 남아있던 500여 명도 전횡의 절개를 경모하여 모두 殉死했다.

그 무렵, 전횡의 문인이 薤露歌와 蒿里曲이라는 두 장의 喪歌를 지었는데 전횡이 자결하자 그 죽음을 애도하여 노래했다.

「薤露歌」
부추 잎의 이슬은 어찌 그리 쉬이 마르는가   薤上朝露何易晞

이슬은 말라도 내일 아침 다시 내리지만 　　露晞明朝更復落
사람은 죽어 한 번 가면 언제 다시 돌아오나 　　人死一去何時歸

「蒿里曲」
호리는 뉘 집터인고 　　　　　　　　蒿里誰家地
혼백을 거둘 땐 현우가 없네 　　　　　聚斂魂魄無賢愚
귀백은 어찌 그리 재촉하는고 　　　　　鬼伯一何相催促
인명은 잠시도 머뭇거리지 못하네 　　　　人命不得少踟躕

이 두 상가는 그 후 7대 황제인 武帝 때에 樂府 총재인 李延年에 의해 작곡되어 해로 가는 인생은 부추 잎에 맺힌 이슬처럼 덧없음을 노래한 것으로, 公卿貴人의 장례 시에 쓰이고, 호리곡의 호리는 山東省의 泰山 남쪽에 있는 산으로 중국인들은 사람이 죽으면 넋이 이곳으로 온다고 믿어 왔다. 이 호리곡은 士夫庶人의 장례 시에 상여꾼이 부르는 '만가'로 정해졌다고 한다.

⑦ 及墓

급묘는 상여가 장지에 도착하여 매장하기까지의 절차이다. 하관할 때 상주들은 곡을 그치고 하관하는 것을 살펴본다. 혹 다른 물건이 광중으로 떨어지거나 영구가 비뚤어지지 않는가를 살핀다. 하관이 끝나면 풀솜으로 관을 깨끗이 닦고 나서 柩衣와 銘旌을 정돈해서 관 한복판에 덮는다. 집사자가 玄纁을 가져다가 상주에게 주면 상주는 이것을 받아서 축관에게 주고 축관은 이것을 받들고 광중에 들어가 관의 동쪽, 즉 죽은 사람의 왼편에 바친다. 이때 상주가 두 번 절하고 머리를 조아리고 나면 모든 사람들이 슬피 곡한다. 玄纁이란 폐백으로 쓰는 흑색과 홍색의 비단을 말하는데, 이것은 동심결로 묶는다.

그다음은 成墳을 한다. 성분은 흙과 회로 광중을 채우고 흙으로 봉분을 만드는 것을 말한다. 誌石을 묻는 경우에는 묘지가 평지에 있으면 광중 남쪽 가까운 곳에 묻고, 가파른 산기슭에 있으면 광중 남쪽 몇 자쯤 되는 곳에 묻는다. 성분했을 때 제물을 올리고 제사를 지낸다. 이때 축문을 읽고, 신주를 쓴 뒤에는 향만 피우고 축문을 읽는다. 이 절차가 끝나면 혼백을 모시고 집으로 돌아온다.

⑧ 虞祭

장례가 끝난 뒤 상주 이하가 腰輿를 모시고 귀가하면서 곡하는 것을 말한다. 집 대문이 보이면 다시 곡을 한다. 집사는 영좌를 미리 만들어 놓았다가 상주가 집에 도착하면 축관으로 하여금 신주를 모시게 하고 신주 뒤에 혼백함을 모신다. 그러면 상주 이하가 그 앞에 나아가 슬피 곡을 한다. 장지에서 혼백을 다시 집으로 모셔 오는 것을 返魂이라고 한다.

初虞는 장례를 지낸 날 중으로 지내는 제사이다. 만일 집이 멀어서 당일로 돌아올 수가 없을 때는 도중에 자는 집에서라도 지내야 한다. 이때 상주 이하 모두가 목욕을 하지만 머리에 빗질은 하지 않는다. 이 초우부터 정식으로 제사를 지내는 것이기 때문에 제물 이외에 채소와 과일도 쓰며, 제사를 지내는 동안 상제들은 방 밖에서 상장을 짚고 서며, 그 밖의 참사자들은 모두 영좌 앞에서 곡한다. 초헌과 아헌 종헌이 끝나고 유식을 하고 나면 상주 이하는 모두 밖으로 나가고, 합문과 계문이 끝나면 다시 모두 들어가서 곡한다. 이러한 절차가 끝나면 축관이 혼백을 묘소 앞에 묻는다. 이로써 장례는 끝나게 된다.

附錄 1

甘	달, 감								
言	말씀, 언								
利	이로울, 리								
說	말씀, 설								
감언이설 甘言利說		남의 비위를 맞추는 달콤한 말과 이로운 조건만 들어 그럴듯하게 꾸미는 말.							

改	고칠, 개								
過	허물, 과								
遷	옮길, 천								
善	착할, 선								
개과천선 改過遷善		지나간 허물을 고치고 착한 곳으로 나아감.							

鷄	닭, 계								
卵	알, 란								
有	있을, 유								
骨	뼈, 골								
계란유골 鷄卵有骨		달걀에도 뼈가 있다. 늘 일이 잘 안 되는 사람이 모처럼 좋은 기회를 만났지만 역시 잘 안 될 때를 이르는 말.							

骨	뼈, 골							
肉	고기, 육							
相	서로, 상							
殘	해칠, 잔							
골육상잔 骨肉相殘		① 부자나 형제 등 혈연관계에 있는 사람끼리 서로 해치며 싸우는 일. ② 같은 민족끼리 싸우며 해치는 일.						

公	공변될, 공							
不	아닐, 불							
勝	이길, 승							
私	사사, 사							
공불승사 公不勝私		공적인 이익이 사사로운 욕심을 이기지 못한다.						

口	입, 구							
尚	오히려, 상							
乳	젖, 유							
臭	냄새, 취							
구상유취 口尚乳臭		입에서 아직 젖내가 난다. 말과 행동이 유치한 것을 이르는 말.						

金	쇠, 금								
石	돌, 석								
相	서로, 상								
約	묶을, 약								
금석상약 金石相約		쇠나 돌처럼 서로 약속하다. 약속을 하면 반드시 지키는 마음 자세를 이르는 말.							

錦	비단, 금								
衣	옷, 의								
還	돌아올, 환								
鄉	시골, 향								
금의환향 錦衣還鄉		비단 옷을 입고 고향으로 돌아오다. 성공해서 고향으로 돌아오는 것을 이르는 말.							

路	길, 로								
柳	버들, 류								
墙	담장, 장								
花	꽃, 화								
노류장화 路柳墻花		길가의 버들과 담장가의 꽃. 아무나 쉽게 꺾을 수 있다는 뜻으로, 창녀(娼女)를 빗대어 이르는 말.							

大	큰, 대							
同	한가지, 동							
之	갈, 지							
役	부릴, 역							
대동지역 大同之役		모든 사람이 다같이 하는 부역.						

大	큰, 대							
聲	소리, 성							
痛	아플, 통							
哭	울, 곡							
대성통곡 大聲痛哭		큰 목소리로 슬피 욺.						

大	큰, 대							
義	옳을, 의							
名	이름, 명							
分	나눌, 분							
대의명분 大義名分		사람이 지켜야 할 절의(節義)와 분수. 떳떳한 명목. 정당한 명분.						

同	한가지, 동								
病	병, 병								
相	서로, 상								
憐	불쌍히여길, 련								
동병상련 同病相憐		① 같은 병의 환자끼리 서로 가엾게 여김. ② 어려운 처지에 놓인 사람끼리 서로 동정하고 도움.							

東	동녘, 동								
取	취할, 취								
西	서녘, 서								
貸	빌릴, 대								
동취서대 東取西貸		여러 곳에서 빚을 짐. 동추서대(東推西貸).							

杜	팥배나무, 두								
門	문, 문								
不	아닐, 불								
出	날, 출								
두문불출 杜門不出		집 안에만 박혀 있어 세상 밖으로 나가지 않음.							

萬	일만, 만							
死	죽을, 사							
餘	남을, 여							
生	날, 생							
만사여생 萬死餘生		거의 죽을 고비를 면하여 살게 된 목숨.						

萬	일만, 만							
事	일, 사							
休	쉴, 휴							
矣	어조사, 의							
만사휴의 萬事休矣		더 손 쓸 수단도 없고 모든 것이 끝장났다. 모든 일이 전혀 가망 없다는 뜻.						

滿	찰, 만							
山	뫼, 산							
遍	두루, 편							
野	들, 야							
만산편야 滿山遍野		산과 들에 그득히 덮여 있음.						

晩	저물, 만								
時	때, 시								
之	갈, 지								
歎	읊을, 탄								
만시지탄 晩時之歎	시기가 뒤늦었음을 원통해하는 탄식.								

萬	일만, 만								
敗	깨뜨릴, 패								
不	아닐, 불								
聽	들을, 청								
만패불청 萬覇不聽	① 바둑에서, 큰 패가 생겼을 때 상대가 어떠한 패를 쓰더라도 응하지 않는 일. ② 아무리 집적거려도 못 들은 체하고 응하지 않음을 이르는 말.								

芒	그물, 망								
知	알, 지								
所	바, 소								
措	둘, 조								
망지소조 芒知所措	손을 놓을 곳을 알지 못함. 갈팡질팡 어찌할 바를 모르는 것을 빗대어 하는 말.								

明	밝을, 명								
若	같을, 약								
觀	볼, 관								
火	불, 화								
명약관화 明若觀火		분명하기가 불을 보듯 함. 일의 전말이 너무나 명백한 경우를 빗대어 하는 말.							

名	이름, 명								
正	바를, 정								
言	말씀, 언								
順	순할, 순								
명정언순 名正言順		명분이 바르고 말이 사리에 맞음.							

毛	털, 모								
遂	이룰, 수								
自	스스로, 자								
薦	천거할, 천								
모수자천 毛遂自薦		자신이 자신을 스스로 추천하는 일.							

美	아름다울, 미								
人	사람, 인								
薄	엷을, 박								
命	목숨, 명								
미인박명 美人薄命		아름다운 사람은 운명이 박복하다. 아름다운 여자는 운명이 기구하거나 수명이 짧은 경우가 많음. 또는 재주 많은 사람이 일찍 죽는 것을 빗대어 이르는 말.							

百	일백, 백								
孔	구멍, 공								
千	일천, 천								
瘡	부스럼, 창								
백공천창 百孔千瘡		백 구멍, 천의 부스럼. 곧 상처투성이란 뜻으로, 갖가지 폐단으로 엉망진창이 된 상태를 이르는 말.							

白	흰, 백								
駒	망아지, 구								
過	지날, 과								
隙	틈, 극								
백구과극 白駒過隙		흰 망아지가 달리는 것을 문틈으로 보듯 눈 깜박할 동안. 세월이나 인생이 덧없이 빨리 지나가는 것을 이르는 말.							

白	흰, 백							
面	낯, 면							
書	쓸, 서							
生	날, 생							
백면서생 白面書生		글만 읽고 세상 일에 경험이 없는 사람.						

百	일백, 백							
發	쏠, 발							
百	일백, 백							
中	가운데, 중							
백발백중 百發百中		백 번 활을 쏘아 백 번 다 명중시키다. 하는 일마다 모두 성공하는 것을 이르는 말.						

百	일백, 백							
藥	약, 약							
無	없을, 무							
效	본받을, 효							
백약무효 百藥無效		백 가지 약이 모두 효험이 없음. 어떻게 해도 대안이 없는 경우를 이르는 말.						

百	일백, 백								
戰	싸울, 전								
老	늙은이, 로								
將	장차, 장								
백전노장 百戰老將		① 수없이 많은 싸움을 치른 노련한 장수. ② 세상 일을 많이 겪어서 여러 가지로 능란한 사람을 비유하여 이르는 말.

百	일백, 백								
尺	자, 척								
竿	장대, 간								
頭	머리, 두								
백척간두 百尺竿頭		백 자나 되는 높은 장대 끝. 매우 위태롭고 어려운 지경을 이르는 말.

粉	가루, 분								
骨	뼈, 골								
碎	부술, 쇄								
身	몸, 신								
분골쇄신 粉骨碎身		뼈가 가루가 되고 몸이 부숴진다. 있는 힘을 다해서 노력하는 것을 비유하는 말.

四	넉, 사							
面	낯, 면							
楚	모형, 초							
歌	노래, 가							
사면초가 四面楚歌		사방에 온통 초나라 노래 소리만 들림. 사방이 모두 적으로 둘러 쌓인 형국이나 누구의 도움도 받을 수 없는 고립된 상태를 이르는 말.						

邪	간사할, 사							
不	아닐, 불							
犯	범할, 범							
正	바를, 정							
사불범정 邪不犯正		요사스럽거나 바르지 못한 것은 바른 것을 범하지 못함.						

事	일, 사							
非	아닐, 비							
偶	짝, 우							
然	그러할, 연							
사비우연 事非偶然		무슨 일이든 우연한 것은 없다.						

邪	간사할, 사									
思	생각할, 사									
妄	망령될, 망									
念	생각할, 념									
사사망념 邪思妄念		좋지 못한 갖가지 잘못된 생각.								

死	죽을, 사									
生	날, 생									
同	한가지, 동									
苦	쓸, 고									
사생동고 死生同苦		살든 죽든 고생을 함께함. 죽고 삶을 같이함. 어떤 어려움도 함께함.								

死	죽을, 사									
生	날, 생									
存	있을, 존									
亡	망할, 망									
사생존망 死生存亡		살아있음과 죽어 없어짐.								

死	죽을, 사									
中	가운데, 중									
求	구할, 구									
生	날, 생									
사중구생 死中求生	죽을 고비에서 한 가닥 살 길을 찾음. 사중구활(死中求活).									

事	일, 사									
必	반드시, 필									
歸	돌아갈, 귀									
正	바를, 정									
사필귀정 事必歸正	일이란 반드시 바른 곳으로 돌아가게 되어 있음.									

散	흩을, 산									
亂	어지러울, 란									
無	없을, 무									
統	큰줄기, 통									
산란무통 散亂無統	흩어지고 어지러워 갈피를 잡을 수 없음.									

三	석, 삼								
戰	싸울, 전								
三	석, 삼								
北	질, 배								
삼전삼배 三戰三北		세 번 싸워 세 번 다 패배하다.							

三	석, 삼								
板	널조각, 판								
兩	둘, 량								
勝	이길, 승								
삼판양승 三板兩勝		세 번 판을 벌여 두 번 이기면 승부가 나는 것.							

塞	변방, 새								
翁	늙은이, 옹								
之	갈, 지								
馬	말, 마								
새옹지마 塞翁之馬		인생에 있어서의 길흉화복은 항상 바뀌어 미리 헤아릴 수가 없다는 말.							

先	먼저, 선									
見	볼, 견									
之	갈, 지									
明	밝을, 명									
선견지명 先見之明	닥칠 일을 미리 예측할 수 있는 명석함.									

善	착할, 선									
惡	악할, 악									
相	서로, 상									
半	반, 반									
선악상반 善惡相半	착함과 악함이 서로 반반임.									

雪	눈, 설									
上	위, 상									
加	더할, 가									
霜	서리, 상									
설상가상 雪上加霜	눈이 내린 위에 다시 서리가 내림. 어려운 일이 연거푸 일어나는 것을 비유하는 말.									

首	머리, 수								
邱	언덕, 구								
初	처음, 초								
心	마음, 심								
수구초심 首邱初心		여우가 죽을 때 머리를 자기가 살던 굴로 향한다는 말에서, 고향을 그리워하는 마음을 비유하는 말.							

隨	따를, 수								
問	물을, 문								
隨	따를, 수								
答	대답할, 답								
수문수답 隨問隨答		묻는 대로 거침없이 대답함.							

手	손, 수								
不	아닐, 불								
釋	풀, 석								
卷	책, 권								
수불석권 手不釋卷		손에서 책을 놓지 아니함. 언제 어디서나 열심히 학업에 힘쓰는 자세를 비유하는 말.							

菽	콩, 숙								
麥	보리, 맥								
不	아닐, 불								
辨	분변할, 변								
숙맥불변 菽麥不辨		콩인지 보리인지 구별하지 못한다. 어리석고 못난 사람을 비유하여 이르는 말.							

熟	익을, 숙								
不	아닐, 불								
還	돌아올, 환								
生	날, 생								
숙불환생 熟不還生		익힌 음식은 날 것으로 돌아갈 수 없다. 이왕 마련한 음식이니 먹어 치우자고 할 때 하는 말.							

脣	입술, 순								
亡	망할, 망								
齒	이, 치								
寒	찰, 한								
순망치한 脣亡齒寒		입술이 무너지면 이빨이 시리다. 이해관계가 서로 밀접해서 한쪽이 망하면 다른 한쪽도 보전하기 어려움을 비유하여 이르는 말.							

屍	주검, 시								
山	뫼, 산								
血	피, 혈								
海	바다, 해								
시산혈해 屍山血海		사람의 시체가 산처럼 쌓이고 피가 바다처럼 흐른다는 말.							

試	시험할, 시								
行	갈, 행								
錯	섞일, 착								
誤	그릇할, 오								
시행착오 試行錯誤		① 학습 양식의 하나. 학습자가 한 과제에 당면했을 때 알고 있는 동작을 반복하다가 우연히 성공한 뒤 반복하던 무익한 동작은 배제하게 되는 일. ② 과제를 해결할 전망이 서지 않을 때, 시도와 실패를 거듭하며 그 과제를 추구하는 일.							

食	먹을, 식								
素	흴, 소								
事	일, 사								
繁	많을, 번								
식소사번 食素事繁		먹는 음식은 간소한데 하는 일은 번잡함.							

心	마음, 심								
忙	바쁠, 망								
意	뜻, 의								
促	재촉할, 촉								
심망의촉 心忙意促		마음은 바쁘고 뜻은 다급함.							

眼	눈, 안								
鼻	코, 비								
莫	말, 막								
開	열, 개								
안비막개 眼鼻莫開		눈코 뜰 사이가 없을 만큼 몹시 바쁨.							

弱	약할, 약								
者	놈, 자								
先	먼저, 선								
手	손, 수								
약자선수 弱者先手		바둑이나 장기 따위에서, 수가 낮은 사람이 먼저 두는 일.							

年	해, 년								
中	가운데, 중								
無	없을, 무								
休	쉴, 휴								
연중무휴 年中無休		한 해에 하루도 쉬는 일이 없음.							

寤	깰, 오								
寐	잠잘, 매								
不	아닐, 불								
忘	잊을, 망								
오매불망 寤寐不忘		자나 깨나 잊지 못함. 항상 마음속으로 그리워하는 것을 비유하여 이르는 말.							

吳	나라, 오								
越	넘을, 월								
同	한가지, 동								
舟	배, 주								
오월동주 吳越同舟		오나라 사람과 월나라 사람이 한 배를 탐. 서로 적의(敵意)를 품은 사람끼리 한 자리나 같은 처지에 있게 된 경우, 또는 서로 미워하면서도 공통의 어려움이나 이해에 대해서는 협력하는 경우를 비유하는 말.							

旭	빛날, 욱							
日	해, 일							
昇	오를, 승							
天	하늘, 천							
욱일승천 旭日昇天		빛나는 태양이 하늘 위로 솟구쳐 오름. 왕성한 기세나 세력을 비유하여 이르는 말.						

月	달, 월							
滿	찰, 만							
則	곧, 즉							
虧	이지러질, 휴							
월만즉휴 月滿則虧		달도 차면 기운다. 무슨 일이든 최상의 경지에 이르면 다시 쇠퇴할 때가 다가옴을 비유하는 말.						

有	있을, 유							
害	해칠, 해							
無	없을, 무							
益	더할, 익							
유해무익 有害無益		해로움만 있지 이로움이 없음. 백해무익(百害無益).						

人	사람, 인								
命	목숨, 명								
在	있을, 재								
天	하늘, 천								
인명재천 人命在天		사람의 운명은 하늘에 달려 있다.							

人	사람, 인								
情	뜻, 정								
所	바, 소								
在	있을, 재								
인정소재 人情所在		사람의 정이 놓여 있는 곳. 이익에 따라 사람이 생각하는 방향도 달라진다는 말.							

人	사람, 인								
中	가운데, 중								
之	갈, 지								
末	끝, 말								
인중지말 人中之末		여러 사람 가운데서 가장 못난 사람을 이르는 말.							

一	한, 일							
刻	새길, 각							
三	석, 삼							
秋	가을, 추							
일각삼추 一刻三秋		한 시각이 세 가을(삼 년)을 보낸 듯하다. 기다리는 마음이 아주 간절한 것을 비유하는 말.						

一	한, 일							
騎	말탈, 기							
當	당할, 당							
千	일천, 천							
일기당천 一騎當千		혼자서 천 명의 적을 당해낸다. ① 무예가 매우 뛰어남. ② 기술이 남보다 뛰어남. 경험이 남보다 월등히 많음.						

一	한, 일							
罰	죄, 벌							
百	일백, 백							
戒	경계할, 계							
일벌백계 一罰百戒		한 사람에게 벌을 내려 많은 사람의 경계로 삼게 하다.						

一	한, 일								
葉	잎, 엽								
知	알, 지								
秋	가을, 추								
일엽지추　一葉知秋		나뭇잎 하나가 떨어지는 것을 보고 가을이 온 것을 안다. 한 가지 일을 보고 장차 될 사물을 미리 짐작한다는 말.							

一	한, 일								
場	마당, 장								
春	봄, 춘								
夢	꿈, 몽								
일장춘몽　一場春夢		한바탕의 봄꿈. 헛된 영화(榮華)나 덧없는 일을 비유하여 이르는 말.							

一	한, 일								
筆	붓, 필								
揮	휘두를, 휘								
之	갈, 지								
일필휘지　一筆揮之		글씨를 단숨에 힘차고 시원하게 써내려 감.							

自	스스로, 자							
作	지을, 작							
之	갈, 지							
孼	재앙, 얼							
자작지얼 自作之孼		자기 스스로가 만든 재앙.						

自	스스로, 자							
中	가운데, 중							
之	갈, 지							
亂	어지러울, 란							
자중지란 自中之亂		내부로부터 일어나는 어지러움. 한패 속에서 일어나는 싸움질을 비유하여 이르는 말.						

自	스스로, 자							
初	처음, 초							
至	이를, 지							
終	끝날, 종							
자초지종 自初至終		처음부터 끝까지의 동안이나 과정. 자두지미(自頭至尾).						

賊	도둑, 적									
反	되돌릴, 반									
荷	연, 하									
杖	지팡이, 장									
적반하장 賊反荷杖		도둑이 오히려 지팡이를 뽑아듦. 잘못한 사람이 도리어 잘한 사람을 나무라는 경우를 비유하는 말.								

絶	끊을, 절									
代	대신할, 대									
佳	아름다울, 가									
人	사람, 인									
절대가인 絶代佳人		썩 빼어나서 당대에 견줄 만한 사람이 없는 아름다운 여자를 비유하여 이르는 말.								

切	끊을, 절									
齒	이, 치									
腐	썩을, 부									
心	마음, 심									
절치부심 切齒腐心		몹시 분하여 이를 갈며 속을 썩임.								

井	우물, 정								
蛙	개구리, 와								
觀	볼, 관								
天	하늘, 천								
정와관천 井蛙觀天		우물 안 개구리가 하늘을 관찰하다. 소견이나 안목이 아주 좁은 사람을 비유하는 말.							

朝	아침, 조								
得	얻을, 득								
暮	저녁, 모								
失	잃을, 실								
조득모실 朝得暮失		아침에 얻고 저녁에 잃는다. 얻은 지 얼마 되지 않아서 곧 잃어 버리는 경우를 이르는 말.							

左	왼, 좌								
顧	돌아볼, 고								
右	오른쪽, 우								
眄	곁눈질할, 면								
좌고우면 左顧右眄		이쪽저쪽을 돌아본다는 뜻으로, 앞뒤를 재고 망설이는 태도를 이르는 말. 좌우고면(左右顧眄).							

走	달릴, 주								
馬	말, 마								
加	더할, 가								
鞭	채찍, 편								
주마가편 走馬加鞭		달리는 말에 채찍질을 함. 열심히 하는 사람을 더 부추기거나 몰아침.							

柱	기둥, 주								
石	돌, 석								
之	갈, 지								
臣	신하, 신								
주석지신 柱石之臣		나라에 없어서는 안 될 가장 중요한 신하. 사직지신社稷之臣.							

衆	무리, 중								
口	입, 구								
難	어려울, 난								
防	막을, 방								
중구난방 衆口難防		여러 사람이 하는 말은 막기가 어려움. 뭇사람의 여러 가지 의견을 하나하나 받아넘기기 어려움을 이르는 말.							

至	이를, 지								
誠	정성, 성								
感	느낄, 감								
天	하늘, 천								
지성감천 至誠感天		정성이 지극하면 하늘도 감동한다. 어떤 일에 더없이 성실한 태도를 비유하여 이르는 말.							

盡	다될, 진								
心	마음, 심								
竭	다할, 갈								
力	힘, 력								
진심갈력 盡心竭力		마음과 힘을 다함. 자신의 노력을 아끼지 않는 것을 비유하는 말.							

靑	푸를, 청								
燈	등잔, 등								
紅	붉을, 홍								
街	거리, 가								
청등홍가 靑燈紅街		① 화류계(花柳界)를 달리 이르는 말. ② 유흥(遊興)으로 흥청거리는 거리.							

青	푸를, 청								
出	날, 출								
於	어조사, 어								
藍	쪽, 람								
청출어람 靑出於藍		쪽에서 뽑아낸 푸른 물감이 쪽보다 더 푸르다. 제자나 후진이 스승이나 선배보다 더 뛰어남을 이르는 말.							

草	풀, 초								
上	위, 상								
之	갈, 지								
露	이슬, 로								
초상지로 草上之露		풀잎 위에 서린 이슬. 햇빛이 들면 이슬도 금방 스러지듯이 사람의 목숨도 덧없음을 비유하여 이르는 말.							

春	봄, 춘								
雉	꿩, 치								
自	스스로, 자								
鳴	울, 명								
춘치자명 春雉自鳴		봄철에 꿩이 스스로 운다. 시키거나 요구하지 않아도 때가 되면 제 스스로 하는 것을 비유하는 말.							

破	깨뜨릴, 파								
竹	대, 죽								
之	갈, 지								
勢	기세, 세								
파죽지세 破竹之勢		대나무가 쪼개져 나가는 듯한 기세. 감히 대적할 수 없을 정도로 막힘없이 무찔러 나아가는 맹렬한 기세.							

皤	머리센, 파								
皤	머리센, 파								
老	늙은이, 로								
人	사람, 인								
파파노인 皤皤老人		하얗게 머리가 센 늙은이.							

敗	깨뜨릴, 패								
家	집, 가								
亡	망할, 망								
身	몸, 신								
패가망신 敗家亡身		가산(家産)을 다 써서 없애고 몸을 망침.							

敗	깨뜨릴, 패								
者	놈, 자								
復	다시, 부								
活	살, 활								
패자부활 敗者復活		싸움에 진 사람이 다시 힘을 내 경기에 임함.							

敗	깨뜨릴, 패								
戰	싸울, 전								
之	갈, 지								
將	장차, 장								
패전지장 敗戰之將		싸움에서 패전한 장수.							

寒	찰, 한								
進	나아갈, 진								
暑	더울, 서								
退	물러날, 퇴								
한진서퇴 寒進暑退		추위가 오고 더위가 물러감. 어려운 일이 걷히고 즐거운 일이 오는 것을 비유하여 이르는 말.							

好	좋을, 호								
事	일, 사								
多	많을, 다								
魔	마귀, 마								
호사다마 好事多魔		좋은 일에는 나쁜 탈이 잘 끼어든다.							

惑	미혹할, 혹								
世	세상, 세								
誣	무고할, 무								
民	백성, 민								
혹세무민 惑世誣民		세상을 의혹케 하고 백성들을 속임.							

魂	넋, 혼								
飛	날, 비								
魄	넋, 백								
散	흩을, 산								
혼비백산 魂飛魄散		혼백이 날아 흩어지다. 몹시 놀라 어찌할 바를 모르는 지경을 비유하여 이르는 말.							

禍	재화, 화								
福	복, 복								
吉	길할, 길								
凶	흉할, 흉								
화복길흉 禍福吉凶		재앙과 복과 길할 운세와 흉한 운세. 세상을 살면서 겪는 여러 가지 일들을 비유하는 말.							

禍	재화, 화								
不	아닐, 불								
單	홀, 단								
行	갈, 행								
화불단행 禍不單行		재앙은 홀로 오지 않는다. 나쁜 일이 연달아 일어나는 것을 비유하는 말.							

恍	황홀할, 황								
惚	황홀할, 홀								
難	어려울, 난								
惻	잴, 측								
황홀난측 恍惚難測		황홀하여 분별하기 어려움.							

鷸	도요새, 휼							
蚌	방합, 방							
之	갈, 지							
爭	다툴, 쟁							
휼방지쟁 鷸蚌之爭		도요새와 조개의 다툼. 두 사람이 다투는 가운데 엉뚱한 제삼자가 이익을 보는 것을 비유하는 말. 어부지리(漁父之利).						

黑	검을, 흑							
頭	머리, 두							
宰	재상, 재							
相	서로, 상							
흑두재상 黑頭宰相		머리가 검은 재상. 젊은 나이에 재상에 오른 사람을 이르는 말.						

고사성어

苛政猛於虎(가정맹어호)

苛 : 풀·독할(가)　　政 : 다스릴(정)　　猛 : 거칠(맹)
於 : 어조사(어)　　虎 : 호랑이(호)

【뜻풀이】 가혹한 정치는 호랑이보다 더 악독하다.

정치가 잘못되어 사람을 해치는 것은 호랑이가 사람을 잡아 죽이는 것보다 더욱 견디기 힘들다는 뜻으로, 그릇된 정치의 폐해를 지적하는 성구다.

【출전】《예기·단궁편檀弓篇》에 다음과 같은 이야기가 있다.

하루는 공자孔子가 제자들과 함께 산길을 가고 있었다. 워낙 깊은 산골이라 인적조차 끊어지고 이름 모를 새들만 이따금 푸드덕 하늘을 가를 뿐이었다. 그때 멀리서 웬 여자 울음소리가 들려 왔다.

「아니, 이 깊은 산중에 웬 곡성인가?」

의아하게 생각한 공자가 제자를 시켜 주위를 살펴보게 하였다. 그랬더니 어떤 젊은 아낙네가 길가에 만들어진 세 무덤가에 엎드려 목놓아 울고 있는 것이었다.

「왜 그렇게 슬피 우십니까? 연거푸 상을 당하신 모양이군요?」

「예. 이 일대는 호랑이가 많은 곳입니다. 얼마 전에는 시아버지가 호환虎患을 당하셨는데, 뒤이어 남편을 잡아먹더니 이번에는 제 아들마저 죽음을 당했습니다.」

「아니 그렇게 위험한 곳인 줄 알면서 어찌 이곳을 떠나지 않으셨더란 말씀입니까?」

「왜냐구요. 비록 이곳에는 호랑이가 많지만 악다구니처럼 세금을 뜯어가는 관리가 없기 때문이지요.」

이 말을 들은 공자는 한참 깊이 생각하더니 제자들을 둘러보며 말했다.

「잘 들어 두거라. 혹독한 정치는 호랑이보다도 무섭다는 것을苛政猛於虎也.」

물론 이 이야기는 공자가 살던 당시의 정치가 얼마나 부패했고 민중들의 고혈을 짰던가를 보여 주는 예일 뿐이다. 그러나 어느 시대를 막론하고 하늘이 내리는 천재天災보다 인간이 스스로 자초하는 인재人災가 많았던 사실을 볼 때 가볍게 넘길 일은 아닌 것이다. 비슷한 성구로 가렴주구苛斂誅求가 있다.

【용례】 지난날 우리는 무척 어려운 시절을 보냈다. 특히 정치는 경제적 발전과는 반대로 뒷걸음질 쳐서 우리의 삶을 더욱 힘겹게 만들었다. 「가정맹어호」라고나 할까, 사회 현실이 질적인 성장을 이루지 못했던 것이다.

苛	독할, 가					
政	다스릴, 정					
猛	사나울, 맹					
於	어조사, 어					
虎	호랑이, 호					

江南種橘 江北爲枳(강남종귤 강북위지) ―――――――――――――――――――――― ■

江 : 강(강)   南 : 남녘(남)   種 : 심을(종)   橘 : 귤(귤)

北 : 북녘(북)   爲 : 할(위)   枳 : 탱자(지)

【뜻풀이】 강남에 심은 귤을 강북에 심으면 탱자가 된다. 같은 사람이라고 해도 환경에 따라 얼마든지 달라질 수 있음을 비유하는 말이다.

【출전】 춘추시대 제齊나라에 안영晏嬰이라는 유명한 재상이 있었다. 그는 뛰어난 화술과 지략으로 당시 여러 나라의 정치를 마음대로 좌지우지左之右之하였다. 그러던 그가 한번은 초楚나라로 사신을 가게 되었다. 평소 안영이 그렇게 지략이 뛰어나다는 소문을 들은 초나라의 영왕靈王은 그를 시험할 욕심으로 몇 가지 준비를 해놓았다.

그런데 안영은 뛰어난 재능에 비해 외모는 형편없었다. 특히 키가 작달막하기로 유명했다.

안영을 만나자 영왕이 물었다.

「제나라에는 인재가 없습니까?」

「무슨 말씀이십니까? 길 가는 사람이 어깨를 부딪치고 땀을 흘리면 비가 내릴 정도로 많습니다.」

「그런데 어째서 제나라에서는 당신 같은 사람을 사신으로 보냈단 말이오?」

외국의 사신을 대하는 언사로 볼 때 이는 대단히 모욕적인 질문이었다. 영왕은 안영이 키가 작은 것을 빌미로 삼아 그를 비웃은 것이었다. 이에 안영은 아무렇지도 않게 대답하였다.

「우리 제나라에는 각국에 사신을 보낼 때 한 가지 원칙을 세워 두고 있습니다. 즉 대국에 보낼 때는 큰 사람을 골라 보내고 소국에 보낼 때는 작은 사람을 보내는 것이지요. 그런데 저는 작은 사람 중에서도 가장 작기 때문에 이렇게 초나라에 사신으로 오게 된 것입니다.」

이 말에 넋이 빠진 영왕은 한동안 대꾸도 못 한 채 앉아 있었다. 영왕은 망신을 만회하기 위해 다시 꾀를 부렸다.

마침 궁궐 뜰로 죄수를 이끌고 병사가 지나갔다. 영왕이 물었다.

「그 죄수는 어느 나라 사람인가?」

「예, 제나라 사람입니다.」

「그런가. 그럼 죄명은 무엇인가?」

「예, 절도죄입니다.」

「어허, 여보시오, 안영. 제나라 사람들은 원래 도적질을 잘 합니까?」

이 말에도 안영은 굴하지 않고 사연을 말했다.

「이런 말이 있습니다. 귤은 강남에 심으면 귤로 자라 사람들의 입맛을 돋구는데, 이것이 강북으로 올라가면 탱자가 되어 버린다는 것입니다. 마찬가지로 우리 제나라 사람은 하나같이 선량한 사람들 뿐인데 초나라같이 풍토가 나쁜 곳에 오니 저렇게 도적질하는 사람이 된 것이옵니다.」

이렇게 번번이 안영을 궁지에 몰아넣으려는 계획이 무산되자 영왕도 그만 두 손 들고 항복하고 말았다.

【용례】 그 사람은 원래 그렇게 악한 사람은 아니었어. 강남 귤이 강북 가면 탱자가 된다잖아(「강남종귤 강북위지」)? 자란 환경만 좋았더라면 아마 훌륭한 사람이 되었을 거야. 바탕은 착한 사람이니까.

江	강, 강					
南	남녘, 남					
種	심을, 종					
橘	귤, 귤					
江	강, 강					
北	북녘, 북					
爲	할, 위					
枳	탱자, 지					

擧案齊眉(거안제미)

擧 : 들(거)   案 : 책상·밥상(안)   齊 : 가지런히할(제)   眉 : 눈썹(미)

【뜻풀이】 밥상을 들어 눈썹에 맞추다. 《후한서·양홍전梁鴻傳》에 다음과 같은 이야기가 있다.

【출전】 동한 사람 양홍은 젊어서 집안 살림이 몹시 구차했지만 열심히 공부하여 나중에 학문에 조예가 깊은 사람이 되었다. 그러나 그는 벼슬에 뜻이 없어 아내와 함께 손수 몸을 움직여 검소한 생활을 하는 것을 즐거움으로 삼았다.

그의 아내 맹광孟光은 피부가 검고 몸이 뚱뚱한 여인으로, 처녀 시절 그의 부모들은 딸의 혼사 때문에 무척 골치를 앓았다고 한다. 그것은 사윗감들이 맹광을 못났다고 나무라서가 아니라 오히려 그녀가 신랑감을 못마땅하게 생각했기 때문이었다. 그리하여 나이 서른이 되었는데도 불구하고 양홍 같은 사람이 아니면 시집을 가지 않겠다고 버텼다.

이에 처녀의 부모들이 할 수 없이 양홍에게 청혼을 해보았더니 맹광의 성격을 알고 있는 양홍은 선선히 응락하고 말았다고 한다. 이리하여 맹광은 양홍과 결혼하게 되었다.

그들이 결혼하는 날 맹광은 예복을 곱게 차려 입었다. 그런데 양홍은 도리어 그것을 못마땅하게 여겨 일주일간이나 그녀를 거들떠보지 않았다고 한다. 여드레 되는 날 신부가 예복을 벗고 무명옷으로 갈아입자 그제야 양홍은 기뻐하면서 「이야말로 양홍의 아내답다」고 말했다는 것이다.

이때부터 그들은 서로 돕고 아끼며 생활하였는데, 양홍이 일을 마치고 돌아오면 아내는 밥과 반찬을 담은 쟁반을 자기 눈썹 높이까지 치켜올려 남편에게 바쳤다(擧案齊眉).

이래서 훗날 사람들은 금슬이 좋은 부부를 가리켜 양맹梁孟이라 하게 되었으며, 부부간에 금슬이 좋은 것을 일러 거안제미 또는 홍안상장鴻案相莊이라는 말로 비유하게 된 것이다.

【용례】 이번에 네가 선본 아가씨 정말 참하더구나. 옷맵시하며 말투가 그렇게 공손할 수가 없었어. 「거안제미」하던 요조숙녀가 옛말인 줄로만 알았는데, 꼭 며느리 삼았으면 좋겠다는 생각이 절로 들더구나.

擧	들, 거					
案	책상·밥상, 안					
齊	가지런히할, 제					
眉	눈썹, 미					

鷄口牛後(계구우후)

鷄 : 닭(계)   **口** : 입(구)   **牛** : 소(우)   **後** : 뒤(후)

【뜻풀이】 닭의 부리가 될망정 소 꼬리는 되지 말라. 소 꼬리보다 닭 대가리가 낫다는 속담과 비슷하다.

【출전】 전국시대 후기 진秦나라가 강성해지자 정치가들은 천하를 통일하는 문제를 둘러싸고 합종合縱이냐 연횡連橫이냐 하면서 치열한 논쟁을 벌이게 되었다. 이때 소진蘇秦이라는 사람은 동방의 여섯 개 나라가 힘을 합해서 진나라와 대적해야 한다고 역설하면서 어떤 나라 임금에게 이렇게 유세하였다.

「속담에 닭의 부리가 될지언정 소 꼬리는 되지 말라寧爲鷄口 無爲牛後는 말이 있습니다. 대왕께서 만일 진나라와 손을 잡게 되면 소 꼬리가 되는 것인즉 그렇게 되면 저마저도 낯뜨겁게 될 것입니다.」

즉 작은 곳에서나마 자유롭게 주인 행세를 할지언정 큰 편에 붙어서 남의 지배를 받지 말라는 뜻이었다. 이래서 계구우후라는 성구가 나오게 되었다. 어떤 사람들은 구口자와 후後자를 각기 시尸자와 종從자의 변형으로 보면서 계시우종鷄尸牛從이라 하는 것이 옳다고 주장하기도 한다. 그러나 지금은 이미 계구우후로 굳어져 계시우 종이라고 하는 사람은 거의 없다.

【용례】 저는 대기업보다는 건실한 중소기업에 취직하겠습니다. 닭 부리가 될 망정 소 꼬리는 되기 싫습니다(「계구우후」). 이곳에서 제 웅지를 마음껏 펴보겠습니다.

鷄	닭, 계					
口	입, 구					
牛	소, 우					
後	뒤, 후					

曲學阿世(곡학아세)

曲 : 굽을·악곡(곡)   學 : 배울(학)   阿 : 언덕·아부할(아)
世 : 세상(세)

【뜻풀이】 학문을 왜곡시키고 세태에 아부한다.

【출전】 《사기·유림전儒林傳》에 다음과 같은 이야기가 나온다.

전한의 효경제孝景帝(전 155-140년 재위)는 제위에 오르자 산야에 숨어 있는 학자를 널리 발탁해서 정치를 새롭게 하고자 하였다. 이때 부름을 받아 왕궁으로 들어온 사람 중에 원고생轅固生이라는 시인이 있었는데, 그는 이미 나이가 90을 넘긴 고령이었음에도 불구하고 황제의 부름에 지체없이 달려왔다. 박사란 관직에 오르자 그는 조금도 굽힘 없이 직언을 쏟아내 직언일철거사直言一徹居士가 나왔다며 칭송이 자자했다. 간신배들의 입장에서 보자면 눈에 가시와 같은 존재로 기회가 있을 때마다 황제에게 그의 허물을 탄원했지만, 황제는 한 번도 그 말에 귀를 기울이지 않았다.

한편 원고생과 함께 황제의 부름을 받아 온 사람 중에 공손홍公孫弘이라는 젊은 학자도 있었다. 그는 원고생이 늙은 나이에 주책 없이 정치에 간여해 격조 없이 논다고 여겨 내심 그를 몹시 경멸하던 터였다. 그러나 원고생은 흉허물없이 그를 대하다가 하루는 공손홍을 불러 놓고 간절하게 말하는 것이었다.

「지금 학문의 도는 문란해지고 거짓된 학설이 판을 치고 있소. 만약 이를 이대로 방치하다가는 유서 깊은 학문의 전통이 끊길까 두렵습니다. 그대는 나이도 젊거니와 학문을 매우 아끼고 사랑한다고 알고 있습니다. 그러니 부디 바른 학문을 익혀서 세상에 널리 옳은 풍토를 심어 주시오. 결코 자기가 믿는 학문을 굽힌다거나 속물들에게 아부하는 일이 있어서는 안 됩니다.」

이 말을 들은 공손홍은 항상 그를 경멸하는 마음을 품고 있다가 원고생의 고결한 인격과 풍부한 학식에 감복해서 마침내 크게 깨우치고 진심으로 그에게 사죄하였다. 이렇게 해서 공손홍은 서슴지 않고 원고생의 제자가 되었다.

성구 곡학아세는 바로 원고생의 이 말에서 유래하였다.

【용례】 학문의 정도를 망각하고 「곡학아세」하는 무리들이 판을 치는 세상입니다. 참다운 교육은 강단에서 이루어지는 것이 아니라 그 사람의 삶 자체가 보여 주는 것임을 알아야겠습니다.

曲	굽을·악곡, 곡					
學	배울, 학					
阿	언덕·아부할, 아					
世	세상, 세					

管鮑之交(관포지교) ▪

管 : 대롱(관)　　鮑 : 사람이름(포)　　之 : 갈(지)　　交 : 엇갈릴·사귈(교)

【뜻풀이】 관중과 포숙아의 뜨거운 우정. 영원히 변치 않고 믿는 친구 사이의 두터운 우정을 말한다.

【출전】 춘추시대에 살았던 제나라의 관중管仲과 포숙아鮑叔牙는 고대 중국에 있어서 가장 절친한 벗으로 알려진 사람들이다. 그들의 우정이 얼마나 돈독했던가는 《좌전·장공 8년》조와 〈장공 9년〉조에 실린 이야기를 읽어 봐도 넉넉히 알 수 있다.

제양공 연간에 관중은 공자 규糾의 스승으로 있었고 포숙아는 공자 소백小白의 스승으로 있었는데 규와 소백은 모두 제양공의 아우였다. 그런데 당시 제양공이 포악무도했기 때문에 포숙아는 공자 소백과 더불어 거국莒國으로 도망치고 관중은 규와 함께 노나라로 도망치게 되었다.

그런데 얼마 안 가서 제나라에서 변이 일어나 제양공이 피살되자 공자 규와 소백은 서로 자신이 임금이 되기 위해 악을 다투어 귀국하려 하였다. 이때 관중은 급히 규를 제나라에 호송하는 한편 군사들을 보내어 소백과 포숙아의 행차를 막으면서 당장 거국으로 돌아가라고 명령하였다. 그러다가 상대방에서 듣지 않자 관중은 활을 들어 공자 소백을 쏴죽이고 돌아왔다. 그러나 소백은 죽지 않고 포숙아와 함께 지름길로 내달려 규보다 먼저 귀국하여 임금이 되니 그가 제환공齊桓公이다.

제환공은 왕위에 오르자마자 곧 군사들을 풀어 공자 규와 관중 일당을 소탕해 버렸다. 이에 노나라에서도 가만히 있을 수 없어 대군을 일으켜서 제나라 군사를 공격하게 되었다. 그러나 결국 노나라 군사들이 크게 패배해서 화의를 청하게 되었는데 제나라에서는 이때라 생각하고 사자를 파견해 공자 규를 잡아 죽이라고 하였다. 노나라에서는 할 수 없이 규를 죽이고 관중마저 죽이려고 하였다. 그러자 제나라 사신은 「관중은 우리 임금을 사살하려던 사람으로서 우리 임금께서 직접 처치할 것이다」라고 하면서 죽이지 못하게 하였다.

그리하여 관중은 죄수차에 실려 제나라로 압송되었는데 그때 관중은 포숙아가 자기를 살려 주기 위한 계책일 것이라고 생각하였다.

관중이 제나라에 이르고 보니 포숙아가 직접 나와서 맞이하는 것이 실로 예상했던 것과 다름이 없었다. 그리고 포숙아는 관중을 살려 주었을 뿐만 아니라 제환공에게 추천하여 국상으로 삼게 하였으며 자신은 거리낌 없이 관중의 조수가 되었다. 이렇게 해서 제환공은 자신을 죽이려던 사람을 국상으로 삼게 되었고 관중은 또 자기가 죽이려던 사람을 성심껏 보좌하여 춘추시대의 다섯 패왕春秋五覇의 한 사람으로 서게 만들었던 것이다.

관중은 나중에 친구 포숙아를 회상하면서 「나를 낳아 준 분은 부모지만 나를 알아준 이는 포숙아였다. 生我者 父母 知我者 鮑子也」고 술회하였다.

이상의 이야기로 인해서 사람들은 친구 사이가 절친한 것을 가리켜 관포管鮑 또는 관포지교라고 하게 되었으며, 벗이 나를 알아주는 것에 대해 사의를 표시할 때 포자지아鮑子知我라 부르게 되었다.

【용례】 두 사람이 서로를 돕는 모습을 보면 정말 친형제도 그럴 수 없을 만큼 눈물겨웠어. 옛날 관중과 포숙아의 사귐(「관포지교」)이 무색할 정도였다고.

管	대롱, 관				
鮑	사람이름, 포				
之	갈, 지				
交	사귈, 교				

巧言令色(교언영색)

巧 : 교묘할(교)   言 : 말씀(언)   令 : 명령·하여금·아름다울(령)
色 : 빛깔(색)

【뜻풀이】 말투를 교묘하게 하고 얼굴 표정을 예쁘게 꾸미다. 이 성구에는 뒤에 선의인鮮矣仁 이라 해서 「그런 사람치고 어진 이는 드물다」는 말이 덧붙어 있다. 말 그대로 지나치게 말이나 행동을 꾸미는 사람은 믿을 수 없다는 뜻이다.

【출전】 《논어·학이편學而篇》에 나오는 말이다.

공자는 인간의 심성에 대해 여러 가지 방식으로 설명하고 있다. 궁극적으로 가장 완성된 인격을 갖춘 사람을 공자는 군자君子라 명명하고 있는데, 군자는 「수식과 바탕이 잘 조화를 이루어야 비로소 군자라고 할 수 있다. 文質彬彬 然後君子」(《옹야편 雍也篇》)는 말처럼 지나치지도 않고 부족하지도 않은 중용中庸의 자리에 서 있는 사람을 지적하는 것이다. 교언영색하는 사람은 수식(文)이 많아서 지나친 사람을 가리킨다고 할 수 있다.

공자는 《논어》의 다른 장에서 「강직하고 의연하며 단단하고 어눌한 사람이라면 어짊에 가깝다. 剛毅木訥 近仁」(《자로편子路篇》)고 하였는데, 이는 공자의 입장에서 볼 때 세련되고 교묘해서 겉치레가 심한 쪽보다는 본디 바탕을 잘 유지해서 얼핏

보기에 우직한 사람이 오히려 진실된 품성을 갖추었다고 본 것이다. 결국 공자는 이 같은 인간형에 혐오감을 드러내면서 참된 인간상이 구현된 경우가 무엇인가를 제시하고자 했다고 할 수 있다.

【용례】 그 사람은 믿을 만한 사람이 못 돼. 악에서는 온갖 말로 「교언영색」하다가도 등만 돌리면 갖은 음해를 다 한다니까. 너도 가까이하지 않는 게 좋을 거야.

巧	교묘할, 교					
言	말씀, 언					
令	명령 · 하여금, 령					
色	빛깔, 색					

君子三樂(군자삼락)

君 : 임금(군)　　　子 : 아들(자)　　　三 : 석(삼)　　　樂 : 즐거울(락)

【뜻풀이】 군자의 세 가지 즐거움.
【출전】《맹자 · 진심장구盡心章句》 상편에 다음과 같은 이야기가 있다.

군자에게는 세 가지 즐거움이 있으니 이 중에는 덕으로 천하를 다스리는 일은 포함되지 않는다. 부모님이 다 생존해 계시고 형제들이 모두 무고한 것이 첫 번째 즐거움이고, 우러러 하늘에 부끄러움이 없고 아래로 남들에게 부끄러움이 없는 것이 두 번째이며, 천하의 뛰어난 인재를 얻어 그들을 가르치는 것이 세 번째이다. 군자에게는 세 가지 즐거움이 있으니, 그 중에는 덕으로 천하를 다스리는 일은 포함되지 않는다.

君子有三樂 而王天下 不與存焉 父母俱存 兄弟無故 一樂也 仰不愧於天 俯不
怍於人 二樂也 得天下英材 而敎育之 三樂也 君子有三樂 而王天下 不與存焉

맹자는 공자의 뒤를 이어 유가 사상을 더욱 발전시키고 공자 사상에 철학성을
부여한 인물이다. 공자의 이론은 인간의 원형적인 품성에 근거해서 학설을 설파함
으로써 논리적인 연관 관계가 부족한 측면이 있었다. 이것을 보완하고 체계화한
사람이 맹자다.

그는 당대의 논객이나 임금들과 논쟁을 벌이면서 그들을 설득하고 유가 사상을
전파하기에 힘썼다. 왜냐하면 그가 산 시대는 공자 시대보다 훨씬 제후들간의 알력
과 경쟁이 극심해진 상황이었기 때문이다. 그래서 단순히 감정에 호소하는 방식으
로는 그들과의 대결에서 설득력을 가지기 힘들었던 것이다.

군자삼락이라는 격언을 내세우면서 한편으로 왕천하하는 일만은 극구 배제한
것도 기존의 질서를 수용하면서 현실적인 개혁을 달성하자는 의도가 다분하다.
혁명론革命論을 주장할 만큼 과격한 그였지만 기존 질서를 완전히 와해시키는 상황
까지는 원하지 않았던 것이다.

공자도 삼락에 대해 이야기했는데, 그때의 낙은 맹자의 경우와는 달리 부정적인
즐거움에 해당한다. 즉「손해가 되는 세 가지 즐거움 損者三樂」이라 해서「교만에
빠진 즐거움, 방탕한 즐거움, 주연의 즐거움 驕樂·佚樂·宴樂」(《논어·계씨편季氏
篇》)을 들고 있는 것이다.

【용례】 내가 세상을 살면서 잘못도 많이 저질렀고 더구나 제자를 거느릴 주제도
못 되는 위인이지만, 저렇게 부모님께서 건강하시고 형제들이 별 탈 없는 것을
보면「군자삼락」중에서 가장 큰 즐거움을 누릴 복은 있는가 봐.

君	임금, 군					
子	아들, 자					
三	석, 삼					
樂	즐거울, 락					

錦上添花(금상첨화)

錦 : 비단(금)　　　上 : 위(상)　　　添 : 더할(첨)　　　花 : 꽃(화)

【뜻풀이】 비단 위에 꽃장식을 첨가했다는 뜻으로 본래부터 좋던 것이 더욱 좋아졌다는 뜻이다. 이 성구는 원래 속담이었는데 나중에 여러 시인들에 의해 반복적으로 쓰여짐에 따라 성구로 굳어지게 된 것이다.

【출전】 송나라 때의 시인이자 정치가였던 왕안석王安石(1021-1086)의 〈즉사卽事〉라는 시에 「아름답게 노래하니 마치 비단 위에 꽃을 수놓은 듯하다. 麗唱仍添錦上花」는 구절이 있다. 역시 송나라 때의 시인이었던 황정견黃庭堅(1045-1105)의 시에도 「아침마다 비단 위에 꽃을 수놓은 이불을 쓴다. 旦用錦上添花」는 구절이 들어 있다.

시인들의 전례를 따라 소설가들도 일상적으로 금상첨화라는 속담을 작품에 인용하기 시작하였다. 예컨대《수호전》제19회에 보면 조개晁盖와 오용 등이 양산에 올랐을 때 임충林忠은 「오늘 많은 호걸들이 이곳에 모여서 서로 받들고 도와주고 있으니 실로 금상첨화요, 가뭄날 새싹에 단비가 내리는 것과도 같소이다」라며 흥에 겨워 말한 구절이 있다.

그리고 금상첨화는 경우에 따라 설중송탄雪中送炭(눈이 올 때 땔나무를 갖다 준다는 뜻으로 남이 어려울 때 도와주는 것을 일컫는 말)과 어우러져 쓰여지기도 한다.

설중송탄에 관해서는 《송사·태종기太宗記》에 이런 이야기가 있다.

송태종 순화 4년 2월에 큰 눈이 내려 날씨가 갑자기 추워졌다. 이때 태종황제는 크게 인정仁政을 베풀어 도성 안의 가난한 집에 쌀과 땔나무를 갖다 주도록 하였다. 이래서 당시 태종황제의 미덕을 칭송한다는 의미로 역사책에까지 오르게 되었다는 것이다.

【용례】 추석 보너스에다 위로금이라니, 정말 「금상첨화」로군. 우리 오늘 술한잔 하지 않을 수 없겠는데.

錦	비단, 금				
上	위, 상				
添	더할, 첨				
花	꽃, 화				

南柯一夢(남가일몽)

南 : 남녘(남)　　柯 : 가지(가)　　一 : 한(일)　　夢 : 꿈(몽)

【뜻풀이】 허황된 꿈. 인간의 부귀공명富貴功名은 한낱 꿈같다는 말이다.

【출전】 당나라 사람 이공좌李公佐가 지은 《남가기南柯記》에 다음과 같은 이야기가 있다.

옛날에 술을 좋아하는 순우분淳于棼이라는 사람이 있었다. 어느 날 그는 뜨락의 큰 홰나무 밑에서 술을 잔뜩 마시고는 만취해서 쓰러졌는데 그의 친구 두 사람이 집에 들여다 눕혀 놓았다. 순우분은 곧 꿈나라로 들어갔다.

잠시 후, 사자 두 사람이 들어와서 괴안국槐安國 임금의 명을 받고 모시러 왔다고 말하였다. 이에 순우분은 사자를 따라 밖으로 나가 수레에 올라 홰나무 아래의 깊은 굴속으로 들어갔다. 굴속에 들어가 보니 햇빛이 찬란하고 산천은 수려하며 성과 촌락들이 즐비櫛比하였다. 뒤이어 순우분은 왕궁에 들어가 임금을 알현하고, 그 자리에서 부마가 되어 남가군 태수로 임명되었다.

이리하여 어느덧 30년이 지나 슬하에는 5남 2녀까지 두게 되었다. 그런데 어느 날 단란국에서 침입하기에 그는 대군을 이끌고 나가 싸웠는데, 그만 패전하고 말았다. 아내까지 피살되자 그는 그만 국왕의 신임을 잃고 쫓겨나게 되었다.

순우분이 놀라 깨어 보니 한갓 꿈이었다. 그때까지 그의 친구들은 곁에 앉아서 발을 씻고 있었다. 순우분이 꿈 이야기를 들려준 다음 친구들과 함께 뜨락에 나가 홰나무 밑을 파보았더니 커다란 개미굴이 하나 있더라는 이야기이다.

이 이야기는 물론 사람들이 꾸며낸 전설이지만 이공좌는 이 이야기를 소재로 하여 《남가태수전》이라는 소설을 쓴 적도 있으며, 명나라 때 탕현조湯顯祖도 《남가기》라는 극본을 쓴 일이 있다. 남가일몽 또는 괴안지몽槐安之夢ㆍ일침남가一枕南柯ㆍ일침괴안一枕槐安이라고도 하는 성구는 바로 이 이야기에서 유래한 것이다. 남가일몽은 황량일몽黃粱一夢이나 일침황량一枕黃粱과 뜻이 비슷하다.

【용례】그와 함께 지낸 그때는 비록 아주 짧은 순간이었지만 너무나 좋은 추억으로 남아 있어요. 「남가일몽」처럼 깨진 꿈이라고 하기에는 우리들의 사랑은 정말 순수했었습니다.

南	남녘, 남				
柯	가지, 가				
一	한, 일				
夢	꿈, 몽				

路不拾遺(노불습유)

路 : 길(로)　　不 : 아닐(부)(불)　　拾 : 주울(습)　　遺 : 남길·버릴(유)

【뜻풀이】 길에 떨어진 물건을 줍지 않는다는 말로, 나라가 잘 다스려져 사회 분위기가 좋은 것을 이르는 말이다.

【출전】 《구당서舊唐書》에 다음과 같은 이야기가 있다.

한 행인이 무양이라는 곳을 지날 때 옷 한 벌을 잃었는데 몇십 리 가서야 생각이 났다. 어떤 사람이 그가 조급해하는 것을 보고 「우리 무양 경내에서는 길에 떨어진 물건을 줍지 않으니 지금 돌아가서 찾으면 아마 찾을 수 있을 겁니다」라며 위로하였다. 그래서 행인이 돌아가 찾아보니 과연 옷은 떨어진 그 자리에 그대로 있더라는 것이다.

이 밖에 《한비자》에도 춘추시대 공손교公孫僑(자는 자산子産)라는 사람이 5년 동안 정나라의 재상으로 있으면서 나라를 잘 다스렸기 때문에 사람들이 길에 떨어진 물건을 줍지 않았다는 이야기가 실려 있으며, 《공자세가》에도 사람들이 길에 떨어진 물건을 줍지 않았다는 기록이 있다. 그리고 가의賈誼의 《신서新書·선성편先醒篇》에도 「부유한 백성은 항상 한결같아서 길에 떨어진 물건을 줍지도 않아 나라에 옥사나 소송이 일어나지 않는다. 富民恒一 路不拾遺 國無獄訟」는 말이 나온다.

노불습유는 도불습유道不拾遺라고도 한다.

【용례】 우리 동네 사람들은 정말 순박하고 착한 사람들이야. 지금까지 10년 동안 절도 사건 한 건 없었다니까. 우리 관내에서는 「노불습유」가 옛말이 아냐.

路	길, 로					
不	아닐, 불					
拾	주울, 습					
遺	남길·버릴, 유					

累卵之危(누란지위)

累 : 포갤(루)　　　卵 : 알(란)　　　之 : 갈(지)　　　危 : 위태로울(위)

【뜻풀이】 알을 쌓아 올린 것처럼 위태로운 상황을 비유하는 말이다.

【출전】《사기·범수열전范雎列傳》에 다음과 같은 이야기가 실려 있다.

전국시대 위魏나라에 범수란 사람이 살고 있었다. 그는 가난한 집 자식으로 태어 났지만 부지런히 학문을 연마해 종 횡가縱橫家로서 일가를 이루었다. 그러나 워낙 한미한 집안 출신이었기 때문에 누구도 알아주는 사람이 없어 자신의 뜻을 펼치기 가 용이하지 않았다.

그래서 그는 먼저 제齊나라로 사신을 가는 중대부 수가須賈의 수행원이 되어 그를 쫓아갔다. 그런데 제나라에 도착하자 사신인 수가보다는 범수가 더 주목을 받았다. 기분이 몹시 상한 수가는 귀국하자마자 재상에게 범수가 제나라와 내통했다는 얼토 당토않은 누명을 씌웠다.

체포당한 범수는 모진 고문 끝에 거의 반죽음이 되어 변소에 버려졌다. 그러나 그는 옥리獄吏를 설득해 무사히 빠져나온 뒤 정안평鄭安平이라는 사람의 집에 은신 해 있으면서 이름도 장록張祿이라고 바꾸어 버렸다.

달아날 기회만 노리고 있던 중 마침 진秦나라에서 사신이 왔다. 정안평은 몰래 진나라 사신 왕계王稽를 찾아가 장록을 추천했고, 왕계의 힘을 입어 어렵사리 진나라로 달아나 소양왕昭陽王을 만났다.

왕계는 임금에게 장록을 소개하며 말했다.

「폐하, 위나라의 장록은 천하의 뛰어난 외교가입니다. 그는 우리나라의 정치를 평해서 〈마치 알을 쌓아 놓은 것처럼 위태롭다. 累卵之危〉고 지적했습니다. 그를 기용해 쓰면 국력은 커지고 민심은 크게 안정될 것입니다.」

이 말을 들은 소양왕은 한편으로 몹시 자존심이 상했지만 인재라는 점만은 인정해서 일단 그에게 작은 관직을 주어 머물게 하였다. 그 후 장록은 원교근공遠交近功의 방법을 써서 자신의 진가를 드날렸다.

【용례】 나라가 누란의 위기(「누란지위」)에 빠져 있을 때 몸을 버려 나라를 구한 선열들을 생각하면 절로 머리가 숙여져. 그들이 있었기에 지금의 우리도 있는 게 아닐까? 과연 나도 그런 상황에서 목숨을 초개와 같이 버릴 수 있을지 모르겠어.

累	포갤, 루					
卵	알, 란					
之	갈, 지					
危	위태로울, 위					

斷機之教(단기지교)

斷 : 끊을(단)   機 : 틀·재치·베틀(기)   之 : 갈(지)   敎 : 가르칠(교)

【뜻풀이】 베틀의 옷감을 끊어 버린 가르침. 자식의 교육을 위해 헌신하는 어머니의 정성을 일컫는 말이다.

【출전】 맹자孟子는 전국시대의 위대한 사상가로 덕치德治를 주장하여 당대뿐만 아니라 오늘날에 이르기까지 커다란 영향을 남긴 사람이다. 이렇게 위대한 사상가가 탄생하기까지는 그의 어머니의 남다른 노고가 숨어 있었다.

한漢나라 유향劉向이 지은《열녀전烈女傳》에 다음과 같은 이야기가 실려 있다.

맹자는 공자孔子의 손자인 자사子思의 문하에서 학업을 닦았다. 어느 날 유학을 가 있던 맹자가 갑자기 어머니를 찾아왔다. 그때 어머니는 베를 짜고 있었다.

「그래, 네 공부는 얼마나 진척이 되었느냐?」

「예, 별로 나아진 것이 없습니다.」

그 말을 들은 어머니는 힘써 짜고 있던 베를 단칼에 베어 버렸다. 깜짝 놀란 맹자가 물었다.

「아니 고생스럽게 짠 베를 왜 잘라 버리십니까?」

어머니가 대답하였다.

「네가 공부를 등한시하는 것은 지금 베를 잘라 버린 것과 같다. 군자란 모름지기 학문에 힘써 이름을 날리고, 모르는 것이 있으면 물어 앎을 넓혀야 하는 법이다. 그래야만 마음과 몸도 수양이 되며 세상에 나아가서도 위험에 빠지지 않는다. 이제 네가 학문을 그만두었다면 너는 다른 사람의 꽁무니나 쫓아다녀야 할 것이니 재앙을 피하기 어렵게 되었다. 그러니 생계를 위해서 짜던 베를 끊는 것과 무엇이 다르겠느냐?」

이 말을 들은 맹자는 즉시 학교로 되돌아가 부지런히 학업에 힘써 마침내 훌륭한 학자가 되었던 것이다.

【용례】 옛날 한석봉韓石峰의 어머니는 아들의 서예 실력을 북돋기 위해 불을 끄고

떡 썰기 내기를 했다더군. 그래서 결국 한석봉은 대서예가가 되었다니, 맹자 어머니의 「단기지교」에 비겨도 손색 없는 장한 어머니 상이야.

斷	끊을, 단				
機	틀·재치, 기				
之	갈, 지				
教	가르칠, 교				

大器晚成(대기만성) ■

大 : 큰(대)　　　器 : 그릇(기)　　　晚 : 늦을(만)　　　成 : 이룰(성)

【뜻풀이】 큰 그릇은 늦게 이루어진다. 크게 될 사람은 성취는 더딜 수 있지만 일단 이루어지면 남과 비교가 되지 않는다는 말이다.

【출전】《노자》 제 41장에 보면 「아주 큰 네모는 구석이 없으며 가장 가치가 있는 그릇은 뒤늦게 완성된다. 大方無隅 大器晚成」는 구절이 있다.

큰 인물은 하루 아침에 갑자기 되는 것이 아니고 오랜 시일과 끊임없는 수련, 그리고 노력이 쌓여서 비로소 이루어지는 것이다. 새상의 사물이나 이치 역시 긴 안목과 세심한 관찰로써 접근해야지 단지 일시적인 상황만 보고 판단해서는 안 된다는 뜻도 담겨 있다.

《위지·최염전崔琰傳》에 다음과 같은 이야기가 전한다.

삼국시대 위나라에 최염이라는 장수가 있었다. 그는 허우대도 멀쩡했지만 우렁차고도 투명한 음성과 시원한 생김새를 갖춘 호탕한 위인이었다. 수염이 넉 자나 휘늘어져서 그의 외모와 재능에 반한 무제가 특별히 그를 총애했을 정도였다.

그런 최염에게는 사촌동생이 한 사람 있었는데, 이름이 최림崔琳이었다.

그런데 어찌 된 셈인지 최림은 기골이나 인품에 있어서 형과는 달리 이렇다 할 기품도 없었을 뿐만 아니라 구변도 신통치 않아 관료로서 출세의 길이 열리지 않았다. 사태가 이렇자 일가 친척들도 최림은 아예 눈밖에 두고 누구도 관심을 기울이지 않았다.

다만 사촌형인 최염만은 그가 그렇게 형편없는 인간이 아님을 꿰뚫어보고 언젠가는 큰일을 할 인재임을 간파하였다.

「큰 종이나 큰 솥은 쉽게 만들어지는 것이 아니다. 마찬가지로 사람도 큰 재능을 가진 인물이란 역시 쉽게 만들어지지 않으며 또 금방 그 재능이 나타나는 것도 아니다. 아무래도 시간이 걸리게 마련이다. 내 아우 최림도 그와 같은 대기만성형으로 언젠가는 반드시 큰 인물이 될 것이니 두고 보아라.」

이런 최염의 예언대로 최림은 나중에 삼공三公이라는 고위 관직에 올라 천자를 보필하는 대임을 맡아서 백성들을 잘 다스린 훌륭한 정치가가 되었다.

또 마원馬援(전 14-후 49)과 관련된 이야기도 전한다.

마원은 부풍군扶風郡 무릉현茂陵縣 태생으로 젊었을 때 그는 전한前漢을 무너뜨리고 신新이라는 나라를 세운 왕망王莽의 신하로 있었다. 그러나 왕망이 패하고 죽은 뒤에는 후한의 광무제를 섬겨 큰 공을 세워 복파장군伏波將軍(전한의 무제 이래 큰 공을 세운 장군에게만 수여되는 지위)에 임명되었다. 그는 멀리 남방의 반란을 평정하고 각지에서 후한의 위세와 명예를 드날렸는데, 이를 기념해 그의 동상까지 세워졌다고 한다.

그러다가 만년에 흉노족 오환烏桓을 토벌하기 위해 출정했다가 진중에서 병을 얻어 63세를 일기로 세상을 떠났다.

이 명장 마원이 어렸을 때 그는 시골에 있는 공지公地를 감독하는 말단 관리가 되어 형 마황馬況과 이별하고 임지로 향하게 되었다. 떠나기에 악서 형이 그에게 다음과 같이 충고하였다.

「너는 이른바 대기만성에 속하는 사람이다. 능란한 목수는 산에서 갓 찍어 온

통나무를 남에게 보여 주는 법이 없지만 아무도 모르게 잘 다듬어서 훌륭한 작품을 만들어 낸다. 너도 너만이 가지고 있는 천성과 재능을 살려서 시간을 기다리며 참고 지낸다면 반드시 큰 인물이 될 수 있을 것이다.」

형의 진심어린 충고를 가슴 깊이 새긴 마원은 이로부터 날로 매진해서 마침내 역사에 길이 이름이 남을 장군이 되었던 것이다.

【용례】 내 이번에 손녀 사윗감으로 데려온 사람을 보니 언뜻 부족해 보이지만 나중에 크게 될 인물인 듯싶다. 성실하고 부지런하니 「대기만성」형이야. 웬만하면 허락하도록 하거라.

大	큰, 대					
器	그릇, 기					
晩	늦을, 만					
成	이룰, 성					

同病相憐(동병상련)

同 : 같을(동)　　　病 : 병·앓을(병)　　　相 : 서로·살필(상)
憐 : 어여삐여길·불쌍히 여길(련)

【뜻풀이】 같은 병을 앓아 아픔을 함께하다. 비슷한 처지에 놓인 사람들끼리 도우며 살아가는 것을 말한다.

【출전】《오월춘추·여합내전闔閭內傳》에 다음과 같은 이야기가 실려 있다.

오吳나라 임금 합려闔廬를 도와 월나라 구천勾踐과 싸운 오자서伍子胥는 원래 초楚

나라 사람이었다. 그런데 그의 아버지 오사伍奢가 비무기費無忌란 사람의 모함으로 그의 형인 오상伍尙과 함께 죽음을 당하자 복수를 다짐하며 오나라로 망명해서 합려의 수하에 들어갔다. 마침 그때 마찬가지로 비무기의 모함으로 아버지 백주려伯州黎를 잃은 백희伯嚭가 도망쳐 오나라로 왔다. 오자서는 힘써 그를 도와 조정에 추천해서 대부大夫에 임명되게 하였다.

그런데 같은 대부인 피리被離는 백희를 별로 달갑게 여기지 않는 눈치였다. 그 껌새를 안 오자서가 물었다.

「당신은 왜 백희를 탐탁지 않게 생각하십니까?」

「그러면 당신은 왜 백희를 신뢰하는 게요?」

「왜냐하면 그와 나는 같은 원한을 품고 있기 때문입니다. 〈하상가河上歌〉라는 노래에도 나오지 않습니까? 〈같은 병을 앓으니 서로 돕고 같은 근심을 하니 서로 구한다. 놀라서 날아오르는 새들이 서로 좇으며 나는구나. 여울 따라 아래로 흐르는 물은 이로 인해 다시 함께 흐르네. 同病相憐 同憂相救 驚翔之鳥 相隨而飛 瀨下之水 因復俱流〉」

「당신이 하는 말뜻은 알겠습니다. 그러나 내가 볼 때 백희는 눈빛이 매와 같고 걸음걸이는 호랑이와 같아(鷹視虎步) 사람을 해칠 상입니다. 결코 마음을 허락해서는 안 될 사람입니다.」

피리의 충고에도 불구하고 오자서는 백희를 동료로서 함께 일했다.

뒷날 백희는 월나라에 매수당해 오자서를 무고해서 오자서는 마침내 분사憤死하고 말았다. 오자서가 인용한 〈하상가〉의 한 구절이 지금과 같은 성구가 된 것이다. 그리고 피리가 백희의 외모를 지적하면서 말한 응시호보鷹視虎步 역시 성구가 되어 매처럼 눈길이 날카롭고 호랑이처럼 용맹한 모습을 비유하게 되었다.

【용례】 부군과 사별하신 지 5년째라구요. 저도 상처한 지 벌써 7년째입니다. 남자인 저도 이런데 혼자 사시기가 보통 힘들지 않으시겠습니다. 「동병상련」을 느낍니다. 제가 도와 드릴 일이라도 있으면 좋겠군요.

同	같을·함께, 동					
病	병·앓을, 병					
相	서로·도울, 상					
憐	불쌍히여길, 련					

得魚忘筌(득어망전) ━━━━━━━━━━━━━━━━━━━━━━━━━━━━ ■

得 : 얻을(득)　　魚 : 물고기(어)　　忘 : 잊을(망)　　筌 : 통발(전)

【뜻풀이】 물고기를 잡았으면 통발은 잊는다.

전은 물고기를 잡을 때 쓰는 통발을 말한다. 이 말은 일단 목적을 달성하면 수단으로 이용하던 물건을 잊어버린다는 뜻으로, 두 가지 의미로 해석할 수 있다. 하나는 사소한 일에 얽매여 큰일을 놓치지 말아야 한다는 것이고, 또 하나는 반대로 결과 못지않게 과정도 중시해야 한다는 것이다.

【출전】《장자·외물편外物篇》에 다음과 같은 이야기가 실려 있다.

통발은 물고기를 잡는 데 필요한 기구인데, 물고기를 잡으면 통발은 곧 잊어버린다. 덫은 토끼를 잡는 데 쓰이는데, 일단 토끼를 잡으면 덫은 잊어버린다. 말이란 뜻을 담는 데 필요한데, 일단 뜻을 얻으면 말은 잊어버린다. 내 어찌 저 말을 잊는 사람들과 더불어 말을 할 수 있겠는가?

筌者所以在魚 得魚而忘筌 蹄者所以在兎 得兎而忘蹄 言者所以在意 得意而忘言 吾安得夫忘言之人 而與之言哉

장자가 말하는 망언지인이란 말에 구애를 받지 않는 사람을 뜻한다. 개념에 얽매여 사고가 경직된 사람은 상대적인 측면에만 사로잡혀 진정으로 사물의 경계에서 초월하지 못한다. 때문에 절대적인 경지에 대해서는 함께 논의할 수 없다는 것이다.

【용례】 영인본 팔아서 출판사 입지를 굳혔으면 빨리 그때 생각은 버려야지. 아직도 그런 책에 애착을 가지고 있다면 어떻게 큰 사업을 하겠나? 「득어망전」이라고 이젠 책다운 책을 내는 데 전념하게.

得	얻을, 득					
魚	물고기, 어					
忘	잊을, 망					
筌	통발, 전					

麥秀之嘆(맥수지탄)

麥 : 보리(맥)　　　秀 : 빼어날·팰·이삭(수)　　　之 : 갈(지)

嘆 : 탄식할(탄)

【뜻풀이】 보리밭에 이삭이 패는 것을 보고 내는 탄식. 세상이 바뀌어 지난날 화려했던 고장이 폐허가 되었을 때 쓰는 말이다.

【출전】 은나라의 마지막 임금이었던 주紂는 포악하기 짝이 없는 군주였다. 그는 간신들의 꼬임에 빠져 폭정을 일삼았다. 그때의 정황을 공자孔子는 「미자는 떠나고 기자는 종이 되고 비간은 간하다가 죽었다. 은나라에는 어진 이가 세 사람 있었다. 微子去之 箕子爲之奴 比干諫而死 孔子曰 殷有三仁焉」(《논어·미자편微子篇》)고 요약하고

있다.

이처럼 기자는 미친 사람처럼 머리를 풀어헤치고 종이 되어 몸을 숨겼다.

그 뒤 무왕武王에 의해 은나라가 멸망한 뒤 무왕은 기자의 인품을 흠모해서 그를 조선朝鮮의 왕으로 봉했다.

몇 해가 지나 오랜만에 은나라의 도읍을 찾은 기자는 비애에 젖지 않을 수 없었다. 은허殷墟란 말이 있듯이 그 화려하고 번화했던 도읍지는 보리와 기장이 무성하게 자란 폐허로 변해 있었던 것이다.

이를 본 기자는 세상사의 무상함과 지난 감회에 젖어 노래를 지어 불렀는데 그것이 바로 유명한 〈맥수가麥秀歌〉다.

무성하게 자란 보리여	麥秀漸漸兮
벼와 기장도 가득하구나	禾黍油油
저 교활한 어린아이가	彼蕎童兮
내 말을 듣지 않은 탓이지	不與我好兮

교활한 아이는 주왕을 말한다. 이런 곡절로 해서 맥수지탄은 망한 나라를 탄식한다는 뜻이 되었는데, 오늘날에는 지나간 과거를 돌이켜 생각하면서 비탄에 잠기는 경우에도 두루 사용한다.

【용례】동양 굴지의 대규모 공단이 들어섰던 이곳이 이런 황무지로 변하다니. 「맥수지탄」이 절로 나오는군.

麥	보리, 맥				
秀	빼어날·뺄, 수				
之	갈, 지				
嘆	탄식할, 탄				

目不識丁(목불식정)

目 : 눈(목)　　　　不 : 아닐(부)(불)　　識 : 알(식)/적을·표시할(지)

丁 : 고무래(정)

【뜻풀이】 눈을 뜨고도 고무래를 알아보지 못한다. 우리 속담 「낫 놓고 기역자도 모른다」와 같은 의미가 담긴 성구다. 일자무식一字無識의 까막눈을 가리킬 때 쓰는 말이다.

【출전】《당서·장홍정전張弘靖傳》에 다음과 같은 이야기가 실려 있다.

당나라 때 국경을 수비하던 관리를 절도사節度使라고 했는데 워낙 세력이 막강했기 때문에 때로 중앙 정부의 간섭을 달갑지 않게 여겨 독자적인 행동을 취할 때도 있었다.

유주幽州 절도사로 있던 이로 유총劉總이란 사람이 있었다. 그는 아버지와 형을 죽이고 절도사가 된 사람으로 스스로 죄책감을 느껴 절도사직을 내놓고 승려가 되었다.

그때 그는 세 가지 조건을 내세우며 절도사직을 내놓았다. 장홍정을 후임으로 할 것과 자기의 심복인 주극융朱克融을 요직에 등용할 것, 부하들에게 위로금조로 백만 냥을 하사하고 1년 동안 유주 지방 백성들로부터 세금을 걷지 말 것이 그것이었다. 조정에서는 이를 모두 받아들였다. 그런데 문제는 장홍정이 부임하면서부터 일어났다.

검소와 절약을 미덕으로 알고 살던 변방 백성들은 장홍정의 휘황찬란한 행렬을 보고 크게 실망하였다. 또 주극융은 요직에 등용되기는커녕 아예 벼슬조차 내리지 않았다. 장홍정을 따라온 병사들과 막료들도 사정이 어둡기는 마찬가지여서 질탕 술이나 마시며 변방 토착민들을 능욕하기 일쑤였다. 그들은 대놓고 이런 말까지 서슴없이 지껄였다.

「지금 천하는 태평스럽기 그지없는데, 너희들이 양석궁을 당길 줄 아는 것은 글자 하나 아는 것만도 못하다. 今天下太平 汝曹能挽兩石弓 不若識一丁字」

《강희자전康熙字典》에 보면 원래 정丁자는 개介자로 갯수를 헤아리는 단위였다고 한다. 이것이 와전되어 지금의 고무래 정자가 되었다는 것이다.

더구나 장홍정은 조정에서 하사한 위로금 중 20만 냥을 착복해 사비로 쓰고 말았다. 일이 이렇게 되자 참다 못한 군사들은 방화를 하는 등 소란을 피우며 항의하기에 이르렀다. 장홍정의 막료였던 위웅韋雄이 이 꼴을 보고는 하급 장교를 말에서 끌어내 사람들이 보는 악에서 매질을 가하였다.

이로 말미암아 사태는 급속도로 악화되어 군사들은 닥치는 대로 중앙 정부에서 파견된 막료들을 때려죽이고 장홍정을 감금해 버렸다. 그런 뒤 이 문제에 대해서 더 이상 거론하지 말자고 제의했지만 장홍정은 승락하지 않았다. 결국 그들은 주극융을 절도사로 옹립하고 중앙 정부와는 관계를 끊고 말았다.

이런 이야기 가운데 나온 성구가 목불식정이다.

【용례】 우리 할머님은 별로 학교 공부를 못 하셔서 「목불식정」이나 다름없는 문맹이시지. 그렇지만 사람을 보고 진실성을 꿰뚫어보는 안목은 대단히 높으셔. 배웠다고 해서 반드시 현명한 사람이 되는 건 아니라니까.

目	눈, 목					
不	아닐, 불					
識	알, 식 / 적을, 지					
丁	고무래, 정					

拔本塞源(발본색원)

拔 : 뽑을(발)　　本 : 근본(본)　　塞 : 막을(색)/변방(새)

源 : 근원(원)

【뜻풀이】 나무를 뿌리째 뽑아 없애고 물의 근원을 덮어 막는다. 문제를 해결할 때 근본적인 부분까지 철저하게 손을 댄다는 뜻이다.

【출전】《춘추·소공 9년》조에 다음과 같은 소공昭公의 말이 실려 있다.

　　나에게 백부(周公)가 계신 것은 마치 의복에 갓과 면류관이 있고 나무나 물에 부리와 근원이 있으며 백성들에게 훌륭한 임금이 있는 것과 같다. 백부께서 만약 갓을 찢고 면류관을 부수며 부리를 뽑고 근원을 막고 훌륭한 임금을 완전히 버리셨다면 비록 오랑캐라고 한들 그 어찌 나 한 사람조차 남아 있었겠는가?

　　我在伯父　猶衣服之有冠冕　木水之有本原　民人之有謀主也　伯父若裂冠毁冕 拔本塞原　專棄謀主　雖戎狄其何有余一人

여기에서 발본색원이라는 성구가 나왔는데, 이 말은 나중에 왕양명王陽明(1472-1529, 이름은 수인守仁)의 제자들이 만든《전습록傳習錄》에 실린〈발본색원론拔本塞源論〉에 의해 더욱 유명해졌다.

왕양명의 나이 55세 때 쓴 이 글은 그의 정치철학을 보여 주는 글로서 중시되어 왔다. 그 글의 서두에 이런 말이 나온다.

[이 발본색원하는 논의가 천하에 밝혀지지 않는다면 천하에서 성인을 배우는 사람들이 장차 날로 번거로워지고 날로 어렵게 될 것이다. 이 사람들이 금수나 오랑캐와 같은 지경에 빠지고서도 스스로는 성인의 학문을 한다고 여기게 될 것이다. 夫拔本塞源之論 不明於天下 則天下之學聖人者 將日繁日難 斯人淪於禽獸夷賊而猶自以爲聖 人之學]

【용례】 고시에 합격하고 사법 연수원에 들어오신 것을 축하합니다. 여러분들은 우리 사법계의 장래를 짊어질 인재로서 불의한 일을 보면 「발본색원」할 자세를

갖추어야 할 것입니다.

拔	뽑을, 발					
本	근본, 본					
塞	막을,색 / 변방,새					
源	근원, 원					

不恥下問(불치하문) ■

不 : 아닐(부)(불)　　恥 : 부끄러울(치)　　下 : 아래(하)　　問 : 물을(문)

【뜻풀이】 겸허하고 부끄럼없이 배움을 즐기는 것을 이르는 말이다.

【출전】 옛날 통치자들은 유가 학설의 창시자인 공자孔子를 가리켜 천성적으로 가장 학문이 있는 성인聖人으로 높게 받들었다. 그러나 공자 자신은 「나는 태어나면서부터 학문이 있었던 것은 아니다. 옛것을 좋아해서 민첩하게 이를 구하려는 사람이다. 我不生而知之 好古敏以求之者也」(《논어·술이편述而篇》)라고 말하였다.

《논어·팔일편八佾篇》에 기술된 내용을 보면 어느 날 공자는 태묘太廟에 가서 노나라 임금이 조상에게 제사를 지내는 의식에 참가한 적이 있는데, 매사에 모르는 것이 있으면 사람들에게 물어본 뒤 시행했다는 것이다.

이에 어떤 사람들은 그가 의례를 너무 모른다고 비난하게 되었다. 그 말을 들은 공자는 「내가 모르는 일에 매사마다 묻는 것이 바로 내가 의례를 알려고 하는 것이 아닌가?」라고 대답하였다고 한다.

그 무렵 위나라에는 공어孔圉라고 하는 대부가 있었는데 죽은 뒤에 시호를 문文

이라 하였다. 때문에 사람들은 그를 공문자孔文子라고 불렀다. 이 일을 두고 공자의 제자인 자공子貢이 어느 날 공자에게 「공문자는 왜 시호를 문이라고 했습니까?」라고 물었다.

공자는 그가 「총명하고 부지런하며 아랫사람에게 묻는 것을 부끄럽게 여기지 않았기 때문에 시호를 문이라고 한 것이다. 敏而好學 不恥下問 是以謂之文」(《논어·공야장편公冶長篇》)라고 대답하였다.

성구 불치하문은 바로 공자의 이 말에서 유래한 것으로, 오늘날에는 겸허하고 부끄럼없이 배우기를 즐기고 진심으로 남의 가르침을 받는 태도를 말한다.

【용례】 너는 다 좋은데 너무 자존심이 강한 게 문제다. 「불치하문」할 수 있는 여유를 가질 때 비로소 큰 성과를 올릴 수 있을 거야.

不	아닐, 불				
恥	부끄러울, 치				
下	아래, 하				
問	물을, 문				

徙宅忘妻(사택망처)

徙 : 옮길(사)　　宅 : 집(택)　　忘 : 잊을(망)　　妻 : 아내(처)

【뜻풀이】 이사를 하면서 아내를 잊어 버린다는 뜻으로, 정말 중요한 것은 놓쳐 버리는 얼빠진 사람을 비유하는 말이다.

【출전】 이 성구는 《공자가어孔子家語》에서 나온 말이다. 일찍이 노애공은 공자가

말한 것처럼 그렇게 얼빠진 사람이 어찌 있을 수 있겠느냐 하면서 공자에게 물어본 적이 있다고 한다.

그랬더니 공자가 하는 말이, 이사할 때 자기 아내마저 잊는 사람도 있다는 것이었다. 이에 노애공이 한층 더 아리송해하자 다음과 같은 내용의 이야기를 들려주었다고 한다.

「하걸과 상주와 같은 폭군은 황음무치荒淫無恥하고 부화타락하여 나라일은 전혀 돌보지 않고 민생을 돌아보지 않았을 뿐 아니라 권세에 아부하고 남을 비방하기 좋아하는 간사한 무리들을 사주해서 더 많은 악행을 저지르게 하였습니다. 이리하여 충성스럽고 정직한 사람들은 추방을 당하게 되었거나 군주에게 간할 기회마저 잃게 되었지요. 그 결과 걸주 같은 폭군들은 나라를 망치고 자신의 운명마저 담보하지 못했으니 그들은 나라와 백성을 망각했을 뿐 아니라 자기 자신마저 깡그리 잊어버리게 되었던 것입니다.」

【용례】 이 사람아, 아무리 정신이 없기로서니, 이삿짐을 보내면서 주소도 안 가르쳐 주고 보내나. 하긴 그냥 온 그 사람들도 한심하지만, 「사택망처」하기는 피장파장이군.

徙	옮길, 사					
宅	집, 택					
忘	잊을, 망					
妻	아내, 처					

三人市虎(삼인시호)

三 : 석(삼)　　　人 : 사람(인)　　　市 : 저자·시장(시)　　　虎 : 호랑이(호)

【뜻풀이】 사람 셋이 시장에 호랑이를 만들다. 유언비어流言蜚語를 퍼뜨려 사람을 중상모략하는 것을 말한다.

【출전】《전국책·위책魏策》에 다음과 같은 이야기가 있다.

어느 날 위나라의 태자가 조나라에 인질로 가게 되어 위왕(즉 위혜왕 또는 양혜왕)은 방총이라는 사람을 시켜 따라가게 하였다. 작별할 때 방총은 임금과 이런 이야기를 나누었다.

「만일 지금 어떤 사람이 달려와서 시장 바닥에 호랑이가 나타나서 사람을 해치고 있다고 말하면 대왕께서는 그것을 믿겠습니까?」

「물론 믿지 않지.」

「조금 뒤 또 한 사람이 뛰어와서 그렇게 말하면 어떡하시겠습니까?」

「의심할 수 있겠지.」

「그러면 뒤이어 또 한 사람이 들어와서 그렇게 말하면 어떡하시겠습니까?」

「믿게 되지.」

「그렇습니다. 시장 바닥에 호랑이가 나타날 수 없는 것이 당연한 이치인데 세 사람의 말에 의해 호랑이가 되는 것(三人之言 則成虎)입니다. 이제 신이 태자를 모시고 가면 이러쿵저러쿵하는 잡소리가 많을 것인데, 그 숫자가 어찌 세 사람뿐이겠습니까? 대왕께서 잘 굽어 살피시기 바랍니다.」

이에 위왕은 방총의 말뜻을 깨닫고 「알겠소. 과인은 절대 유언비어를 믿지 않을 것이오」라고 대답했다는 것이다.

이와 동일한 이야기가 《한비자·내저설內儲說》에도 있다. 다른 내용이 있다면 태자를 모시고 간 방총이 방공으로 되어 있을 뿐이다.

성구 삼인시호는 바로 이 이야기에서 나온 것으로 삼인성호三人成虎라고도 한다.

【용례】 말도 안 되는 소리도 여러 사람이 떠들고 다니니까 다들 믿는 눈치더군.

「삼인시호」라더니 직접 확인하지도 않고 그런 황당한 말을 믿어도 되는 건가?

三	석, 삼				
人	사람, 인				
市	저자·시장, 시				
虎	호랑이, 호				

三遷之教(삼천지교)

三 : 석(삼)　　　遷 : 옮길(천)　　　之 : 갈(지)　　　教 : 가르칠(교)

【뜻풀이】 세 번 거처를 옮긴 가르침. 어머니가 자식을 훌륭하게 가르치기 위해 노력하는 것을 비유하는 말이다.

【출전】 전국시대 유가儒家 학파의 유명한 인물인 맹자孟子의 모친은 맹자가 어렸을 적에 그의 교육을 위해 집을 세 번이나 옮긴 일이 있는데, 이것이 바로 맹모삼천孟母三遷이라는 이야기이다.

한漢나라 때 유향劉向(전 79-전 8)이 편찬한 《열녀전列女傳》에 따르면 맹자의 모친은 처음 어린 맹자를 데리고 공동묘지 근처에서 살았다고 한다. 그런데, 어린 맹자가 사람들이 송장을 묻으며 우는 흉내를 내자 「여기는 내 아들이 있을 곳이 못 된다」고 하면서 이사하였다.

그렇게 이사한 곳은 장터 근처였다. 때문에 맹자는 장사꾼들의 습성을 본받으며 노는 것이었다. 맹모는 할 수 없이 또 이사를 하게 되었는데, 이번에는 서당 근처로 옮기게 되었다.

이에 어린 맹자는 예절을 배우며 놀고 서당을 다니고자 하는 것이었다. 맹모는 그제야 「이곳이야말로 내 아들이 있을 곳이다」라고 하면서 그곳에 오랫동안 머물러 있게 되었다고 한다.

이렇게 해서 어머니가 자녀의 교육을 위해 힘써 노력하는 것을 일러 삼천지교라고 하게 된 것이다.

【용례】 두 걸음 건너 술집이고 세 걸음 지나 오락실이니 어디 안심하고 자식을 기르겠어. 「삼천지교」 아니라 「십천지교」를 해도 애 하나 기를 곳이 없으니, 큰일이야.

三	석, 삼					
遷	옮길, 천					
之	갈, 지					
敎	가르칠, 교					

塞翁之馬(새옹지마)

塞 : 변방(새)/막을(색)　　　翁 : 늙은이(옹)　　　之 : 갈(지)
馬 : 말(마)

【뜻풀이】 변방 늙은이의 말. 재앙이 복이 되고 복이 재앙이 된다. 즉 세상을 살아가면서 길흉화복吉凶禍福의 변화가 잦은 것을 비유하는 말이다.

【출전】《회남자·인간훈人間訓》에 다음과 같은 이야기가 나온다.

옛날 만리장성 변경에 한 노인이 살고 있었는데, 사람들은 그를 새상노인塞上老人 또는 새옹塞翁이라고 불렀다.

어느 날 노인이 기르던 말 한 필이 없어지자 마을 사람들이 그의 걱정을 덜어주려고 모여서 위로하였다. 그러자 노인은 「말 한 필이 없어진 것이 되레 좋은 일이 될지도 모르지 않느냐」고 대답하는 것이었다.

얼마 뒤 잃어버린 말이 돌아왔는데 좋은 오랑캐 말 한 필을 데리고 돌아왔다. 이에 마을 사람들이 모여 축하의 말을 하니 노인은 「이게 나쁜 일이 될지도 모른다」고 말하였다.

아니나 다를까 며칠 후 노인의 아들이 그 말을 타고 놀다가 그만 말에서 떨어져 정강이뼈를 부러뜨리고 말았다.

이에 마을 사람들이 와서 위로하니 노인은 「이게 혹시 좋은 일이 될지도 모른다」고 말하는 것이었다.

그 후 또 한동안이 지나 갑자기 전쟁이 일어나 마을 청장년들이 모두 다 전장으로 끌려갔지만 불구가 된 노인의 아들만은 징집되지 않았다. 그렇게 전장으로 끌려간 사람들은 대부분 희생되었지만 집에 남아 있던 노인의 아들만은 무사할 수 있었다.

예부터 사람들은 불행을 만났을 때 이 이야기를 빌려 「변방 노인이 말을 잃어버린 것이 어찌 복이 아닌 줄 알겠는가. 塞翁失馬 安知非福」라는 말로 자신을 위로하거나 남을 위로하였다. 오늘날에는 이 성구를 「일정한 조건 아래에서 나쁜 일이 좋은 일로 전환될 수 있고 또한 좋은 일이 나쁜 일로 바뀔 수도 있다」고 이해하는 것이 좋겠다.

【용례】 인생지사 「새옹지마」라더니 학교 다닐 때 축구하다가 삔 다리 때문에 징집이 면제될 줄 누가 알았겠어. 남들은 돈 주고도 못 삔다는데.

塞	변방, 새 / 막을, 색					
翁	늙은이, 옹					
之	갈, 지					
馬	말, 마					

手不釋卷(수불석권)

手 : 손(수)　　不 : 아닐(부)(불)　　釋 : 풀·놓을(석)　　卷 : 책·두루마리(권)

【뜻풀이】 손에서 책을 놓지 않는다는 뜻으로, 독서에 깊이 몰입해 있는 것을 비유하는 말이다.

【출전】《삼국지·오지·여몽전呂蒙傳》에 다음과 같은 이야기가 나온다.

삼국시대 오나라의 대장 여몽은 군인 출신인데, 책을 별로 읽지 못한 사람이었다. 이에 손권은 그가 젊고 재간이 있음을 알고 독서를 하라고 권했더니 여몽은 「군문에 일이 많아 독서할 겨를이 없다」고 대답하는 것이었다.

「경이 일이 많기로서니 과인보다 더할 것인가?」

손권은 자기가 젊어서 부지런히 독서하던 경험과 함께 지금까지도 역사와 병법에 관한 책들을 계속 읽고 있다고 들려준 다음, 「광무(즉 한광무제 유수劉秀)는 병방의 일로 그렇게 바쁠 때도 손에서 책을 놓지 않았으며, 맹덕(즉 조조) 역시 늙어서도 독서를 즐겼다. 光武當兵馬之務 手不釋卷 孟德亦謂老而好學」면서 독서에 열중할 것을 간곡히 부탁하였다.

이에 여몽은 크게 느낀 바 있어 그 후부터 독서에 열중했다는 것이다.

【용례】 공장에 나가 일하면서도 항상 「수불석권」하더니 기어이 일류 대학에 합격하고 마는구나. 정말 진심으로 축하한다.

手	손, 수						
不	아닐, 불						
釋	풀·놓을, 석						
卷	책·두루마리, 권						

時雨之化(시우지화)

時 : 때(시)   雨 : 비(우)   之 : 갈(지)   化 : 될(화)

【뜻풀이】 때맞춰 비가 내리면 초목들이 무성하게 자라는 것처럼, 모든 백성들에게 고루 미치는 은혜로운 교화敎化를 말한다.

【출전】 《맹자·진심장구盡心章句》 상편에 다음과 같은 맹자의 말이 있다.

군자가 남을 가르치는 방법에는 다섯 가지가 있다. 제때에 내리는 비가 초목을 저절로 자라게 하는 것과 같은 가르침이 있다. 덕을 이루게 해주는 가르침이 있다. 재능을 발현시켜 주는 가르침이 있다. 질문에 대답해 주는 가르침이 있다. 혼자서도 덕을 잘 수양하도록 도와주는 가르침이 있다. 이 다섯 가지가 군자가 사람을 가르치는 방법이다.

君子之所以敎者五 有如時雨化之者 有盛德者 有達財者 有答問者 有私淑艾者 此五者 君子之所以敎也

우리는 가르친다고 하는 일을 자칫 지식을 전달하는 정도로만 생각할 수도 있다. 그러나 이런 가르침은 가장 낮은 수준의 가르침일 뿐이다. 진정한 가르침이란 도를 전하는 전도傳道의 가르침인 것이다.

한유韓愈(768-824)가 지은 〈사설師說〉은 바로 그와 같은 스승의 본질을 말한 글이다. 이처럼 스승이란 존재는 중요하고 책임이 무거운 자리인 것이다. 맹자가 말한 군자가 사람을 가르치는 다섯 가지 방법도 한유의 이 말에서 한 치도 벗어나지 않는 논리라고 하겠다.

【용례】 교장 선생님께서 학생들을 지도하시는 방법은 정말 온화하고 자상하기 짝이 없어. 문제가 있으면 반드시 고치게 하고 착한 일에는 아낌없이 칭찬을 주셨지. 때맞춰 내리는 비(「시우지화」) 처럼 학생들의 가슴에 촉촉한 사랑이 가득 차게 만드신단 말이야.

時	때, 시					
雨	비, 우					
之	갈, 지					
化	될, 화					

揠苗助長(알묘조장)

揠 : 뽑을(알)　　苗 : 싹(묘)　　助 : 도울(조)　　長 : 길·성장할(장)

【뜻풀이】곡식의 싹을 잡아당겨 빨리 자라도록 돕는다는 뜻으로, 자연의 순리를 거스르고 억지로 일을 진행시키는 것을 일컫는 말이다.

【출전】《맹자·공손추장구公孫丑章句》상편에 다음과 같은 이야기가 있다.

옛날 송나라에 성격이 급한 사람이 있었다. 그는 자기의 곡식이 너무 더디게 자라는 것 같아 어느 날 밭에 가서 한 포기 한 포기씩 잡아당겨 주었다. 그랬더니 겉으로 보기에 곡식은 확실히 키가 커보이게 되었다.

그 사람은 집에 돌아가서 이 사실을 집식구들에게 자랑삼아 늘어놓았다. 그의 아들이 그 말을 듣고 깜짝 놀라 밭에 달려가 보니 온 밭의 곡식은 다 말라 죽어 있었다.

바로 이 이야기에서 알묘조장이라는 성구가 나왔는데 발묘조장撥苗助長이라고도 한다.

【용례】시험 성적 올리겠다고 요즘 밤새워 자식을 닦달한다며. 그래도 잠은 재우고 공부를 시켜야지. 그러다 시험 당일날 쓰러지기라도 하면「알묘조장」했다는 비난을 어떻게 감수하려고 그러나?

攫	뽑을, 알					
苗	싹, 묘					
助	도울, 조					
長	길·성장할, 장					

梁上君子(양상군자)

梁 : 대들보(량)　　　上 : 위(상)　　　君 : 임금(군)　　　子 : 아들(자)

【뜻풀이】 대들보 위의 군자. 도둑을 다르게 표현하는 말이다.

【출전】《후한서·진식전陳湜傳》에 다음과 같은 이야기가 있다.

　동한 때 진식이라는 사람이 있었다. 그는 환제 때 태구현령으로 있었던 적이 있고, 영제 때는 대장군 두무의 수하에서 근무한 적도 있다고 한다. 전하는 바에 따르면 진식은 본래 성품이 온화하고 일처리가 공정했지만 자식들에게는 대단히 엄격했다고 한다.

　어느 날 도둑이 진식의 집에 들어와 대들보 위에 숨어서 진식의 가족들이 잠들기를 기다리고 있었다. 도적을 발견한 진식은 가만히 아들과 손자들을 불러 놓고 훈계하기 시작했다. 진식은 목소리를 가다듬어 말했다.

　「나쁜 일을 하는 사람도 처음부터 나빠서 그런 것이 아니라 평소에 잘 배우지 않고 자신을 엄격하게 제어하지 못해 나쁜 일을 반복하다가 점차 습관이 되었기 때문에 그렇게 된 것이다. 그래서 원래는 군자였던 사람이 소인이 되었다가 결국에는 대들보 위의 군자(梁上君子)까지 되고 마는 것이다.」

　진식의 말을 들은 도적은 그대로 엎드려 기다릴 수도 없고 그렇다고 도망칠 수도 없고 하여 뛰어내려와 용서를 빌었다. 이에 진식은 「그대는 악한 사람이 아니라 살아가기가 구차하여 이렇게 된 것이다」고 하면서 비단 두 필을 주어 돌려보냈다는 것이다.

그래서 이때부터 도둑을 양상군자라고 부르게 되었다고 한다.

《세설신어·덕행편德行篇》에는 또 이런 이야기도 있다.

진식에게는 원방과 계방이라는 두 아들이 있었는데 어느 날 원방의 아들과 계방의 아들이 제각기 아버지 자랑을 하다가 다투게 되어 조부인 진식을 찾아가서 묻게 되었다.

이에 진식은 「형 원방도 대단하고 아우 계방도 대단하다. 元方難爲兄 季方難爲弟」고 했다. 이렇게 해서 난형난제難兄難弟라는 성구가 나오게 되었는데 원래는 다 같이 덕과 재능이 있는 사람이라고 칭찬하는 말이었다. 그러나 나중에 뜻이 다소 바뀌어 풍자적인 의미가 가미되었는데, 그럴 경우에는 곤경에 빠진 두 사람의 처지가 서로 비슷하다는 뜻으로도 쓰인다.

【용례】 어제 옆집에 도둑이 들었다는데, 그래도 신발은 벗고 훔쳤는지 방 안은 깨끗했다고 하더군. 요즘 보기 드문「양상군자」잖아?

梁	대들보, 량					
上	위, 상					
君	임금, 군					
子	아들, 자					

如嚼鷄肋(여작계륵)

如 : 같을(여)　　嚼 : 씹을(작)　　鷄 : 닭(계)　　肋 : 갈비뼈(륵)

【뜻풀이】 닭의 갈비뼈를 씹는 듯하다. 맛이 없다. 흥미가 없다. 또는 아무 짝에도 쓸모가 없는 것을 비유하는 말이다.

【출전】《후한서·양수전楊修傳》에 다음과 같은 이야기가 있다.

조조曹操의 수하에 총명하고 재주가 많은 양수라는 사람이 있었는데, 그에 대한 재미있는 이야기는 지금까지도 여럿이 전해지고 있다.

조조가 유비를 치기 위해 한중漢中 일대로 진격했을 때의 일이다. 조조는 막상 한중에 들어가 보니 어려운 점이 한두 가지가 아닌 것을 알게 되었다. 그렇다고 퇴군하기도 어렵고 진군하기도 어려워 고민하고 있었다.

그러던 중 어느 날 저녁 조조는 구운 닭을 먹으면서 실마리를 풀 궁리를 하고 있는데 부장 하후순이 들어와서 그날 밤의 구령을 묻게 되었다. 조조는 별다른 생각 없이 계륵(닭의 갈비뼈)으로 하라고 말하는 것이었다.

조조의 말을 전해 들은 양수는 근무병더러 곧 행장을 수습하고 철군 준비를 하게 하였다. 사람들이 그 이유를 묻자 양수는 「닭의 갈비뼈란 먹기에는 맛이 없고 버리기에도 아까운 것입니다. 조공은 한중을 닭의 갈비뼈로 여겨 흥미를 느끼지 않으니 퇴군하려는 것입니다」라고 대답하였다.

아나나 다를까 며칠 후 조조는 과연 퇴군령을 내리고 말았다.

이렇게 해서 사람들은 음식이나 처해진 조건이 그리 마음에 들지 않는 것을 가리켜 「닭의 갈비뼈를 씹는 듯하다 如嚼鷄肋」 또는 「맛이 닭의 갈비뼈와 같다 味如鷄肋」고 하게 되었다.

【용례】 저 선수 우리 팀에 두자니 말썽만 피우고, 방출하자니 다른 팀에선 탐을 내고, 이럴 수도 저럴 수도 없는 게 영락없이 「여작계륵」하는 맛이로구먼.

如	같을, 여				
嚼	씹을, 작				
鷄	닭, 계				
肋	갈비뼈, 륵				

緣木求魚(연목구어) ·· ■

緣 : 가장자리·말미암을(연)　　　木 : 나무(목)　　　求 : 구할(구)
魚 : 물고기(어)

【뜻풀이】 나무에 올라가서 물고기를 얻으려 한다는 뜻으로, 허무맹랑虛無孟浪한 욕심이나 대처 방식을 비유하는 말이다.

【출전】《맹자·양혜왕장구梁惠王章句》 상편에 다음과 같은 내용의 대화가 기재되어 있다.

　　맹자 : 대왕께서 온 나라의 군사를 풀어 장사들의 목숨도 돌보지 않고 남의 나
　　　　　라를 치는 것은 무엇을 바라기 때문입니까?
　　제선왕 : 과인의 가장 큰 욕망을 만족시키려는 것이지요.
　　맹자 : 대왕의 가장 큰 욕망이란 무엇입니까? 들려주실 수 없겠습니까?
　　제선왕 : (웃어 보이면서 말이 없다) 허허, 글쎄요.
　　맹자 : 좋은 음식이 부족합니까? 좋은 의복이 부족합니까? 화려한 노리개가 부
　　　　　족합니까? 아름다운 음악이 없습니까? 시중드는 사람이 적습니까? 이런 것들
　　　　　은 대왕께서 부족하지 않을 텐데요?
　　제선왕 : 물론 그런 것들은 아니지요.

맹자 : 그렇다면 알 수 있습니다. 대왕께서 바라는 것은 천하를 정복하여 진나라와 초나라 등 대국마저 조공하게 하고 사방의 이민족들도 어명에 따르게 함으로써 천하의 패주가 되어 보려는 것이지요. 그러하다면 이것은 마치 나무에 올라가서 물고기를 낚겠다는 것과 같습니다.

제선왕 : 그렇게까지 심할까요?

맹자 : 이것보다 더 엄중하다고 할 수도 있습니다. 나무 위에 올라가서 물고기를 얻으려 하는 것은 고작해야 뜻을 이루지 못할 뿐이지만, 대왕께서 그러한 방법으로 자신의 욕구를 만족시키려 한다면 뜻을 이루지 못할 뿐만 아니라 크나큰 피해까지 빚어낼 수 있는 것입니다.

이와 같이 맹자는 제선왕에게 무모하게 천하를 제패하겠다는 욕망을 포기하고 정치를 개혁해 어진 정치를 실시하여 민심을 수습할 것을 강조하였다.

【용례】 그렇게 피둥피둥 놀면서 대학은 일류 대학을 고집하다니. 그런 「연목구어」 같은 잡생각 좀 버리고 차라리 기술이라도 배우는 게 어떻겠냐?

緣	가장자리, 연					
木	나무, 목					
求	구할, 구					
魚	물고기, 어					

吳越同舟(오월동주)

吳 : 성씨·오나라(오)   越 : 건널·넘을·월나라(월)

同 : 같을·함께할(동)   舟 : 배(주)

【뜻풀이】 오나라 사람과 월나라 사람이 같은 배를 타다. 서로 원수지간인 사람이 피치 못하게 힘을 합해서 일을 하게 된 것을 비유하는 말이다.

【출전】 중국의 유명한 병법서인 《손자孫子》는 춘추시대의 대전략가였던 손무孫武가 지은 책이다. 이 책은 단지 전투에 필요한 전략 외에도 삶에 교훈이 되는 이야기들이 비유적으로 많이 수록되어 있어 불멸의 고전으로 읽히고 있다.

그 중 제 2편인 〈구지九地〉에는 군사를 쓸 수 있는 아홉 가지 땅을 열거해 놓고 있는데, 마지막 땅을 사지死地라고 하였다. 즉 다른 방법은 아무것도 없고 오로지 싸워서 이기는 것만이 살 길인 그런 상황을 말하는 것이다.

「이런 경우 지휘관은 산멍애(솔연率然이라 불리는 거대한 구렁이)와 같아야 한다. 산멍애는 그 머리를 치면 꼬리가 덤벼들고, 꼬리를 치면 머리가 달려든다. 또 허리를 건드리면 머리와 꼬리가 한꺼번에 달려든다. 이처럼 전신의 힘을 하나로 모으는 것이 긴요하다. 그러면 이 구렁이처럼 머리와 허리와 꼬리가 서로를 구해 내듯이 군사를 안전하게 지킬 수 있는 것이다.」

그러면서 한 실례를 덧붙이는데, 바로 그 구절이 성구 오월동주가 나오게 된 유래다.

「옛날부터 오나라와 월나라는 원수지간으로 서로 만나면 해코지할 궁리만 할 뿐 조금도 서로를 위해 힘쓰지는 않았다. 그러나 이런 두 나라 사람이라고 해도 한 배를 타서 뱃길을 가다가 풍랑을 만나면 어쩔 수 없이 힘을 합치게 마련이다. 이는 상대를 위해서가 아니라 자기가 살기 위해서이다. 그럼으로 해서 두 사람은 무사히 풍랑을 이기고 목적지에 도달하게 된다.

군사도 마찬가지다. 오로지 사지에 이르게 되면 싸워 이겨야 산다는 생각밖에 없기 때문에 자연히 한덩어리로 뭉치게 되는 것이다.」

성구 오월동주는 오늘날에는 비단 전쟁뿐만 아니라 사이가 좋지 않은 사람이 어쩔 수 없이 행동을 같이하게 될 때도 많이 사용한다.

【용례】 두 사람 다 자기 욕심에만 혈안이 된 사람인데 과연 동업이 잘 될까? 남의 사정엔 관심도 없는 「오월동주」가 항구에 잘 닿을지 걱정되는군.

吳	성씨 · 오나라, 오				
越	건널 · 월나라, 월				
同	같을 · 함께, 동				
舟	배, 주				

溫故知新(온고지신)

溫 : 따뜻할·순수할·익힐(온)　　　故 : 옛(고)　　　知 : 알(지)
新 : 새로울(신)

【뜻풀이】 옛 것을 익혀 새 것을 안다.

【출전】《논어·위정편爲政篇》에 다음과 같은 말이 나온다.

「공자께서 말씀하시기를 옛 것을 익혀 새로운 사실을 알면 가히 스승이 될 수 있다. 子日 溫故而知新 可以爲師矣」

이 말은《중용》에도 나오는데, 정현鄭玄은 주석을 달면서「온은 옛 것을 익힌다는 뜻이다. 처음 배운 것을 익힌 뒤에 거듭 반복해서 익히는 것을 온고라고 한다」고 하였다.

과거의 문화를 정확하게 이해하고 수용하지 않고서는 미래의 발전을 꾀할 수 없다는 것이 공자를 비롯한 유가儒家의 기본적인 역사관이자 문화관이었다. 이 때문에 유가 지식인에게 있어서 과거를 아는 것, 즉 역사적 지식을 축적하는 것은 무엇보다도 소중한 학문의 방향이었다. 이를 우리는 문화주의文化主義 또는 상고주의尙古主義라고 할 수 있을 것이다.

【용례】 무조건 새 것만 좇는 그 버릇 좀 고칠 수 없겠니. 옛 것을 익혀 새 것을

아는 「온고지신」하는 태도야말로 진짜 성실한 사람의 표본이야.

溫	따뜻할 · 익힐, 온					
故	옛, 고					
知	알, 지					
新	새로울, 신					

月下氷人(월하빙인)

月 : 달(월)   下 : 아래(하)   氷 : 얼음(빙)   人 : 사람(인)

【뜻풀이】 중매쟁이.

【출전】《속유괴록續幽怪錄》과 《진서 · 예술전藝術傳》에 다음과 같은 이야기가 나온다.

당나라 때 위고韋固라는 청년이 살았다. 그는 아직 미혼이어서 여기저기 여행을 다니며 견문을 넓히고 있었다. 그러던 어느 날 송성宋城이라는 곳을 지나게 되었다.

이미 밤이 깊어 왕래하는 사람들의 자취도 뜸할 무렵이었다. 그때 어떤 집 담장에 웬 노인장이 앉아 있는 것을 보았다. 그는 보따리에 몸을 기댄 채 연신 책장을 넘기며 무언가를 찾고 있었다. 흰 수염에 푸른 달빛이 어우러져 뭔가 비범한 기운이 감돌고 있었다. 위고는 이상하게 여겨 가까이 다가가 노인에게 물었다.

「예서 무얼 하고 계십니까?」

「나 말인가? 세상 사람들의 혼처에 대해 찾아보고 있네.」

「그럼 그 보따리에는 무엇이 들어 있는데요?」

「여기? 붉은 실이 가득 들어 있지. 이 끈으로 한 번 묶어 두면 아무리 멀리 떨어져 있는 쌍이라 해도 결국 부부로 맺어지고 만다네.」

이 말을 들은 위고는 자신도 총각인지라 자신의 배필은 누군지 궁금해졌다.

「그럼 저의 배필은 지금 어디에 있습니까?」

「자네 아내 말인가? 지금 이 송성 안에 있다네. 바로 북쪽 성 아래에서 야채를 팔고 있는 노파가 안고 있는 젖먹이가 그 사람일세.」

그로서는 썩 반가운 말도 아니고 별로 신빙성도 없었기 때문에 그냥 한 귀로 흘려 버리고 말았다.

그리고 14년의 세월이 흘러갔다. 위고는 상주相州의 한 현에서 관리로 있다가 그 고을 태수의 딸과 혼인하게 되었다. 부인은 16·7세의 아리따운 규수였다. 행복한 결혼 생활을 꾸리던 어느 날 위고는 옛날 노인이 자기에게 한 말이 얼마나 허황된 소리인지 깨닫고는 아내에게 그 이야기를 했다. 그러자 아내는 정색을 하며 그에게 말하는 것이었다.

「사실 저는 태수님의 양녀입니다. 친아버지는 송성에서 관리로 계셨는데 제가 젖먹이였을 때 돌아가셨습니다. 의지할 데 없는 저를 유모가 채소를 팔며 길러 주셨죠. 당신은 송성에 대해 아시는지요. 그 거리 북쪽에서 유모가 채소를 팔았었지요.」

그제야 위고는 노인네의 말이 사실이었음을 알고 깜짝 놀랐다고 한다.

《진서·색담전》에는 다음과 같은 이야기도 있다.

진晉나라 때 색담素統이라는 용한 점쟁이가 있었다. 어느 날 호책狐策이란 사람이 꿈을 해몽해 달라고 왔다.

「저는 얼음 위에 서 있었습니다. 그런데 그 얼음 밑에 누군지 사람이 있어 그와 이야기를 나누었습니다.」

이 꿈에 대해 색담은 다음과 같이 해몽하였다.

「얼음 위는 양陽이고 아래는 음陰이다. 양과 음이 이야기를 나누었다는 것은 그대가 중매를 해서 그것이 잘 진행될 징조다. 아마 혼인이 이루어질 때는 얼음이 풀릴 무렵일 것이다.」

말 그대로 봄이 오자 그에게 태수로부터 부탁이 들어왔다. 자기 아들과 장씨의 딸을 혼인시키고 싶은데 중매를 서달라는 것이었다. 그래서 그의 주선으로 두 사람을 중매한 결과 순조롭게 진행되어 마침내 두 사람은 식을 올리게 되었다.

이런 두 이야기가 계기가 되어 월하노月下老·빙상인氷上人이란 말을 묶어 월하빙인이란 성구가 나오게 된 것이다.

【용례】 아무리 연애 결혼이 좋다고 하지만 오히려 이혼율은 그쪽이 더 높다는군. 그러니 차라리 좋은「월하빙인」에게 부탁해 평생의 반려자를 구하는 것도 나쁘지는 않을 것 같아.

月	달, 월					
下	아래, 하					
氷	얼음, 빙					
人	사람, 인					

有備無患(유비무환)

有 : 있을(유)　　備 : 갖출·준비할(비)　　無 : 없을(무)　　患 : 걱정(환)

【뜻풀이】 미리 준비를 해두면 나중에 걱정할 일이 없다.

【출전】 이 성구는《좌전·양공 10년》조에 실려 있다.

진晉나라 도공悼公은 아주 총명하고 유능한 임금으로, 그의 신하 사마위강司馬魏絳 역시 법을 집행함에 있어 엄격하고 정확한 관리였다.

어느 날 도공의 동생 양간楊干이 곡요曲擾에서 말썽을 부려 군대의 진영을 어지럽혀 놓았다. 그러자 위강은 이를 다스리기 위해 양간 대신 양간의 부하를 참수형에 처해 군중들에게 법의 엄격함을 보이려고 하였다.

이 사실을 안 양간은 도공에게 자신의 억울함을 호소하며, 위강은 지금 안중에 무서운 사람이 없어 자기를 모욕했다고 말하였다. 그의 말을 들은 도공은 크게 화를 내며 말하였다.

「내 동생이 모욕을 당했다는 것은 곧 나를 모욕하는 것이니, 어찌 그리 방자할 수 있는가? 내 그를 참수형에 처해서 본때를 보여 주리라.」

도공은 병졸들에게 명령을 내려 당장 그를 끌어오게 하였다. 그러자 도공의 신하 양설적羊舌赤이 도공에게 간언하였다.

「위강은 매우 충성스러운 신하로 그는 절대로 아무 까닭도 없이 공자님의 부하를 참수하지는 않았을 것입니다. 또한 그는 매우 강직해서 스스로 자결할 수도 있으니 우선 노여움을 푸시고 자세한 사정을 알아보고 난 뒤에 문책하셔도 늦지 않으리라 사료되옵니다.」

그가 도공을 만류하고 있을 때 위강이 궁 밖에 도착하였다는 전갈이 들어왔다. 궁궐에 도착한 위강은 도공에게 한 통의 상소문을 올리고는 곧바로 차고 있던 칼을 뽑아 궁궐을 바라보며 앉아 자결할 준비를 갖추었다. 이를 보고 궁궐을 지키던 문지기가 위강의 성급함을 만류했다.

한편 위강의 상소문을 읽고 난 도공은 비로소 동생 양간의 경우없는 행위와 위강의 엄정함을 깨닫고는 신발도 미처 신지 못하고 황급하게 궁 밖으로 뛰어나가 위강을 일으켜 세웠다.

「이번 일은 나의 허물이지 그대와는 무관한 일이니 부디 내 불찰을 용서하시오.」

이때부터 도공은 더욱 위강을 신임하여서 그에게 진나라 군대의 통솔권을 맡겼다.

당시 진나라 북방에는 융족戎族인 무종국無終國이 있어 진나라에 예물을 바치며 우호 관계를 맺자고 청해 왔다. 이에 도공이 말했다.

「우리는 융족과 별다른 외교 관계가 없었으니 이번 기회에 그곳을 정벌하는 것이 좋겠다는 생각이 드는데 경들의 의견은 어떠하오?」

그러자 위강이 이를 반대하며 말했다.

「융족이 우호 관계를 맺자고 청해 온 것은 우리 진나라의 복이거늘 어찌 그것을 마다하려 하십니까? 또한 그들이 아무리 오랑캐들이라 하지만 이 기회에 우리 진나라의 덕을 보여 감화시킨다면 우리나라는 악으로 오랑캐의 침입에 대해 신경을 쓰지 않아도 될 것으로 여겨집니다.」

이에 도공은 위강의 말에 따라 그들과 외교 관계를 맺고, 영토의 확장에 대한 욕심은 버리고 오로지 내치內治에만 전념하였다.

몇 년이 지난 뒤에 진나라는 충직한 위강의 보좌를 받아 국세가 나날이 강성해졌다. 한번은 정鄭나라가 군대를 이끌고 송宋나라를 침범한 적이 있다. 다급해진 송나라는 진나라에 화급한 정황을 알려 왔다.

이에 진도공은 노魯나라·위衛나라·제齊나라·조曹나라 등 11개 나라의 군대를 소집해서 위강의 지휘하에 정나라의 도성을 포위하고는, 정나라에게 송나라에 대한 침략을 중지할 것을 강력하게 권유하였다. 주위의 모든 나라가 연합해서 자기 나라를 포위한 것을 본 정나라는 크게 놀라 진나라 등 12개 나라와의 협약에 서명하고 말았다.

한편 정나라가 12개 나라와 동맹을 맺었다는 소식을 들은 초楚나라는 이를 몹시 불쾌하게 여겨 군사를 이끌고 정나라로 쳐들어왔다. 초나라의 막강한 병력을 본 정나라는 도저히 대항할 수 없다고 깨닫고 다시 초나라와도 동맹 관계를 맺었다.

그러나 정나라가 이렇게 진나라와 협약을 맺고도 다시 초나라와 동맹을 맺은 사실에 분노한 12개 나라는 연합해서 정나라를 공격하려고 하였다. 이에 놀란 정나라는 진나라에 사신을 파견해서 화해를 요청하였고, 진나라가 이를 받아들임으로써 전쟁은 곧 종식되었다.

정나라는 진나라에 대한 감사의 표시로 많은 보물과 가기歌妓를 보내 왔다. 도공은 이번 일에 대한 위강의 공로를 치하하기 위해서 정나라가 보내 온 미녀의 절반을 주고자 했지만, 위강은 이를 사양하며 말했다.

「지금 폐하께서 여러 나라를 단결시키고 통솔할 수 있었던 것은 주군의 인내와 여러 사람들의 공로이지 결코 제가 공헌을 한 것은 없습니다. 다만 저는 주군께서 즐거울 때 악으로 있을 나라의 많은 일을 생각하시길 바랄 뿐입니다. 옛 사람이 말하기를, 〈편안할 때 위태로움을 생각하라. 생각하면 즉 준비를 해야 할 것이고,

준비를 갖추었으면 즉 걱정할 것이 없을 것이다. 居安思危 思則有備 有備則無患〉라고 했으니, 저는 이 도리에 따라 간할 뿐입니다.」

위강의 말을 들은 도공은 그의 말이 타당하다고 여기고는 정나라가 보내 온 많은 보물과 미녀들을 돌려보냈다. 뒷날 진나라 도공은 위강의 보좌를 받아 마침내 진나라의 패업覇業을 이룩하였다.

이 성구는 평안할 때 위태로울 것을 미리 생각하고, 염려하면 그에 대한 준비를 할 것이며, 준비를 하면 걱정이 없다는 뜻이다.

【용례】 어려울 때를 대비해 「유비무환」의 정신으로 저축을 했으면 이런 일 정도에는 별 어려움 없이 대처했을 텐데. 그러게 절약하라고 내가 항상 말하지 않았니?

有	있을, 유					
備	갖출, 비					
無	없을, 무					
患	걱정, 환					

一網打盡(일망타진)

一 : 한(일)　　　　網 : 그물·그물질할(망)　　打 : 칠(타)
盡 : 다할·지극할(진)

【뜻풀이】 한꺼번에 모조리 잡다.
【출전】 위태魏泰의 《동헌필록東軒筆錄》에 다음과 같은 이야기가 나온다.
송나라 인종仁宗 때의 일이다.

원래 송나라는 태조 이래로 외국 정벌을 하면 번번이 실패하자 4대 황제인 인종은 북방의 거란족이나 남방의 안남安南 등에 대해 회유책을 써서 변방을 안정시키는 정책을 폈다.

그러나 그의 국내 정치는 대단히 뛰어나서 백성들은 근심 없이 살 수 있었고 실력 있는 인재들이 안팎으로 널리 등용되었다. 그리고 학술과 예술을 장려해서 한나라 문제文帝와 더불어 어진 임금으로 높은 평가를 받았다.

그러나 그의 신하는 모두 재능이 출중했기 때문에 저마다 자기의 이론을 가지고 주장을 굽히지 않았다. 때문에 인재의 양에 비례해서 의견도 가지각색으로 나눠지게 되어 조정에서는 입씨름이 끊일 날이 없었다.

당대의 명신으로 지금도 이름을 남기고 있는 한기韓琦·구양수歐陽脩·사마광司馬光·주돈이周敦頤 같은 정치가들이 명론을 내세우고 탁설을 벌인 결과 정신鼎臣들은 두 개의 당파로 나뉘어 대립하게 되었다. 그러다 보니 두 당이 서로 번갈아 집권하게 되어 마치 정당 정치를 하는 듯한 양상이 되어 버렸다.

때문에 처음에는 어진 임금을 보좌하여 뛰어난 신하들이 나를 잘 다스려서 이 시기를 경력慶曆의 치세라고 칭송하였지만, 나중에는 경력의 당의黨議라 해서 오히려 비난을 사게 되었던 것이다.

이럴 즈음에 두연杜衍이라는 사람이 재상이 되었다. 그런데 당시 관례로 보면 임금이 일일이 신하들과 의논하지 않고 인사 문제를 처리해도 대개 그대로 시행되었다. 그런데 새로 재상이 된 두연은 이런 관례는 정치 기강을 흐리게 한다는 이유를 들어 황제의 명령서를 그냥 가지고 있다가 10통쯤 쌓이면 그대로 황제에게 되돌려 보내는 것이었다.

어느 날 황제는 구양수를 만난 자리에서 이에 대한 불만을 토로하였다.

「내가 대신들과 의논을 하지 않고 쪽지를 내려보내는데 그것을 재상 두연이 묵살한다는 사실을 다들 알고 계시오?」

이렇게 되자 당장 문제가 야기되었다. 아무리 재상이라고 해도 두연의 그 같은 행위는 임금의 성지聖旨를 꺾는 일이 아닐 수 없었다. 곳곳에서 두연을 비방하는 여론이 들끓게 되었다.

때마침 두연의 사위 소순흠蘇舜欽이 공금을 횡령했다는 사실을 조사한 사람이 어사御史(관리의 부정이나 범죄를 다스리는 기관)의 장관인 왕공진王拱辰이었다. 감히 재상을 상대로 직접 어찌할 도리가 없어 잔뜩 벼르고 있던 차에 이 같은 사실을 알아낸 왕공진은 곧바로 소순흠을 잡아 족치기 시작하였다. 이에 여러 사람의 연루자가 체포되어 취조를 당하는 바람에 두연은 고작 70여 일 만에 재상의 직위에서 사임하고 말았다.

그때 그의 사위를 비롯해서 일가친척 여러 명을 체포했을 때였다. 왕공진은 자신이 한 일을 두고 이렇게 말했다.

「내가 일망타진했다네.」

이 성구는 직접적으로는 한꺼번에 그물로 많은 물고기를 모조리 잡았다는 의미로 해석되지만, 성구가 된 연유로 미루어 보면 범인들을 모조리 검거했다는 뜻이다.

【용례】 범죄와의 전쟁을 선포하며 폭력배들을 「일망타진」하겠다는 약속을 한 게 엊그젠데, 저런 정치 폭력이 다시 난무하다니, 이게 될 법이나 한 일인가.

一	한, 일					
網	그물, 망					
打	칠, 타					
盡	다할, 진					

朝三暮四(조삼모사)

朝 : 아침(조)　　三 : 석(삼)　　暮 : 저녁(모)　　四 : 넉(사)

【뜻풀이】이랬다 저랬다 자주 변덕이 심한 것을 일컫는 말이다. 또는 교묘한 수단으로 남을 속이는 것을 일컫기도 한다. 조변석개朝變夕改라고도 한다.

【출전】《장자·제물론齊物論》에 다음과 같은 이야기가 있다.

송나라 때 원숭이를 기르는 저공狙公(저는 원숭이의 일종)이라는 늙은이가 있었다. 그는 밤낮 원숭이들과 같이 살았기 때문에 원숭이들의 습성을 손금 보듯이 잘 알았다고 하는데 원숭이들 역시 그의 말은 다 알아들을 정도였다.

저공은 원숭이들이 밤을 잘 먹는다는 것을 알고 매일 아침 저녁으로 밤을 먹였는데, 살림이 부유하지 못한 저공으로서는 자못 힘에 겨운 일이었다. 그리하여 저공은 밤의 수량을 줄이기로 작정하고 꾀를 생각해 내게 되었다.

어느 날 아침에 저공은 원숭이들을 보고「이제부터는 밤을 아침에 세 알씩 주고 저녁에 네 알씩 주려 하는데 어떠냐?」고 물었다. 그랬더니 원숭이들은 마구 떠들어 대면서 매우 불만족스러워하는 것이었다.

「그렇다면 아침에 네 알씩 주고 저녁에 세 알씩 주면 어떠냐?」고 저공이 다시 물으니 원숭이들은 기뻐서 어쩔 줄 모르더라는 것이다.

여기에서「아침에 세 알 저녁에 네 알 朝三暮四」이나「아침에 네 알 저녁에 세 알 朝四暮三」은 결국 같은 수량으로, 저공이 원숭이들을 꾀는 수단에 불과했지만, 소견이 좁고 눈악의 이익만 추구하는 원숭이들은 아침에 한 알 더 주는 것을 달갑게 생각했던 것이다.

이와 같이 조삼모사라는 성구는 원래 교묘한 술수를 일컫는 것이었는데, 오늘날에는 변덕스럽게 마음이 자주 바뀌는 것을 비유하는 말로도 많이 쓰이고 있다.

【용례】어린애들을 상대로 그런「조삼모사」하는 사기술을 써먹다니, 네가 사람이냐 짐승이냐.

朝	아침, 조				
三	석, 삼				
暮	저녁, 모				
四	넉, 사				

竹馬之好(죽마지호)

竹 : 대나무(죽)　　馬 : 말(마)　　之 : 갈(지)　　好 : 좋을(호)

【뜻풀이】 대나무로 만든 말을 타고 놀던 친구, 이른바 불알친구를 말한다.

【출전】 이런 놀이는 중국에서는 유래가 대단히 오래된 듯하다. 《후한서·곽급전郭伋傳》에 보면 「어린이들이 죽마를 타고 나와 맞으며 인사한다. 兒童乘竹馬迎拜」는 말이 있고, 〈도겸전陶謙傳〉에는 「나이가 열네 살이 되면 혼자 죽마를 타고 논다. 年十四 獨乘竹馬爲戲」고 했으며, 《서서지남書敍指南》이란 책에는 「일곱 살 때 노는 놀이를 죽마놀이라 하고, 다섯 살 때 노는 놀이를 구거놀이라고 한다. 七歲之戲 曰竹馬之戲 五歲之戲曰 鳩車之戲」고 하였다.

그리고 당나라 태종太宗의 질문에 「흙쌓기와 죽마놀이는 아이들의 즐거움이다. 土城竹馬 兒童樂也」라고 한 말도 있다.

죽마지호는 달리 죽마호竹馬好라고도 한다. 이 말은 《진서·은호전殷浩傳》에 보인다.

「은호가 내쫓기고 나자 환온이 사람들에게 말하기를 나는 그와 어릴 때 같이 죽마를 타고 놀았다. 殷浩旣廢 桓溫謂諸人曰 少時 與之共騎竹馬」

한편 진晉나라의 무제武帝 사마염司馬炎과 제갈정諸葛靚의 대화에도 이 말이 나온다.

　제갈정은 아버지 제갈탄諸葛誕이 무제의 아버지 사마소司馬昭에게 반발하다가 죽음을 당하자 오吳나라로 달아났다.

　그 뒤 오나라도 진나라에 망하자 하는 수 없이 귀국했는데, 무제는 옛 정리를 생각해 대사마에 임명하였다. 그러나 원한에 사무친 그는 부임하지 않았다.

　무제와 제갈정은 어릴 때부터 친하게 지낸 소꿉동무였다. 어떻게든 한번 만나고 싶었던 무제는 숙모를 시켜 그를 오게 하고는 슬쩍 나타나 인사를 나누었다. 술을 마시면서 무제가 말을 건넸다.

　「예전에 함께 죽마를 타고 다니던 때가 기억나시오?」

　이에 제갈정이 울분을 삼키며 말했다.

　「신이 숯을 삼키고 옻칠을 할 줄도 몰라서 이렇게 모진 목숨을 연명해 다시 폐하를 만나게 되었습니다. 臣不能吞炭漆身 今日復覩聖顔」

　그러자 제갈정의 심정을 깨달은 무제는 남모르게 슬그머니 자리를 빠져 나갔다는 것이다. 우리나라에서는 이 성구를 주로 죽마지우竹馬之友로 많이 쓴다.

　【용례】 여보, 이 친군 나하고 같은 고향에서 자란 「죽마지호」야. 멀리 시골에서 올라왔다니 그냥 보낼 수가 있어야지. 술상 좀 봐줘요.

竹	대나무, 죽				
馬	말, 마				
之	갈, 지				
好	좋을, 호				

知彼知己(지피지기)

知 : 알(지)　　　彼 : 저(피)　　　己 : 몸·나(기)

【뜻풀이】 자기와 상대방의 정황에 대해 잘 알다. 적들의 형편도 잘 알고 자기의 형편도 잘 알다.

【출전】 춘추시대 손무孫武라는 군사 전략가가 있었는데 손자孫子 또는 손무자孫武子라고도 하였다.

오왕 개려는 제나라 사람인 손무를 대장으로 기용해서 남방의 대국인 초나라를 꺾고 북방의 대국인 제나라와 진나라도 진압함으로써 한때 여러 제후국 중 최강국이 된 적이 있다(삼령오신三令五申 참조). 손무는 그처럼 병법에 통하고 작전을 잘 지휘하였던 것이다.

손무는 일찍이 그의 군사 이론을 실제 경험과 결부시켜 책 한 권을 썼는데 그것이 바로 후세에《손자》또는《손자병법》이라고 불리는 책이다. 모두 13편으로 된《손자병법》은 역대의 군사가들에 의해 고전적인 군사 저작으로 치부될 만큼 유명한 저작으로, 그 중 일부 논점은 오늘날까지도 실제적인 의의가 있는 것이다.

예컨대〈모공편謀攻篇〉에 나오는「적을 알고 자기를 아는 것은 전쟁에서 승리할 수 있는 중요한 열쇠로 백 번 싸워도 위태롭지 않으며, 적을 알고 자기를 모른다면 일승일패하게 될 것이고, 적도 모르고 자기도 모른다면 싸움마다 반드시 패배할 것이다. 知彼知己 百戰不殆 不知彼而知己 一勝一負 不知彼不知己 每戰必敗」와 같은 지적은 매우 적절한 것이라고 하겠다.

지피지기라는 성구는 바로 손자의 이 말에서 나온 것인데《손자병법》중〈지형편地形篇〉에는「적을 알고 나를 알면 승리를 거둬 위태롭지 않다. 知彼知己 勝乃不殆」는 말도 있다.

그리고 지피지기는 지기지피라고도 하는데 흔히 백전불태百戰不殆와 함께 쓰이고 있다.

【용례】 지난번에 우리가 방심하다가 어이없이 패하고 말았지만, 이번엔 다를

거야. 「지피지기」는 재네들만 하는 줄 아나. 우리도 준비를 단단히 했다고.

知	알, 지					
彼	저, 피					
知	알, 지					
己	몸 · 나, 기					

創業守成(창업수성)

創 : 만들(창)   業 : 공업·업(업)   守 : 지킬(수)   成 : 이룰(성)

【뜻풀이】 이 성구는 창업과 수성이라는 두 개의 단어로 구성되어 있는데, 창업이란 어떤 사업을 시작한다는 것이고 수성이란 이미 이룩한 성과를 잘 보존해 나간다는 뜻이다.

【출전】 우선 창업에 대하여 이야기해 보자.

《맹자·양혜왕장구梁惠王章句》 하편에 다음과 같은 이야기가 있다.

전국시대 등滕이라는 작은 나라가 있었는데, 그 북쪽에는 강대한 제齊나라가 버티고 있어서 등나라는 항상 제나라의 위협을 받았다. 그러던 중 어느 날 등나라 임금 등문공이 맹자를 보고 말했다.

「지금 제나라에서는 우리나라를 공격할 준비를 하고 있다는데 어떻게 하면 좋겠습니까?」

이에 맹자는 이렇게 대답했다.

「전에 주周나라의 선조들도 적인狄人들의 침략과 위협을 받았지만 그들은 앉아서 걱정만 한 것이 아니라 후손들을 위해 주나라의 기틀을 다져 놓았습니다.」 그러면서 「군자가 창업해서 그 계통을 들여놓으면 가히 이어 갈 수 있습니다. 君子創業垂統爲可繼也」라고 말하였다.

그리고 삼국시대 촉蜀나라의 승상 제갈량諸葛亮도 〈전출사표前出師表〉에서 창업이란 말을 한 적이 있다.

수성에 대해서는 다음과 같은 이야기가 있다.

《한서·공손홍전公孫弘傳》에 따르면 한무제 때 승상이었던 공손홍(전 200-전 121)은 어느 날 정치에 대해 황제에게 올린 글에서 「이미 이루어 놓은 것을 지키는 데는 글을 숭상해야 하고 변란을 당했을 때는 무장을 받들어야 한다. 守成尙文 遭禍右武」고 하였다.

그리고 당나라 사람 오긍吳兢이 편찬한 《정관정요貞貫政要·논군도論君道》에 보면 당태종 정관 10년(637)에 태종이 신하들에게 「제왕지업에 있어서 창업과 수성 중 어느 것이 더 어려운가? 帝王之業 創業與守成 孰難」고 물은 적이 있는데, 이것이 창업과 수성을 가장 먼저 연결한 경우가 될 것이다.

【용례】 이제 사업이 그런대로 본궤도에 오르긴 했지만 아직 안도하기는 일러. 「창업수성」이라고 기반을 완전히 굳히기 전까지는 조금도 방심해서는 안 돼.

創	만들, 창					
業	공업·업, 업					
守	지킬, 수					
成	이룰, 성					

天衣無縫(천의무봉) ··· ■

天 : 하늘(천)　　　衣 : 옷(의)　　　無 : 없을(무)　　　縫 : 꿰맬(봉)

【뜻풀이】 선녀가 만든 옷은 꿰맨 흔적이 없다. 완벽하거나 자그마한 흠점도 없는 경우를 비유하는 말이다.

【출전】 당나라 사람 우교牛嶠(850-920)가 편찬한《영괴록靈怪錄》에 다음과 같은 이야기가 있다.

무더운 여름 어느 날 저녁 곽한郭翰이라는 사람이 뜨락에 누워 바람을 쏘이는데 갑자기 아름다운 여인이 공중에서 내려왔다. 살포시 땅에 내려선 여인의 자태는 눈이 부시게 황홀했다.

곽한이 놀랍고도 기이하여 물어보니, 그녀는 하늘의 직녀라고 했다. 직녀가 입은 옷은 아름답기 그지없는데다가 바느질 흔적이 전혀 없어 곽한이 직녀에게 물어보니 그녀는 「이 옷은 하늘옷으로서 가위로 베고 바늘과 실로 지은 것이 아니기 때문에 티끌만한 흠집도 없습니다. 天衣 本非針線爲也」고 대답하였다.

천의무봉이라는 성구는 바로 이 이야기에서 나왔다.

【용례】 선생님은 초고라고 해서 마구 흘려 쓰시는 법이 없지. 얼마나 정성을 들여 쓰시는지, 정말 원고를 보면 「천의무봉」이라니까. 그런 점은 우리가 꼭 본받아야 해.

天	하늘, 천				
衣	옷, 의				
無	없을, 무				
縫	꿰맬, 봉				

七步之才(칠보지재) ——— ■

七 : 일곱(칠)　　　步 : 걸음·발자국·걸을(보)　　　之 : 갈(지)

才 : 재주(재)

【뜻풀이】 일곱 발자국을 걷는 짧은 시간 동안 글을 짓는 재주.

【출전】 《세설신어·문학편文學篇》에 다음과 같은 이야기가 있다.

한나라 말기 조조曹操의 아들 조비曹조가 한나라 현제를 몰아내고 스스로 제위에 오르니 그가 바로 삼국시대 위나라의 첫 황제 위문제이다. 그런데 조비는 사람됨이 너그럽지 못하고 질투심이 강해서 늘 아우인 조식曹植을 질시했는데, 황제가 되면서는 공개적으로 아우를 괴롭히기 시작하였다.

조식은 어렸을 때부터 총명했고 특히 글재주가 비상해서 열 살 때 벌써 훌륭한 시를 지었다고 한다. 그래서 조조는 그의 생전에 셋째아들인 조식을 특별히 사랑했다는 것이다.

어느 날 위문제 조비는 조식을 해칠 목적으로 자신이 일곱 발자국을 걸을 동안에 시를 짓지 못하면 사람들을 속인 죄로 다스리겠다고 하면서 협박했다고 한다.

이에 조식은 할 수 없이 시를 읊었는 데 일곱 발자국 만에 시를 한 수 지었다는 것이다. 이것이 바로 유명한 〈칠보시七步詩〉다.

> 콩깍지로 콩을 삶으니,　　　　　　　煮豆燃豆萁
> 은 솥 속에서 흐느끼도다.　　　　　　豆在釜中泣
> 본디 한 부리에서 태어났건만,　　　　本是同根生
> 어찌하여 이토록 성급하게 태우는가?　相煮何太急

한핏줄을 타고난 형제간으로서 어떻게 이럴 수 있느냐며 형을 질책하는 은유가 깔린 작품이었다.

이렇게 해서 뒷날 내부에서 일어나는 불화나 골육상잔骨肉相殘을 가리켜 자두연기煮豆燃萁·기두상전萁豆相煮 또는 상저하급相煮何急이라 하였고, 글재주가 비범한 것을 가리켜 칠보지재 또는 칠보성장七步成章이라 하게 되었다.

【용례】컴퓨터가 일반화되면서 아무나 소설을 쓰는 경향이 있어. 그러다 보니 정말「칠보지재」와 같은 뛰어난 능력을 지닌 작가가 오히려 무시되는 일까지 생기잖을까 걱정돼.

七	일곱, 칠					
步	걸음 · 발자국, 보					
之	갈, 지					
才	재주, 재					

七縱七擒(칠종칠금)

七 : 일곱(칠)　　縱 : 늘어질·놓아둘·방종할(종)　　擒 : 잡을(금)

【뜻풀이】일곱 번 잡고 일곱 번 놓아 주다. 상대를 완전하게 제압하기 위해서 강압적인 수단보다는 마음으로 굴복하게 만드는 것을 말한다.

【출전】《삼국지·촉지·제갈량전》에 다음과 같은 이야기가 있다.

유비劉備가 영안에서 병으로 위독할 때 성도成都에 있던 제갈량諸葛亮을 급히 불러 유언을 남겼다.

「경의 재능은 조비曹丕보다 훨씬 뛰어나니 능히 나라를 안정시키고 큰일을 이룰 수 있을 겁니다. 내 아들 유선劉禪이 그대가 보필해서 제위를 유지할 만한 인물이라고 여겨지면 잘 보좌해 주고, 만약 그렇지 못하다면 그대가 서촉의 주인이 되어 주시오.」

제갈량은 유비의 이 말을 듣고 눈물을 흘리면서 말했다.

「신이 어찌 감히 그럴 수 있겠습니까? 신은 오직 충정을 아끼지 않고 태자를 보필하는 데 전심전력專心專力을 기울일 뿐입니다.」

유비가 죽은 뒤 제갈량은 한마음 한뜻으로 후주 유선을 보필하였다. 이때 유비가 죽은 것을 기회로 익주군(지금의 운남성 보녕普寧)의 옹개·이왕 고정원高定元·양가(귀주성 평월平越)태수 주포朱褒가 군사를 일으켜 촉한을 배반하였다. 실로 나라의 악날이 바람 악의 등불처럼 위태로운 순간이었다.

임금은 아직 어리고 나라가 어지러운 이때 이들 오랑캐의 반란은 다른 지역에도 영향을 줄 여지가 많았다. 그러나 단순히 군대를 파병해서 이들을 진압한다면 일시적으로 그들을 굴복시킬 수는 있겠지만 언젠가 다시 모반을 일으킬 가능성은 얼마든지 있었다.

그래서 제갈량은 밖으로는 연오방위聯吳防魏 정책을 쓰고 안으로는 생산을 증대시키는 정책을 실시해서 서남 오랑캐의 모반에 대한 문제는 잠시 뒤로 미루고 나라의 안팎이 안정된 다음 자신이 직접 군대를 인솔해서 남이南夷로 출정하였다.

제갈량은 적의 진영 내에서 내분이 일어나도록 만들어 고정원의 부장 옹개를 죽이게 한 다음 다시 고정원을 공격하였다. 이때 옹개를 대신해서 출병한 오랑캐의 장수는 맹획孟獲이었다.

맹획의 군대는 노수瀘水의 남쪽에 본거지를 두고 있었다. 노수를 건너는 것도 쉽진 않았지만, 그곳 주민들의 도움을 받아 무사히 노수를 건너 결국 맹획을 사로잡았다.

맹획은 아주 강직하고 용감한 남방의 새로운 영수로, 그는 제갈량이 비겁하게 계략을 써서 그를 사로잡았기 때문에 승복할 수 없다고 우겼다. 제갈량은 그를 죽이는 것만으로는 문제가 해결되지 않으며, 오히려 남방 주민들의 원한을 살 우려마저 있다고 생각하였다.

그래서 그는 오랑캐 수령의 마음에서 우러난 승복을 받아야만 진정으로 이들을 진압할 수 있다고 판단하였다. 그래서 제갈량은 생포했던 맹획을 다시 풀어 주었다.

맹획은 자기 진영으로 돌아가 군대를 재정비하고 다시 촉한군과의 싸움을 준비하였다. 그러나 이후 제갈량은 자신의 지혜로 일곱 차례 싸워 그때마다 맹획을 사로잡았다가 풀어 주었다.

이렇게 되풀이하니 결국 맹획은 진심으로 승복하면서 다시는 촉한에 대항하지 않겠다고 맹세하였다. 제갈량은 맹획에게 촉한의 관직을 주었는데, 나중에는 그의 벼슬이 어사중승御史中丞에까지 이르렀다고 한다.

【용례】 사람을 부리려면 완전히 내 사람을 만들 생각으로 부려야 해. 시간이 좀 걸리더라도 「칠종칠금」하면서 심복이 되게 만들면 절대로 나를 배신하는 일이 없지.

七	일곱, 칠					
縱	늘어질, 종					
七	일곱, 칠					
擒	잡을, 금					

討門不入(토문불입)

討 : 칠(토)　　門 : 문(문)　　不 : 아닐(부)(불)　　入 : 들(입)

【뜻풀이】 문 악을 지나가면서도 들어가지 않다. 공무에 바빠 사사로운 감정은 접어 두는 태도를 비유하는 말이다.

【출전】 요임금과 순임금 때 20여 년 동안이나 계속된 홍수 때문에 세상은 큰 피해를 입었다. 요임금은 먼저 곤鯤이라는 사람에게 명하여 홍수를 다스리게 하였다. 그러나 곤은 그 치수 방법이 적절치 못해서 9년 동안 열심히 일했지만 끝내

실패하고 나중에는 책임을 물어 처형까지 당하고 말았다.

요임금이 순임금에게 제위를 물려준 뒤 순임금은 다시 우禹라는 사람에게 명하여 홍수를 다스리게 했는데, 우는 바로 요임금 때 처형된 곤의 아들이었다.

우는 아버지의 실패에서 교훈을 찾아 물을 막는 방법으로가 아니라 끌어내는 방법으로 작은 냇물을 큰 강으로, 큰 강물은 바다로 흘러들게 하였다. 이렇게 13년이라는 긴긴 세월을 분투한 끝에 우는 마침내 홍수를 정복하게 되었다고 한다.

그가 이 기간 동안 직접 답사한 곳은 몇 군데인지 헤아릴 수도 없고, 그가 겪은 곤경은 또 얼마인지 헤아릴 수 없을 지경이었다고 한다.

《장자·천하편天下篇》에서는 우의 이러한 노력에 대해 「장딴지에는 솜털이 없었고 정강이에는 털이 다 빠졌으며, 세찬 빗줄기에 머리를 감고 빠른 바람으로 머리를 빗었다. 腓無胈 脛無毛 沐甚雨 櫛疾風」고 하였다. 비록 열두 자밖에 안되는 간단한 글이지만 오랜 세월 야외에서 홍수와 분투하는 우의 모습을 아주 생동감 넘치게 묘사하고 있는데, 후세 사람들은 이것을 다시 줄여 즐풍목우櫛風沐雨라고 간추렸다.

이처럼 치수 사업에 바삐 보내다 보니 그는 나이 서른이 될 때까지 장가도 들지 못하고 있었다. 그러다가 여교女嬌라는 아가씨를 만나 사랑하게 되었지만 말도 몇 마디 나누어 보지 못한 채 곧 재해 지역으로 떠나고 말았다.

그 후 우는 여교와 다시 만나서 급히 혼인을 하고 고향인 안읍으로 아내를 데려갔다. 그러나 여전히 세상은 홍수로 고통을 겪고 있었기 때문에 10년 동안 좀체로 만날 기회가 많지 않았다.

전하는 바에 따르면 우는 그 동안 세 번이나 고향집 문 악을 지나가면서도 「시간이 아깝다. 일촌광음一寸光陰이라도 아껴야 한다(愛惜寸陰)」고 하면서 들르지 않았다고 한다.

이에 대해 《열자·양주편楊朱篇》에서는 「우는 자기 집 문 악을 지나면서도 들어가지 않는데, 그때 그의 몰골은 바짝 여위었고 손과 발에는 온통 굳은살투성이였다. 禹 … 討門不入 身體偏枯 手足胼胝」고 하였으며, 《맹자·이루장구離婁章句》 상편에서는 「우임금은 세 번 집 악을 지나갔지만 한 번도 들어가지 않았다. 禹 … 三過其門而不入」고 하였다.

이리하여 후세 사람들은 삼토기문이불입三討其門而不入 또는 삼토가문이불입三討家門而不入이라는 말로 일신상의 모든 잡무를 잊고 성실하게 일하는 것을 비유하게 되었는데 간단히 줄여 토문불입이라고 한다.

그리고「손과 발에 굳은살이 박히다. 手足胼胝 란 말도 성구로 굳어지게 되었는데 착실하게 일한다는 뜻으로, 변수지족胼手胝足 또는 수족중충手足重繭이라고도 한다.

그리고 우가 말한 애석촌음愛惜寸陰도 나중에 성구가 되었는데 촌음시석寸陰是惜 또는 촌음자석寸陰自惜이라고도 한다.

【용례】남부 지방의 가뭄 때문에 노심초사勞心焦思하시느라고「토문불입」도 달게 여기셨던 분인데, 그만 과로로 순직하시다니. 우리는 훌륭한 공무원을 한 사람 잃었어.

討	칠, 토				
門	문, 문				
不	아닐, 부				
入	들, 입				

鞭長莫及(편장막급)

鞭 : 채찍(편)　　　長 : 길(장)　　　莫 : 아닐(막)　　　及 : 미칠(급)

【뜻풀이】채찍이 길어도 닿지 않는다. 힘이 미치기 어렵거나 혹은 힘이 있어도 주도면밀周到綿密하게 다 생각하기 어려운 것을 비유해서 이르는 말이다.

【출전】《좌전·선공 15년》조에 다음과 같은 이야기가 나온다.

춘추시대 초장왕楚莊王은 신주申舟라는 사람을 파견해서 제齊나라를 방문하게 한 적이 있었다. 당시 초나라에서 제나라로 가려면 송宋나라를 거쳐 가야 했기 때문에 관례대로 한다면 사전에 송나라에 통지를 해야 했었다. 그러나 초장왕은 초나라가 대국이라는 것만 믿고 송나라에 알리지도 않고 사신을 지나가게 하였다.

그렇게 송나라를 지나가다가 신주는 그만 억류당하고 말았다. 당시 송나라에서 국사를 장악하고 있던 화원華元은 임금인 송문공에게 초나라의 무례함을 상주上奏하고 사신을 참수형에 처해야 한다고 주장하였다. 뒤이어 송나라에서는 신주를 목베고 초나라 군사들을 맞이할 준비를 갖추었다.

아니나다를까 신주가 피살되었다는 소식을 접한 초장왕은 즉시 군사를 풀어 송나라를 대거 침공하였다. 그러나 그때부터 이듬해 5월까지 초군은 승리를 거두지 못한 채 쌍방은 소강 상태에 놓여 있었다. 이때 송나라에서는 대부인 악영제樂嬰齊를 진晉나라에 파견해서 원조를 청하였다. 당시 진경공은 군사를 풀어 구원하려 했지만 대부인 백종伯宗은 강대한 초나라의 심기를 건드려 화근을 부를까 두려워 이에 찬성하지 않았다. 백종은 왕에게 나아가 이렇게 말하였다.

「옛말에 이르기를 〈채찍이 길어도 말의 배에까지 미치지 못한다. 雖鞭之長 不及馬腹〉고 했는데, 우리가 어찌 초나라의 일에 간섭할 수 있겠습니까? 잠시 군사를 파견하지 말고 초나라의 국세가 쇠퇴해지기를 기다려 보는 것이 어떻겠습니까?」

진경공은 그 말을 옳게 여기고 대부인 해양解揚 한 사람만 송나라에 파견해서 한바탕 위로만 했을 뿐 구원병을 보내지는 않았다.

수편지장 불급마복이라는 구절은 말의 배는 채찍을 받는 곳이 아니며 또 채찍이 아무리 길다 해도 말의 배에까지는 미칠 수 없다는 뜻이다.

성구 편장막급은 바로 여기에서 유래한 것인데, 지금은 일반적으로 이 성구를 이용해 힘이 미치기 어렵거나 혹 힘이 있어도 주도면밀하게 다 생각하기 어려운 경우를 비유적으로 표현하는 데 많이 쓰고 있다.

《좌전》에 보면 그때 초나라는 송나라의 완강한 저항에 부딪혀 진퇴양난進退兩難의 궁지에 빠져 있었다. 그러던 어느 날 밤 송나라의 화원은 초군 진중으로 쳐들어가 장막 안에서 자고 있던 초군 장수 자반子反의 덜미를 잡아끌어 앉혀 놓은 다음

속히 회군할 것을 독촉하였다.

깜짝 놀란 자반은 곧 회군에 동의하고 평화 협정을 맺게 되었는데, 그 협정에
「우리 편에서 상대방을 속이지 않을 테니 상대도 우리를 걱정할 필요가 없다. 我無爾
詐 爾無我虞」라는 문구가 들어 있었다.

이렇게 해서 나온 성구가 이우아사爾虞我詐인데, 원래의 뜻은 서로 공격하지 않는
다는 것이었으나 오늘날에는 서로 믿지 않고 의심한다는 뜻으로 쓰이고 있다. 이우
아사는 이사아우爾詐我虞라고도 한다.

【용례】 새로 벌인 사업을 전처럼 주먹구구식으로 했다가는 큰일나겠더군. 이거
규모가 커져 정신없이 입출금이 이루어지는데 내 능력으로는 「편장막급」이야. 유
능한 회계사를 하나 고용해야겠어.

鞭	채찍, 편					
長	길, 장					
莫	아닐, 막					
及	미칠, 급					

河東獅吼(하동사후)

河 : 물이름(하)   東 : 동녘(동)   獅 : 사자(사)   吼 : 울(후)

【뜻풀이】 하동 땅 사자가 울다. 질투심이 강하고 성격이 표독한 여자를 가리키는
말로, 송나라 때의 문인이자 시인인 소식蘇軾(1037-1101)의 시에서 나온 말이다.

【출전】 소식이 황주에 좌천됐을 때의 일이었다. 그에게는 진조陳慥(자는 계상季

常)라는 막역한 친구가 있었는데 마주 앉기만 하면 밤이 깊어 가는 줄도 모르고 이야기를 나누곤 하였다.

그런데 사람됨이 표독하고 질투심이 강했던 진조의 마누라는 손님을 접대하는 연회석상에 가녀들이 앉아만 있어도 불문곡직不問曲直하고 몽둥이로 벽을 두드리면서 마구 소리를 내지르는 것이었다. 그래서 손님들은 할 수 없이 자리를 뜨게 되어도 공처증恐妻症이 심한 진조는 말 한마디 못 하는 것이었다.

이에 소식은 장난으로 진조에게 〈기오덕인겸간진계상寄吳德仁兼簡陣季常〉이라는 시 한 수를 써주었는데, 그 시에 「갑자기 하동 땅 사자가 우짖는 소리를 들으니, 손에 쥔 지팡이 놓치며 마음은 아찔하기만 하다. 忽聞河東獅子吼 拄杖落手心茫然」라는 구절이 들어 있었다.

하동이라는 것은 진조의 마누라를 가리키는 것이다. 그녀의 성씨가 유柳씨였기 때문에 하동에서 유씨가 많이 난다고 해서 하는 말이었다.

또 두보杜甫의 시에 「하동의 아낙네 성씨는 유라네. 河東女兒身姓柳」라는 구절이 있기 때문에 나온 말이라고도 한다.

사자후는 원래 불가佛家에서 부처님의 음성과 위엄을 비유하는 말이지만, 소식은 「사자처럼 노호한다」는 뜻으로 사용하였다. 그래서 뒷날 사람들은 아내를 두려워하는 사람을 계상이라 하게 되었으며, 남편한테 악다구니질을 하는 여자들을 가리켜 하동사후라고 하게 되었다.

【용례】 들으니 자네 와이프 워낙 깐깐해서 「하동사후」라던데, 이렇게 늦게까지 연락도 없이 안 들어가도 괜찮겠어. 객기 부리지 말고 어서 전화라도 하지.

河	물이름, 하					
東	동녘, 동					
獅	사자, 사					
吼	울, 후					

螢雪之功 (형설지공) ────────────────■

螢 : 반딧불(형)　　　雪 : 눈(설)　　　之 : 갈(지)　　　功 : 공(공)

【뜻풀이】 반딧불의 불빛과 눈 내린 밤의 눈빛으로 쉬지 않고 공부해서 이룩한 성공. 어려운 여건을 이겨 내면서 열심히 학업에 정진하여 입신양명立身揚名한 것을 비유하는 말이다.

【출전】《손씨세록孫氏世錄》에 다음과 같은 이야기가 있다.

진나라의 손강孫康은 공부하기를 몹시 좋아했지만 집안이 가난해서 등불을 밝힐 기름조차 살 돈이 없었다. 그래서 겨울이면 항상 눈빛에 비추어 책을 읽었다.

그는 어렸을 때부터 마음이 맑고 지조가 굳었다. 때문에 사람을 사귀고 어울리는 데도 뜻을 같이하지 않는 이와는 교제하지 않았다. 나중에 관직에 나아가서 어사대부가 되었다.

《진서·차윤전車胤傳》에 보면 다음과 같은 이야기도 실려 있다.

진나라의 차윤 역시 어려운 여건 속에서도 열심히 공부한 사람이다. 그는 항상 삼가고 근면하게 학업에 힘써 많은 서적을 독파하였다. 그러나 집안이 가난했기 때문에 기름이 떨어지는 경우가 종종 있었다. 때문에 여름에는 낡은 명주 주머니에 반딧불을 많이 잡아 넣어 그 빛으로 책을 비추어 읽으면서 밤에도 낮처럼 공부했다.

뒷날 환온桓溫이 형주자사가 되었을 때 불러 종사(속관)를 시켰는데, 의리에 따라 사건을 판별하는 솜씨가 뛰어나 크게 중용되었다. 계속 벼슬에 나아가 정서장군의 장사(서기장)가 되어 조정에 이름이 크게 알려졌다.

당시에 그는 오은지吳隱之와 함께 가난한 가운데서도 부지런히 공부해서 학문을 이룬 사람으로 유명하였다.

그는 또 연회의 자리에서 재미있는 이야기를 하여 사람들을 즐겁게 하는 재주를 가지고 있었기 때문에 당시 성대한 연회가 있을 때면 그가 참석하지 않으면 모두들 이렇게 말했다.

「차공이 오지 않으니 재미가 없다.」

손강과 차윤의 일로 인해서 성구 형설지공이 나오게 되었다.

남송南宋 때의 시인인 유극장劉克莊(1187-1269)의 시 〈만진사직挽陳司直〉에 보면 「꾀꼬리 꽃밭 사이의 귀공자는 아니요, 완연히 형설지공하던 늙은 선비였다. 不似鶯花貴公子 宛然螢雪老書生」는 구절이 있다.

【용례】 사내가 한 번 뜻을 세웠으면 「형설지공」을 다해 뜻을 이룰 생각을 해야지, 벌써부터 실의에 빠져 술로 세월을 보내면 되겠냐?

螢	반딧불, 형					
雪	눈, 설					
之	갈, 지					
功	공, 공					

好事多魔(호사다마)

好 : 좋을(호)   事 : 일 · 섬길(사)   多 : 많을(다)   魔 : 마귀 · 마술(마)

【뜻풀이】 좋은 일에는 나쁜 일도 많이 뒤따른다. 좋은 일이 성취되기 위해서는 그만큼 노력과 고충이 뒤따른다는 말이다. 호사다마好事多磨로도 쓴다.

【출전】 이어李漁의 〈신중루전기蜃中樓傳奇〉에 보면 「예부터 내려오는 좋은 일에는 반드시 많은 노력이 따른다는 것을 알 수 있다. 可見從來的好事必竟多磨」는 말이 있고, 《비파기琵琶記 · 기언간부幾言諫父》에는 「누가 좋은 일에는 마가 많이 끼어 풍파가 일어나는 것을 알겠습니까? 誰知道好事多魔起風波」라는 구절이 있다.

이를 봤을 때 이 성구는 문언에서보다는 구어口語에서 많이 쓰인 표현으로 여겨진다.

경우와 상황은 조금 다르지만《북몽쇄어北夢瑣語》권6에 보면「좋은 일은 집밖을 나가기 힘들고, 나쁜 일은 순식간에 천릿길을 간다. 好事不出門 惡事行千里」는 말도 있다.

【용례】아이가 늘 반에서 일등을 하는 것은 좋지만 그러다가 건강이라도 해치면 큰일이다.「호사다마」라고 했으니 항상 건강을 잃지 않도록 유념하거라.

好	좋을, 호					
事	일, 사					
多	많을, 다					
魔	마귀, 마					

浩然之氣(호연지기) ─────────────────────────── ■

浩 : 넓을(호)   然 : 그럴(연)   之 : 갈(지)   氣 : 기운(기)

【뜻풀이】천지에 가득 찬 거대한 원기.

【출전】《맹자·공손추장구公孫丑章句》상편에 다음과 같은 이야기가 실려 있다.

맹가 하루는 제자인 공손추와 이런저런 이야기를 나누다가 진정한 용기에 대해서 토론하게 되었다.

맹자는 용기가 있었던 사람과 경우를 여러 가지 예로 들면서 진정한 용기란「마음이 흔들리지 않는 것 不動心」이라고 설명하였다. 그러자 공손추가 기회를 놓치지 않고 물었다.

「그러면 선생님의 부동심과 고자告子의 그것은 어떤 차이가 있습니까?」

「고자는 〈납득할 수 없는 말은 억지로 이해하려 하지 말고, 마음에 내키지 않는 점이 있다 해도 기개氣槪에 맡겨서 해결하려고 해서는 안 된다〉고 하였다. 즉 마음을 허비하지 않음으로써 부동심을 얻겠다는 것이다. 그러나 기개를 억제하는 것은 좋다고 하겠지만 납득할 수 없는 말을 이해하려 들지 말라는 것은 너무 소극적인 태도가 아니겠느냐?」

「그러면 선생님의 경우는 어떤 점이 그것보다 훌륭한 것입니까?」

「나는 〈말을 안다. 知言〉 더구나 나는 거기에다가 호연지기를 기르고 있다.」

여기서 말을 안다는 것은 치우친 언사·음란한 언사·그릇되고 간사한 언사·숨고 피하는 언사 등 모든 언사를 꿰뚫어볼 수 있는 지혜를 가졌다는 뜻이고, 호연지기란 천지에 가득 차서 만물에 활기를 불어넣고 성실하고 강인하게 자라도록 이끄는 힘을 말한다.

맹자는 이렇게 호연지기를 기르고 있다고 하면서도 스스로 그 실체에 대해서는 자세한 언급을 피하고 있다. 그것은 담론의 문제가 아니라 실천의 문제이기 때문일 것이다.

여하간 맹자와 공손추 사이의 이 대화에서 유래한 성구가 호연지기다.

【용례】 우리가 일주일 일정으로 극기 훈련을 온 것은 드넓은 자연과 어울리며 「호연지기」를 키우자는 데 그 뜻이 있습니다. 그러니 다소 힘들더라도 노력해서 무사히 행사를 끝마치기 바랍니다.

浩	넓을, 호					
然	그럴, 연					
之	갈, 지					
氣	기운, 기					

畵蛇添足(화사첨족)

畵 : 그림·그릴(화)   **蛇** : 뱀(사)   **添** : 더할(첨)   **足** : 발·족할(족)

【뜻풀이】 뱀을 그리고 발을 그려 넣는다는 뜻으로, 쓸데없는 짓을 일컫는 말이다.

【출전】《전국책·제책齊策》에 다음과 같은 이야기가 있다.

초나라에서 있었던 일이라고 전한다. 어느 날 어떤 집에서 제사를 지낸 뒤 일꾼들에게 술 한 통을 하사하였다. 그런데 사람은 많고 술은 적은지라 일꾼들은 뱀을 먼저 그리는 사람에게 술을 주기로 하였다.

이에 일꾼들은 모두 뱀을 그리기 시작했는데 그 중 한 사람이 벼락같이 그려 놓고 보니 다른 사람들은 아직 그리지도 못한 터였다. 그래서 그 사람은 「자네들은 정말 굼뜨구먼. 난 이제 발까지 그려 넣어도 넉넉할 것이네」 하고는 이미 그려 놓은 뱀에 발을 붙여 놓았다.

그러자 다른 한 사람이 뱀을 다 그려놓고 「이 술은 내 것이야! 자네가 빨리 그리긴 했지만 뱀에 어디 발이 있는가? 이건 뱀이 아니야!」 하고 술을 빼앗아 갔다. 그래서 술은 결국 그 사람이 마시게 되었다는 것이다.

이 이야기는 초회왕 때 소양昭陽이라는 초나라 장수가 위나라를 쳐 여덟 개의 성을 깨뜨리고 대승한 다음 이어 제나라를 치려 하자 때마침 제나라에 와 있던 진秦나라의 사자 진진陳軫이 소양에게 들려준 것이라고 한다.

즉 소양은 위나라를 쳐서 이긴 것으로 만족해야지 다시 제나라를 쳐서 만일 이기지 못한다면 그것은 마치 뱀을 그린 다음 발을 그려 넣는 것과 다름없는 것으로, 악의 공로까지 다 잃게 된다는 것이었다.

결국 소양은 진진의 말을 옳게 여기고 퇴군하였다고 한다.

화사첨족과 뜻이 같은 말로서 농교성졸弄巧成拙 또는 농교반졸弄巧反拙이라는 성구가 있다. 화사첨족은 간단히 줄여 사족蛇足이라고도 한다.

【용례】 이미 네 꽁수는 백일하에 드러났어. 그런데도 계속 그 따위 변명을 늘어놓는다면, 그건 「화사첨족」에 불과할 뿐이야. 솔직히 잘못을 인정해라.

畵	그림·그릴, 화				
蛇	뱀, 사				
添	더할, 첨				
足	발·족할, 족				

後生可畏(후생가외)

後 : 뒤(후)　　生 : 날(생)　　可 : 가할·옳을(가)　　畏 : 두려워할(외)

【뜻풀이】 뒤에 오는 사람들은 두려워할 만하다. 젊은 세대들이 무한한 잠재력을 가지고 발전해 오는 것을 비유하는 말이다.

【출전】《논어·자한편子罕篇》에서 공자는 「후생들은 두려워할 것이다. 그들이 지금 사람보다 나을 줄 어찌 알겠는가? 그러나 나이 4·50이 되어서도 들은 바가 없다면 이런 자는 족히 두려워할 것이 없다. 後生可畏 焉知來者之不如今也 四十五十而無 聞焉 斯亦不足畏也已」고 말한 적이 있다.

《세설신어·문학편文學篇》에는 다음과 같은 이야기가 있다.

왕필王弼(226-249)의 별전別傳을 읽은 하안何晏(190-249)이 제사題辭를 붙여 말하기를 「후생은 두려워할 만하니, 이 사람이라면 가히 하늘과 사람 사이의 관계에 대해 더불어 말할 수 있을 것이다. 後生可畏 若斯人者 可與言天人之際矣」라고 하였다.

여기에서 후생은 청년을 가리키는 것이고 가외는 두렵다는 뜻이 아니라 대단하다는 뜻이다.

【용례】 대학에 들어와 내게 강의를 듣던 것이 엊그제 같은데, 벌써 같은 동료 교수가 되어 서다니. 「후생가외」라더니 이젠 나도 바짝 긴장해야겠어.

後	뒤, 후					
生	날, 생					
可	가할 · 옳을, 가					
畏	두려워할, 외					

附錄 2

1. 干支

天干(천간)	地支(지지)	상징 동물	시간
甲(갑)	子(자)	쥐	23시~01시
乙(을)	丑(축)	소	01시~03시
丙(병)	寅(인)	범	03시~05시
丁(정)	卯(묘)	토 끼	05시~07시
戊(무)	辰(진)	용	07시~09시
己(기)	巳(사)	뱀	09시~11시
庚(경)	午(오)	말	11시~13시
辛(신)	未(미)	양	13시~15시
壬(임)	申(신)	원숭이	15시~17시
癸(계)	酉(유)	닭	17시~19시
	戌(술)	개	19시~21시
	亥(해)	돼 지	21시~23시

六十甲子					
甲子(갑자)	乙丑(을축)	丙寅(병인)	丁卯(정묘)	戊辰(무진)	己巳(기사)
庚午(경오)	辛未(신미)	壬辛(임신)	癸酉(계유)	甲戌(갑술)	乙亥(을해)
丙子(병자)	丁丑(정축)	戊寅(무인)	己卯(기묘)	庚辰(경진)	辛巳(신사)
壬午(임오)	癸未(계미)	甲辛(갑신)	乙酉(을유)	丙戌(병술)	丁亥(정해)
戊子(무자)	己丑(기축)	庚寅(경인)	辛卯(신묘)	壬辰(임진)	癸巳(계사)
甲午(갑오)	乙未(을미)	丙辛(병신)	丁酉(정유)	戊戌(무술)	己亥(기해)
庚子(경자)	辛丑(신축)	壬寅(임인)	癸卯(계묘)	甲辰(갑진)	乙巳(을사)
丙午(병오)	丁未(정미)	戊辛(무신)	己酉(기유)	庚戌(경술)	辛亥(신해)
壬子(임자)	癸丑(계축)	甲寅(갑인)	乙卯(을묘)	丙辰(병진)	丁巳(정사)
戊午(무오)	己未(기미)	庚辛(경신)	辛酉(신유)	壬戌(임술)	癸亥(계해)

2. 二十四節氣

正 月	立 春(입 춘)	雨 水(우 수)
二 月	驚 蟄(경 칩)	春 分(춘 분)
三 月	淸 明(청 명)	穀 雨(곡 우)
四 月	立 夏(입 하)	小 滿(소 만)
五 月	芒 種(망 종)	夏 至(하 지)
六 月	小 暑(소 서)	大 暑(대 서)
七 月	立 秋(입 추)	處 暑(처 서)
八 月	白 露(백 로)	秋 分(추 분)
九 月	寒 露(한 로)	霜 降(상 강)
十 月	立 冬(입 동)	小 雪(소 설)
十一月	大 雪(대 설)	冬 至(동 지)
十二月	小 寒(소 한)	大 寒(대 한)

3. 우리나라 八道 이름의 유래

京 畿 道	서울을 중심으로 한 가까운 둘레의 지역을 '京畿'라고 함
忠 淸 道	忠州(충주)와 淸州(청주)에서 각각 한 자씩 취함
江 原 道	江陵(강릉)과 原州(원주)에서 각각 한 자씩 취함
慶 尙 道	慶州(경주)와 尙州(상주)에서 각각 한 자씩 취함
全 羅 道	全州(전주)와 羅州(나주)에서 각각 한 자씩 취함
黃 海 道	黃州(황주)와 海州(해주)에서 각각 한 자씩 취함
平 安 道	平壤(평양)과 安州(안주)에서 각각 한 자씩 취함
咸 鏡 道	咸興(함흥)과 鏡城(경성)에서 각각 한 자씩 취함

4. 세계의 國名 및 都市名

그리스	希 臘(희 랍)	파 리	巴 里(파 리)
네덜란드	和 蘭(화 란)	홍 콩	香 港(향 항)
노르웨이	諾 威(낙 위)	싱가포르	星 港(성 항)
도이칠란트	獨 逸(독 일)	워싱턴	華盛頓(화성돈)
러시아	俄羅斯(아라사), 露西亞(노서아)	로스엔젤레스	羅 城(나 성)
스웨덴	瑞 典(서 전)	샌프란시스코	桑 港(상 항)
스페인	西班亞(서반아)		亞細亞洲(아세아주)
아이슬랜드	氷 蘭(빙 란)	아시아 주	亞 洲(아 주)
오스트레일리아	濠 洲(호 주)		亞細亞(아세아)
오스트리아	墺地利(오지리)		阿弗利加洲(아불리가주)
이집트	埃 及(애 급)	아프리카 주	阿 洲(아 주)
이탈리아	伊太利(이태리)		歐羅巴洲(구라파주)
인도네시아	印 尼(인 니)	유럽주	歐 洲(구 주)
인디아	印 度(인 도)		歐羅巴(구라파)
잉글랜드	英 國(영 국)	인도차이나	印度支那(인도지나)
타이	泰 國(태 국)		亞美利加洲(아미라가주)
터키	土耳其(토이기)	아메리카주	美 洲(미 주)
폴란드	波 蘭(파 란)		北美洲(북미주)
프랑스	佛蘭西(불란서)	북아메리카주	北 美(북 미)
필리핀	比律賓(비율빈)		南美洲(남미주)
런 던	倫 敦(윤 돈)	남아메리카주	南 美(남 미)
베를린	伯 林(백 림)	오세아니아주	大洋洲(대양주)

5. 가족 관계

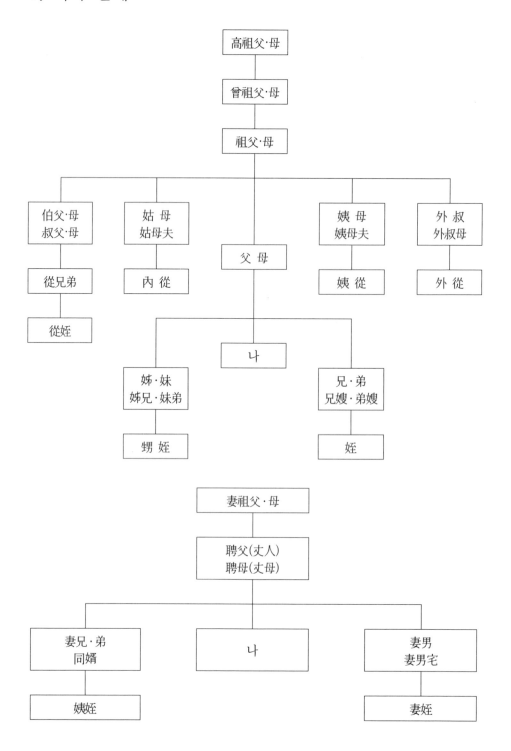

6. 呼稱

① 다른 사람에게 자기 부모를 일컬을 때

	父	母
生存時	家親(가친) 家君(가군) 家父(가부) 家嚴(가엄) 家大人(가대인) 嚴親(엄친) 嚴君(엄군)	家母(가모) 家慈(가자) 慈親(자친)
死後	先考(선고) 先親(선친) 先父(선부) 先君(선군) 先人(선인)	先妣(선비) 先慈(선자)

② 다른 사람의 부모를 일컬을 때

	父	母
生存時	春府丈(춘부장) 椿府丈(춘부장) 春府大人(춘부대인) 春堂(춘당) 令尊(영존)	慈堂(자당) 萱堂(훤당) 尊堂(존당) 母堂(모당) 北堂(북당) 大夫人(대부인) 母夫人(모부인)
死後	先大人(선대인) 先考丈(선고장)	先大夫人(선대부인)

③ 다른 사람에게 자기 자식을 일컬을 때

子	女
家兒(가아) 家豚(가돈) 豚兒(돈아)	女息

④ 다른 사람의 자식을 일컬을 때

子	女
令息(영식) 令郞(영랑) 令胤(영윤) 令子(영자)	令愛(영애) 令嬌(영교) 令孃(영양) 令女(영녀)

7. 書式

結 婚	祝華婚(축 화혼) 祝華燭(축 화촉) 祝成婚(축 성혼) 祝盛婚(축 성혼) 祝 儀(축 의) 祝華燭盛典(축 화촉성전)
初 喪	謹 弔(근 조) 賻 儀(부 의) 弔 儀(조 의) 奠 儀(전 의)
回 甲	壽 儀(수 의) 賀 儀(하 의) 祝 儀(축 의) 祝壽筵(축 수연) 祝壽宴(축 수연)
射 禮	菲 品(비 품) 菲 儀(비 의) 非 禮(비 례) 寸 志(촌 지) 薄 志(박 지) 薄 謝(박 사) 薄 儀(박 의) 薄 禮(박 례)

8. 韻字表(운자표)

四聲(사성)	106韻(운)
平聲(평성) (30韻)	[上平 15韻] 東 冬 江 支 微 魚 處 齊 佳 灰 眞 文 元 寒 刪 [下平 15韻] 先 蕭 肴 豪 歌 麻 陽 庚 靑 蒸 尤 侵 覃 鹽 咸
上聲(상성) (29韻)	董 腫 講 紙 尾 語 麌 薺 蟹 賄 軫 吻 阮 旱 潸 銑 篠 巧 晧 哿 馬 養 梗 迵 有 寢 感 琰 豏
去聲(거성) (30韻)	送 宋 絳 寘 未 御 遇 霽 泰 卦 隊 震 問 願 翰 諫 霰 嘯 效 號 箇 禡 漾 敬 徑 宥 沁 勘 豔 陷
入聲(입성) (17韻)	屋 沃 覺 質 物 月 曷 黠 屑 藥 陌 錫 職 緝 合 葉 洽

9. '나이'와 관련된 成語

10세 : 幼學(유학). 人生十年日幼 學(사람이 나서 열 살을 幼라고 하는데, 이때
　　　배운다.) 〈『禮記』「曲禮」〉

15세 : 志學(지학). 吾十有五而志于學(열다섯에 학문에 뜻을 두었다.) 〈『論語(논어)』「爲政(위정)」〉

20세 : 弱冠(약관). 二十日弱冠(스물을 弱이라고 하는데, 이때에 冠禮를 한다.) 〈『예기』「곡례」〉

30세 : 而立(이립). 三十而立(서른에 自立-흔들림이 없는 것-하였다.) 〈『논어』「위정」〉

40세 : 不惑(불혹). 四十而不惑(마흔에-모든 사리 판단에- 의혹하지 않았다.) 〈『논어』「위정」〉

48세 : 桑年(상년). '桑'의 속자(俗字)가 '桒'인데, 이 글자를 나누면 '十十十十八'이 되기 때문.

50세 : 知命(지명). 五十而知天命(쉰에 天命을 알았다.)〈『논어』「위정」〉

60세 : 耳順(이순). 六十而耳順(예순에 모든 일을 들으면 마음에 통하여 거슬림이 없었다.) 〈『논어』「위정」〉

61세 : 還甲(환갑). 태어난 해의 甲子가 다시 돌아온 나이라는 뜻. 回甲(회갑), 華甲(화갑).
望七(망칠). 일흔 살을 바라보는 나이라는 뜻.

62세 : 進甲(진갑). 환갑에서 한 해 더 나아간 나이라는 뜻.

70세 : 從心(종심). 七十而從心所欲 不踰矩(일흔에 마음에 하고자 하는 대로 좇아도 법도에 넘지 않았다.) 〈『논어』「위정」〉
古稀(고희). 人生七十古來稀(인생 칠십은 예로부터 드물었다.) 〈杜甫(두보) 詩「曲江(곡강)」〉

71세 : 望八(망팔). 여든 살을 바라보는 나이라는 뜻.

77세 : 喜壽(희수). '喜'를 초서(草書)로 쓰면 '㐂'이기 때문.

80세 : 傘壽(산수). '傘'의 약자(略字)가 '仐'이기 때문.

81세 : 望九(망구). 아흔 살을 바라보는 나이라는 뜻.

88세 : 米壽(미수). '米'를 나누면 '八十八'이 되기 때문.

90세 : 卒壽(졸수). '卒'의 약자가 '卆'이기 때문.

91세 : 望百(망백). 백 살을 바라보는 나이라는 뜻.

99세 : 白壽(백수). 100[百]에서 1[一]을 빼면 99[白]가 되기 때문.

100세 : 上壽(상수). 人上壽百歲(사람의 최상의 수명은 100세이다.) 〈『莊子(장자)』「盜跖(도척)」〉

10. '편지'와 관련된 成語

① 상대방의 편지를 높이어 이르는 말

惠書(혜서), 貴函(귀함).

② 편지 첫머리에 쓰는 말

除煩(제번) : '번거로운 인사말을 덜고 바로 할 말을 적는다'는 뜻.

冠省(관생) : '일기와 문안을 생략한다'는 뜻.

就白(취백) : 웃어른께 안부를 물은 다음 '나아가 엎드려 아뢰는 말씀'이라는 뜻.으로, 여쭙고자 하는 말 앞에 쓰는 말. 취복백(就伏白).

③ 편지 끝머리에 쓰이는 말

不備(불비) : 글이 제대로 정리되어 있지 않다는 뜻.

閣筆(각필) : (편지 따위를 다 쓰고) 붓을 놓음.

敬具(경구) : '삼가 말씀드립니다'의 뜻으로 덧붙이는 인사말.

再拜(재배) : '두 번 절하며 올립니다'라는 뜻으로, 손윗사람에게 보내는 편지글끝에 흔히 쓰는 말.

拜上(배상) : '삼가 올림'의 뜻.

④ 편지 겉봉에 쓰는 말

轉交(전교) : 다른 사람의 손을 거쳐서 받게 한다는 뜻.

本第入納(본제입납) : '본집으로 들어가는 편지'라는 뜻으로, 자기 집에 편지를
부칠 때 편지 겉봉의 자기 이름 아래에 쓰는 말.

親展(친전) : 받는 이가 손수 펴 보기를 바란다는 뜻.

惠展(혜전) : '삼가 펴 보십시오'의 뜻으로 쓰는 말.

⑤ 겉봉 수신인(受信人) 이름 밑에 쓰는 경어(敬語)

貴下(귀하) : 남의 존칭으로, 일반적으로 널리 씀.

貴中(귀중) : 기관이나 단체에 보낼 때 사용함.

氏(씨) : 나이나 직위가 비슷한 경우에 사용.

君(군) : 친구 사이나 손아랫 사람에게 보낼 때 사용.

仁兄(인형) : 친한 친구에게 보낼 때 씀. 大兄(대형), 兄(형).

座下(좌하) : '앉은 자리의 아래'라는 뜻으로, 공경해야 할 어른에게 보낼 때 사
용. 座前(좌전).

梧下(오하) : '책상 아래'라는 뜻. 梧前(오전), 梧右(오우), 玉案下(옥안하), 案下
(안하), 机下(궤하).

硯北(연북) : 책상을 남향(南向)하여 놓을 때 사람은 벼루의 북쪽에 앉으므로
受信人(수신인)을 가리킴.

虎皮下(호피하) : 지위 높은 사람에게 보낼 때 사용. 좌하(座下)보다 더 높이는
뜻이 됨.

11. 우리 나라 성씨의 종류

ㄱ

가(賈) 간(簡) 갈(葛) 감(甘) 강(姜) 강(康) 강(强) 강(剛) 강(疆) 개(介)
견(堅) 견(甄) 경(景) 경(慶) 계(桂) 고(高) 곡(曲) 공(孔) 공(公) 곽(郭)
교(橋) 구(丘) 구(具) 구(邱) 국(國) 국(菊) 국(鞠) 군(君) 궁(弓) 궉(鴌)
권(權) 근(斤) 금(琴) 기(奇) 기(箕) 길(吉) 김(金)

ㄴ

나(羅) 난(欒) 남(南) 낭(浪) 내(乃) 내(奈) 노(盧) 노(魯) 노(路) 뇌(雷)
뇌(賴) 누(樓)

ㄷ

단(段) 단(單) 단(端) 담(譚) 당(唐) 대(大) 도(道) 도(都) 도(陶) 돈(敦)
돈(頓) 동(董) 두(杜) 두(頭)

ㅁ

마(馬) 마(麻) 만(萬) 매(梅) 맹(孟) 명(明) 모(牟) 모(毛) 목(睦) 묘(苗)
묵(墨) 문(文) 미(米) 민(閔)

ㅂ

박(朴) 반(潘) 반(班) 방(房) 방(方) 방(邦) 방(龐) 배(裵) 백(白) 범(范)
범(凡) 변(卜) 변(邊) 복(卜) 봉(奉) 봉(鳳) 부(夫) 비(丕) 빈(彬) 빈(賓)
빙(氷)

ㅅ

사(史) 사(謝) 사(舍) 삼(森) 상(尙) 서(徐) 서(西) 석(昔) 석(石) 선(宣)
설(卨) 설(薛) 섭(葉) 성(成) 성(星) 소(蘇) 소(邵) 손(孫) 송(宋) 송(松)
수(水) 수(洙) 순(淳) 순(荀) 순(舜) 순(順) 승(承) 승(昇) 시(施) 시(柴)
신(愼) 신(申) 신(辛) 심(沈) 십(辻)

ㅇ

아(阿) 안(安) 애(艾) 야(夜) 양(梁) 양(楊) 양(樑) 양(襄) 어(魚) 엄(嚴)
여(呂) 여(余) 여(汝) 연(延) 연(燕) 연(連) 염(廉) 영(影) 영(榮) 영(永)
예(芮) 오(吳) 옥(玉) 온(溫) 옹(邕) 옹(雍) 왕(王) 요(姚) 용(龍) 우(于)
우(禹) 운(雲) 운(芸) 원(元) 원(袁) 위(韋) 위(魏) 유(柳) 유(俞) 유(劉)
유(庚) 육(陸) 윤(尹) 은(殷) 음(陰) 이(李) 이(異) 이(伊) 인(印) 임(任)
임(林)

ㅈ

자(慈) 장(張) 장(章) 장(莊) 장(蔣) 저(邸) 전(全) 전(田) 전(錢) 전(傳)
점(占) 정(丁) 정(程) 정(鄭) 제(諸) 제(齊) 조(曺) 조(趙) 종(宗) 종(鍾)
좌(左) 주(周) 주(朱) 준(俊) 지(智) 지(池) 진(晋) 진(眞) 진(秦) 진(陳)

ㅊ

차(車) 창(昌) 창(倉) 채(蔡) 채(菜) 채(采) 천(千) 천(天) 초(楚) 초(肖)
초(初) 최(崔) 추(秋) 추(鄒) 춘(椿)

ㅌ

탁(卓) 탄(彈) 태(太)

ㅍ

판(判) 팽(彭) 편(扁) 편(片) 평(平) 포(包) 표(表) 풍(馮) 피(皮) 필(弼)

ㅎ

하(河) 하(夏) 학(郝) 한(漢) 한(韓) 함(咸) 해(海) 허(許) 현(玄) 형(邢)
호(扈) 호(胡) 호(鎬) 홍(洪) 화(化) 환(桓) 황(黃) 후(侯) 후(後) 흥(興)

두 글자 성씨

강전(岡田)   강절(綱切)   남궁(南宮)   독고(獨孤)   동방(東方)   사공(司空)
서문(西門)   선우(鮮于)   소봉(小峰)   장곡(長谷)   제갈(諸葛)   황보(皇甫)

12. 六十四卦(육십사괘)

☰ 乾下乾上(건하건상) 爲天(위천) 乾(건)		☶ 艮下乾上(간하건상) 天山(천산) 遯(둔)	
☷ 坤下坤上(곤하곤상) 爲地(위지) 坤(곤)		☳ 乾下震上(건하진상) 雷天(뇌천) 大壯(대장)	
☵ 震下坎上(진하감상) 水雷(수뢰) 屯(준)		☲ 坤下離上(곤하이상) 火地(화지) 晉(진)	
☶ 坎下艮上(감하간상) 山水(산수) 蒙(몽)		☷ 離下坤上(이하곤상) 地火(지화) 明夷(명이)	
☵ 乾下坎上(건하감상) 水天(수천) 需(수)		☴ 離下巽上(이하손상) 風火(풍화) 家人(가인)	
☰ 坎下乾上(감하건상) 天水(천수) 訟(송)		☲ 兌下離上(태하이상) 火澤(화택) 睽(규)	

䷆ 坎下坤上(감하곤상) 地水(지수) 師(사)	䷦ 艮下坎上(간하감상) 水上(수상) 蹇(건)
䷇ 坤下坎上(곤하감상) 水地(수지) 比(비)	䷧ 坎下震上(감하진상) 雷水(뇌수) 解(해)
䷈ 乾下巽上(건하손상) 風天(풍천) 小畜(소축)	䷨ 兌下艮上(태하간상) 山澤(산택) 損(손)
䷉ 兌下乾上(태하건상) 天澤(천택) 履(리)	䷩ 震下巽上(진하손상) 風雷(풍뢰) 益(익)
䷊ 乾下坤上(건하곤상) 地天(지천) 泰(태)	䷪ 乾下兌上(건하태상) 澤天(택천) 夬(쾌)
䷋ 坤下乾上(곤하건상) 天地(천지) 否(부)	䷫ 巽下乾上(손하건상) 天風(천풍) 姤(구)
䷌ 離下乾上(이하건상) 天火(천화) 同人(동인)	䷬ 坤下兌上(곤하태상) 澤地(택지) 萃(췌)
䷍ 乾下離上(건하이상) 火天(화천) 大有(대유)	䷭ 巽下坤上(손하곤상) 地風(지풍) 升(승)
䷎ 艮下坤上(간하곤상) 地山(지산) 謙(겸)	䷮ 坎下兌上(감하태상) 澤水(택수) 困(곤)
䷏ 坤下震上(곤하진상) 雷地(뇌지) 豫(예)	䷯ 巽下坎上(손하감상) 水風(수풍) 井(정)
䷐ 震下兌上(진하태상) 澤雷(택뢰) 隨(수)	䷰ 離下兌上(이하태상) 澤火(택화) 革(혁)
䷑ 巽下艮上(손하간상) 山風(산풍) 蠱(고)	䷱ 巽下離上(손하이상) 火風(화풍) 鼎(정)
䷒ 兌下坤上(태하곤상) 地澤(지택) 臨(림)	䷲ 震下震上(진하진상) 爲雷(위뢰) 震(진)
䷓ 坤下巽上(곤하손상) 風地(풍지) 觀(관)	䷳ 艮下艮上(간하간상) 爲山(위산) 艮(간)
䷔ 震下離上(진하이상) 火雷(화뢰) 噬嗑(서합)	䷴ 艮下巽上(간하손상) 風山(풍산) 漸(점)
䷕ 離下艮上(이하간상) 山火(산화) 賁(비)	䷵ 兌下震上(태하진상) 雷澤(뇌택) 歸妹(귀매)
䷖ 坤下艮上(곤하간상) 山地(산지) 剝(박)	䷶ 離下震上(이하진상) 雷火(뇌화) 豐(풍)
䷗ 震下坤上(진하곤상) 地雷(지뢰) 復(복)	䷷ 艮下離上(간하이상) 火山(화산) 旅(려)
䷘ 震下乾上(진하건상) 天雷(천뢰) 无妄(무망)	䷸ 巽下巽上(손하손상) 爲風(위풍) 巽(손)
䷙ 乾下艮上(건하간상) 山天(산천) 大畜(대축)	䷹ 兌下兌上(태하태상) 爲澤(위택) 兌(태)
䷚ 震下艮上(진하간상) 山雷(산뢰) 頤(이)	䷺ 坎下巽上(감하손상) 風水(풍수) 渙(환)
䷛ 巽下兌上(손하태상) 澤風(택풍) 大過(대과)	䷻ 兌下坎上(태하감상) 水澤(수택) 節(절)
䷜ 坎下坎上(감하감상) 爲水(위수) 坎(감)	䷼ 兌下巽上(태하손상) 風澤(풍택) 中孚(중부)

䷝	離下離上(이하이상) 爲火(위화) 離(리)		䷽	艮下震上(간하진상) 雷山(뇌산) 小過(소과)	
䷞	艮下兌上(간하태상) 澤山(택산) 咸(함)		䷾	離下坎上(이하감상) 水火(수화) 旣濟(기제)	
䷟	巽下震上(손하진상) 雷風(뇌풍) 恒(항)		䷿	坎下離上(감하이상) 火水(화수) 未濟(미제)	

13. 찾기 어려운 한자

加(가)	〈力부 3획〉	憩(게)	〈心부 12획〉
嘉(가)	〈口부 11획〉	垂夬(결)	〈大부 10획〉
街(가)	〈行부 6획〉	缺(결)	〈缶부 4획〉
各(각)	〈口부 3획〉	慶(경)	〈心부 11획〉
脚(각)	〈肉부 7획〉 禧 歎	競(경)	〈立부 15획〉
禧(간)	〈口부 20획〉 歎	啓(계)	〈口부 8획〉
幹(간)	〈干부 10획〉	契(계)	〈大부 6획〉
丐(개)	〈一부 3획〉	季(계)	〈子부 5획〉
更(갱)	〈日부 3획〉	睾(고)	〈目부 9획〉
去(거)	〈厶부 3획〉	嚳(곡)	〈口부 17획〉
巨(거)	〈工부 2획〉	贛(공)	〈具부 17획〉
乾(건)	〈乙부 10획〉	卝(관)	〈丨부 4획〉
揭(걸)	〈日부 10획〉	乖(괴)	〈丿부 7획〉
喬亢(교)	〈口부 13획〉	亼(선)	〈人부 3획〉
句(구)	〈口부 2획〉	卨(설)	〈卜부 9획〉
舊(구)	〈臼부 12획〉	韱(섬)	〈韭부 8획〉
歸(귀)	〈止부 14획〉	世(세)	〈一부 4획〉
菫(근)	〈土부 8획〉	所(소)	〈一부 6획〉
其(기)	〈八부 6획〉	垂(수)	〈土부 5획〉
南(남)	〈十부 7획〉	塍(승)	〈土부 10획〉

囊(낭)	〈口부 19획〉		囟(신)	〈口부 3획〉
霂免(누)	〈雨부 14획〉		丫(아)	〈丨부 2획〉
臺(대)	〈至부 8획〉		亞(아)	〈二부 6획〉
屯(둔)	〈屮부 1획〉		靉(애)	〈雨부 17획〉
來(래)	〈人부 6획〉		臲(얼)	〈自부 10획〉
両(량)	〈一부 5획〉		与(여)	〈一부 3획〉
兩(량)	〈入부 6획〉		余(여)	〈人부 5획〉
侖(륜)	〈人부 6획〉		豔(염)	〈豆부 21획〉
卍(만)	〈十부 4획〉		鹽(염)	〈鹵부 13획〉
丏(면)	〈一부 3획〉		潁(영)	〈水부 11획〉
丙(병)	〈一부 4획〉		冔(올)	〈冂부 7획〉
並(병)	〈一부 7획〉		歪(외)	〈止부 5획〉
報(보)	〈土부 10획〉		凹(요)	〈凵부 3획〉
丕(비)	〈一부 4획〉		堯(요)	〈土부 9획〉
囂(비)	〈口부 16획〉		友(우)	〈又부 2획〉
顰(빈)	〈頁부 15획〉		鬱(울)	〈鬯부 19획〉
㕻(뿐)	〈口부 6획〉		員(원)	〈口부 7획〉
乍(사)	〈丿부 4획〉		毓(육)	〈毋부 9획〉
司(사)	〈口부 2획〉		胤(윤)	〈肉부 5획〉
傘(산)	〈人부 10획〉		霒(음)	〈雨부 8획〉
商(상)	〈口부 8획〉		懿(의)	〈心부 18획〉
喪(상)	〈口부 9획〉		以(이)	〈人부 3획〉
壻(서)	〈士부 9획〉		暕(인)	〈日부 10획〉
頿(자)	〈頁부 8획〉		倉(창)	〈人부 8획〉
丈(장)	〈一부 2획〉		册(책)	〈冂부 3획〉
臧(장)	〈臣부 8획〉		囅(천)	〈口부 19획〉
啇(적)	〈口부 8획〉		凸(철)	〈凵부 3획〉
糴(적)	〈米부 16획〉		僉(첨)	〈人부 11획〉
井(정)	〈丶부 4획〉		霴(체)	〈雨부 16획〉
平丁(정)	〈干부 4획〉		叢(총)	〈又부 16획〉

桱(정)	〈赤부 7획〉	丑(축)	〈一부 3획〉
兆(조)	〈儿부 4획〉	嚲(타)	〈口부 17획〉
刁(조)	〈力부 0획〉	匏(포)	〈勹부 9획〉
條(조)	〈木부 7획〉	乓(핑)	〈丿부 5획〉
糶(조)	〈米부 19획〉	罕(한)	〈网부 3획〉
丟(주)	〈一부 5획〉	函(함)	〈凵부 7획〉
胄(주)	〈冂부 7획〉	縏(혈)	〈糸부 9획〉
胄(주)	〈肉부 5획〉	化(화)	〈匕부 2획〉
粥(죽)	〈米부 6획〉	彠(확)	〈彐부 23획〉
夋(준)	〈厶부 13획〉	孝(효)	〈子부 4획〉
且(차)	〈一부 4획〉	雟(휴)	〈隹부 10획〉
奲(차)	〈大부 21획〉	釁(흔)	〈酉부 18획〉
毚(참)	〈比부 13획〉		

14. 朝鮮 主要 官織 便覽

官織	所屬官廳	官織	所屬官廳
監察	司憲府	都提調	宣惠廳 等 13個官廳과
監春秋館事	春秋館		臨時官廳
檢詳	議政府	同副承旨	承政院
檢閱	藝文館	同知經筵事	經筵
檢討宮	經筵	同知敦寧府事	敦寧府
兼文學	世子侍講院	同知成均館事	成均館
兼輔德	世子侍講院	同知義禁府事	義禁府
兼司書	世子侍講院	同知中樞府事	中樞府
兼說書	世子侍講院	同知春秋館事	春秋館
兼弼善	世子侍講院	司僉節制使	各 鎭

經歷	儀賓府·漢城府·中樞府·都摠府·義禁府·開城府·忠勳府·江華府	萬戶	各鎭
		牧使	各牧
		文學	世子侍講院
觀察使	各道	博士	成均館·承政院·承文院·弘文館·校書館
校勘	承文院		
校檢	承文院	防禦使	各道
校理	弘文院·承文院·奎章閣·校書館	別將	總虎營 기타 武官廳
		別坐	奎章閣, 校書館, 기타 寺·院·監·署·司·倉
教授	開城府·觀象監·四學 및 各州, 府	兵馬節度使	各道(1名은 觀察使가 兼職)
郡守	各郡	輔德	世子侍講院
禁衛大將	禁衛營	奉教	藝文館
記事官	春秋館	奉事	敦寧府·訓鍊院 기타 各 寺·院·監·署·司·倉
記注官	春秋館		
待教	藝文館·奎章閣		
大司諫	司諫院	傳	世子侍講院·世孫講書院
大司成	成均館	副校理	弘文館
大司憲	司憲府	副使	各 都護府
大提學	弘文館·藝文館	府守	宗親府
都事	忠勳府·儀賓府·義禁府·開城府·忠翊府·中樞府·五衛都摠府·五部·各道	副修撰	弘文館
		府尹	漢城·平壤·咸興·全州·慶州·開城·廣州·義州
都承旨	承政院	副應教	弘文館
都正	宗親府·敦寧府·訓鍊院	副正	敦寧府·義禁府·訓鍊院
副正	기타 寺·監	右侍直	世子翊衛司
副正字	承文院·校書館	右衛率	世子翊衛司
副提學	弘文館	右諭善	世孫講書院
師	世子侍講院·世孫講書院	右尹	漢城府
司諫	司諫院	右議政	議政府
司書	世子侍講院	右翊善	世孫講書院

司成	成均館	右翊衛	世子翊衛司
司業	成均館	右翊贊	世子翊衛司
司藝	成均館	右贊成	議政府
司議	掌隷院	右參贊	議政府
舌人	議政府	右通禮	通禮院
司評	掌隷院	右捕盜大將	捕盜廳
三道水軍 通制使	兵曹(慶尙道 駐屯)	虞侯	各 道
相禮	通禮院		
庶尹	漢城府·平壤府	尉	儀賓府
說書	世子侍講院	留守	黃州·江華·開城·水原
水軍節度使	兵曹(各 水軍鎭)	應敎	弘文館
守門將	守門將廳	貳師	世子侍講院
守禦使	守禦廳	引儀	通禮院
修撰	弘文館	諮議	世子侍講院
修撰官	春秋館	掌令	司憲府
侍講官	經筵	著作	弘文館·承文院·校書館
侍讀官	經筵	典簿	宗親府
兩館大提學	藝文館·弘文館	典籍	成均館
御營大將	御營廳	典籤	宗親府
令	各 署·陵	典翰	弘文館
領經筵事	經筵	正	敦寧府·宗親府·尙瑞院 및
領敦寧府事	敦寧府		監·寺·院·署·司·倉
領藝文館事	藝文館	正郎	各 曹
領議政	議政府	正言	司諫院
領春秋館事	春秋館	正字	弘文館·承文院·校書館
領弘文館事	弘文館	提擧	司饔院
右副率	世子翊衛司	提調	備邊司·訓鍊都監·御營廳·
右副承旨	承政院		禁衛營 및 臨時官廳
右賓客	世子侍講院	提學	弘文館·藝文館·奎章閣

右司禦	世子翊衛司	佐郎	各 曹
右洗馬	世子翊衛司	左副率	世子翊衛司
右承旨	承政院	左副承旨	承政院
左賓客	世子侍講院	參 校	承文院
左司禦	世子翊衛司	參 軍	漢城府·訓鍊院
左洗馬	世子翊衛司	參 奉	敦寧府·宗親府, 기타 寺·
左承旨	承政院		院·監·司·署 및 各 陵
左侍直	世子翊衛司		
左衛率	世子翊衛司	參 議	各 曹
左諭善	世孫講書院	參 知	兵 曹
左 尹	漢城府	參贊官	經 筵
左議政	議政府	參 判	各 曹
左翊善	世孫講書院	僉節制使	各 鎭
左翊衛	世子翊衛司	僉 正	敦寧府 기타 寺·院·監
左翊贊	世子翊衛司	僉知中樞府事	中樞府
左贊成	議政府	摠戎使	摠戎廳
左參贊	議政府	摠禦使	兵曹(各 鎭)
左通禮	通禮院	特進官	經 筵
左捕盜大將	捕盜廳	判決事	掌隸院
祭酒	成均館	判官	敦寧府·漢城府·尙瑞院·
主簿	漢城府·敦寧府·訓鍊院·		奉常寺·訓鍊院
	五部 기타 寺·司·院·	判校	承文院·校書館
	監·署·倉·庫	判敦寧府事	敦寧府
注書	承政院	判事	各 曹
知經筵事	經筵	判尹	漢城府
知敦寧府事	敦寧府	判義禁府事	義禁府
知成均館事	成均館	判中樞府事	中樞府
知義禁府事	義禁府	編修官	春秋館
知中樞府事	中樞府	評事	平安·咸鏡道
知春秋館事	春秋館	弼善	世子侍講院

持平	司憲府	學錄	成均館
直閣	奎章閣	學諭	成均館
直講	成均館	學正	成均館
直長	敦寧府·尙瑞院 및 寺·監·院·署	獻納	司諫院
		縣監	各 縣
直提學	弘文館·奎章閣·藝文館	縣令	各 縣
進善	世子侍講院	扈衛大將	扈衛廳
執義	司憲府	訓導	典醫監·觀象監
贊善	世子侍講院	訓鍊大將	訓鍊都監
察訪	各 驛·道		

15. 官廳 別號表

※ 太祖元年은 壬申年 西紀 1392年임

官廳名	別號	創設年	管掌事務
耆老所	耆社, 甄所	太祖 3年甲戌	優禮耆臣之所
宗親府	宗簿寺	國初	敬奉列聖御譜 御眞 封進兩宮衣襨 統領璿源諸派 宗室諸君之府
議政府	都堂, 黃閣, 都評議使司	定宗 2년庚辰	總百官 平庶政 理陰陽 經邦國
忠勳府	盟府, 雲臺, 功臣都監	太祖朝	諸功臣之府
中樞府	西樞, 鴻樞, 中樞院	太祖元年	待文武堂上之無任者
儀賓府	駙馬府	國初	尙公主· 翁主者之府
敦寧府		太宗14年	王親外戚之府
備邊司	籌司, 廟堂, 備局	明宗10年	總領中外軍國機務
義禁府	巡軍萬戶府, 義勇, 王府, 金吾	太宗14年	奉敎推鞫之事
吏曹	天官, 東銓, 典理, 文部, 選部	太祖元年	文選, 勳封, 考課之政
戶曹	地官, 地部, 倉部, 民部, 度支, 版圖	太祖元年	戶口 貢賦 田粮 食貨之政

禮曹	春官, 南宮, 儀曹, 禮部, 禮儀司	太祖元年	禮藥 祭祀 宴享 朝聘 學校 科擧之政
兵曹	夏官, 兵官, 西銓, 騎省, 軍簿, 摠部	太祖元年	武選 軍務 郵驛 兵甲 門戶 管鑰之政
刑曹	秋官, 左理方府, 右理方府典法, 刑官, 讞部, 理部	太祖元年	法律 詞訟 奴婢之政
工曹	冬官, 水府, 例作府, 修例, 工官, 工典	太祖元年	山澤 工匠 營繕 陶冶之政
漢城府	京兆	太祖 3年	京都 口帳 市廛 家舍 土田 四山 道路 橋梁 溝渠 逋欠 鬪毆 晝巡 檢戶 烙印等事
奎章閣	內閣	正祖 52年	例聖御製 及內閣經籍
校書館	藝閣, 內書, 秘書, 典校	太祖元年	印經籍 香祝 印篆之任
司憲府	栢府, 霜臺, 烏臺, 御史臺, 監察司	太祖元年	論時政 糾百官 振紀綱 正風俗 伸冤 抑禁 濫僞等事
忠翊府		國初	原從功臣之府
承政院	銀臺, 喉院	太祖元年	出納王命
掌隸院	奴婢辨定都監, 刑曹都監	太祖元年	奴隸簿籍 及決訟之事
司諫院	薇院	太宗 2年	諫諍 彈劾
經筵廳	分司, 厦氈	中宗 35年	講讀 論思之任
弘文館	玉堂, 玉署, 瀛閣, 瑞書院, 淸燕閣	成宗 9年	經籍冶 文翰備 顧問
讀書堂	湖堂	世宗 8年	
藝文館	元鳳星, 詞林苑, 文翰署, 翰林院	太祖元年	制撰詞命
侍講院	詹事府, 澄源堂, 春坊, 雷肆, 甲觀	太祖元年	侍講東宮
翊衛司	牽更寺, 桂坊	太祖元年	陪衛東宮
成均館	太學, 國學, 國子	太祖 7年	教誨儒生
尙書院	知印房, 政房, 箚子房, 符寶郎	太祖元年	璽寶 符牌 節鉞
春秋館	史官	太祖元年	記時政
承文院	槐院	太宗 10年	事大交隣文書
通禮院	司範署, 通禮門, 閣門, 中門, 鴻臚	太祖元年	朝賀 祭祀 贊謁
奉常寺	典祀署, 太常寺, 典儀寺	太祖元年	祭祀 及議謚
宗簿寺	殿中省, 宗正寺	太祖元年	錄撰璿源譜牒 糾察宗室

司饔院	尙食, 廚院, 司膳	太祖元年	御膳 及闕內供饋等事
尙衣院	掌服, 中尙, 供造, 尙方	太祖元年	供御衣襨 內府財寶
司僕寺	乘府, 司馭, 太僕	太祖元年	輿馬 廐牧
軍器寺	武庫	太祖元年	造兵器
司瞻寺	司瞻庫, 供造署	太祖元年	造楮貨 及外居奴婢貢布等事
軍資監	物藏省, 寶泉省, 小府監	太祖元年	軍需儲積
掌樂院	聲音署, 大樂監, 典樂署, 雅樂署	世祖 4年	敎閱音樂
觀象監	漏刻典, 太卜監, 太史局, 司天臺, 觀侯署, 書雲觀	太祖元年	天文 曆數 占候 漏刻
典醫監	太醫監, 司醫署	太祖元年	掌醫藥 供內用 及賜與
內醫院	尙藥, 掌醫, 奉醫, 尙醫, 藥房, 內局	太祖元年	和製御藥
司譯院	通文館, 漢文都監, 舌院, 象院	國初	譯諸方言語
繕工監	將作	太祖元年	土木營繕
宗學		太宗朝	宗室敎誨之任
修城禁火司		國初	宮城都城修築 及宮闕公廨坊里各戶救火等事
豊儲倉		國初	米豆 草芚紙地等物
廣興倉	司祿館, 天祿司, 太倉署	太祖元年	百官祿俸
司䆃寺	備用司, 料物庫, 供正庫	太祖元年	御稟 米穀 芥醬
司宰監	司津, 都津	太祖元年	魚 肉 鹽 燒木 炬火
典艦司	司水監	太祖元年	京外舟艦
典涓司		國初	涓治宮闕之任
內需司	料物庫	國初	內用米布 及雜物 奴婢
昭格署		國初	三淸星辰醮祭
宗廟署	太廟, 寢園	太祖元年	守衛寢廟
社稷署	社稷壇	太祖元年	灑掃壇壝
永禧殿	南別殿	光海 11年	奉安太祖, 世祖, 元宗, 肅宗, 英宗
景慕宮		正祖朝	守衛宮廟
濟用監	雜織署	太祖元年	進獻苧麻布 羅紗 綾緞 入染 織造

平市署		太祖元年	句檢市廛 平斗斛丈尺 低昂物貨
司醞署		太祖元年	供酒醴
典牲署		國初	養犧牲
五部	中部, 東部, 西部, 南部, 北部	國初	管內坊里居人非法事 及橋梁道路 頒火禁火 里門警守 家垈打量 人 屍檢驗等事
內資寺	大官, 膳官	太祖元年	內供酒醬 油蜜 蔬果 內宴等事
內贍寺	德泉庫	太祖元年	各宮各殿供上 及油醋 素膳
禮賓寺	倭典, 領客舍, 司賓, 奉賓	太祖元年	賓客宴享 宗宰供饋
典設司	尙舍局, 司設署	國初	供帳幕
義盈庫		太祖元年	油蜜 黃蠟 素物 胡椒等物
長興庫		太祖元年	席子 油芚紙等物
氷庫		國初	藏氷
掌苑署	內苑署	國初	苑囿花果
司圃署		國初	苑囿蔬菜
養賢庫		太祖元年	供成均館儒生米豆等物
司畜署	典廐署	太祖元年	飼雜畜
造紙署		國初	造表箋咨文紙 及諸紙地
惠民署	惠民局	太祖元年	醫藥 救活民庶
圖畫署	彩典	太祖元年	繪畫之事
典獄署	大理	太祖元年	獄囚
活人署	大悲院	太祖元年	救活都城病人
瓦署	瓦窯, 陶登局	太祖元年	造瓦甎瓦
歸厚署	棺槨色	太祖元年	造棺槨 和賣供禮葬諸事
四學	東學, 西學, 南學, 中學	太宗 11年	訓誨所管儒生

道名	長官名	地名別稱	長官別稱	觀察使營名
京畿道	觀察使, 監司	畿甸	畿伯	畿營
江原道	觀察使, 監司	關東, 嶺東	東伯	原營
忠淸道	觀察使, 監司	湖西	錦伯	錦營

全羅道	觀察使, 監司		湖南	完伯		完營		
慶尙道	觀察使, 監司		嶺南	嶺伯		嶺營		
平安道	觀察使, 監司		關西	箕伯		浿營, 箕營		
黃海道	觀察使, 監司		海西	海伯		海營		
咸鏡道	觀察使, 監司		關北	北伯		咸營		

16. 建元 對照表

朝鮮	中國	西紀	干支	朝鮮	中國	西紀	干支
太祖元年	明 太祖 洪武25年	1392	壬申	仁祖22年	淸 世祖 順治元年	1644	甲申
定宗元年	明 惠帝 建文元年	1399	己卯	〃 23年	明 福王 弘光元年	1645	乙酉
太宗元年	明 惠帝 〃 3年	1401	辛巳	〃 23年	〃 唐王 隆武元年	1645	〃
〃 3年	明 成祖 永樂元年	1403	癸未	〃 24年	〃 〃 紹武元年	1646	丙戌
世宗元年	〃 〃 17年	1419	己亥	〃 25年	〃 永明王 英曆元年	1647	丁亥
〃 7年	〃 仁宗 洪熙元年	1425	乙巳	孝宗元年	淸 世祖 順治 7年	1650	庚寅
〃 8年	〃 宣宗 宣德元年	1426	丙午	顯宗元年	〃 〃 〃 17年	1660	庚子
〃 18年	〃 英宗 正統元年	1436	丙辰	〃 3年	淸 聖祖 康熙元年	1662	壬寅
〃 32年	〃 代宗 景泰元年	1450	庚午	肅宗元年	〃 〃 〃 14年	1675	乙卯
文宗元年	〃 〃 2年	1451	辛未	〃 14年	崇禎紀元後再戊辰年	1688	戊辰
端宗元年	〃 〃 4年	1453	癸酉	景宗元年	淸 聖祖 康熙60年	1721	辛丑
世祖元年	〃 〃 6年	1455	乙亥	〃 3年	〃 世宗 雍正元年	1723	癸卯
〃 3年	〃 英宗 天順元年	1457	丁丑	英祖元年	〃 〃 〃 3年	1725	乙巳
〃 11年	〃 憲宗 成化元年	1465	乙酉	〃 12年	〃 高宗 乾隆元年	1736	丙辰
睿宗元年	〃 〃 5年	1469	己丑	〃 24年	崇禎紀元後三戊辰年	1748	戊辰
成宗元年	〃 〃 6年	1470	庚寅	正祖元年	淸 高宗 乾隆42年	1777	丁酉
〃 19年	〃 孝宗 弘治元年	1488	戊申	〃 20年	〃 仁宗 嘉慶元年	1796	丙辰
燕山元年	〃 〃 8年	1495	乙卯	純祖元年	〃 〃 〃 6년	1801	辛酉

中宗元年	″ 武宗 正德元年	1506	丙寅	″ 8年	崇禎紀元後四戊辰年	1808	戊辰
″ 17年	″ 世宗 嘉靖元年	1522	壬午	″ 21年	清 宣宗 道光元年	1821	辛巳
仁宗元年	″ ″ 24年	1545	乙巳	憲宗元年	″ ″ ″ 15年	1835	乙未
明宗元年	″ ″ 25年	1546	丙午	哲宗 ″	″ ″ ″ 30年	1850	庚戌
″ 22年	″ 穆宗 隆慶元年	1567	丁卯	″ 2年	″ 文宗 咸豊元年	1851	辛亥
宣祖元年	″ ″ 2年	1568	戊辰	″ 13年	″ 穆宗 同治元年	1862	壬戌
″ 6年	″ 神宗 萬曆元年	1573	癸酉	高宗元年	″ ″ ″ 3年	1864	甲子
宣祖25年	″ ″ 20年	1592	壬辰	″ 5年	崇禎紀元後五戊辰年	1868	戊辰
光海元年	″ ″ 37年	1609	己酉	″ 12年	清 德宗 光緒元年	1875	乙亥
″ 8年	後金 太祖 天命元年	1616	丙辰	(開國 503年)	″ ″ ″ 20年	1894	甲午
″ 12年	明 光宗 泰昌元年	1620	庚申	建陽元年	″ ″ ″ 22年	1896	丙申
″ 13年	″ 熹宗 天啓元年	1621	辛酉	光武元年	″ ″ ″ 23年	1897	丁酉
仁祖元年	″ 熹宗 天啓 3年	1623	癸亥	純宗隆熙元年	″ ″ ″ 33年	1907	丁未
″ 5年	後金 太宗 天聰元年	1627	丁卯	″ ″ 3年	″ 宣統帝 宣統元年	1909	己酉
″ 6年	明 毅宗 崇禎元年	1628	戊辰		民國元年	1921	壬子
″ 14年	清 太宗 崇德元年	1636	丙子				

17. 甲子年 一覽表

西紀	朝鮮	中國
1924	大韓民國臨時政府 6年	民國 13年
1864	高宗元年	同治 3年
1804	純祖 4年	嘉慶 9年
1744	崇禎再甲子 英祖 20年	乾隆 9年
1684	崇禎紀元後甲子 肅宗 10年	康熙 23年
1624	仁祖 2年	天啓4年

1564	明宗 19年	嘉靖 43年
1504	燕山君 10年	弘治 17年
1444	世宗 26年	正統 9年
1384	禑王 10年	洪武 17年
1324	忠肅王 11年	泰定元年
1264	元宗 5年	景定 5年(至元元年)
1204	神宗 7년	嘉泰 4年
1144	仁宗 22年	紹興 14年
1084	宣宗元年	元豊 7年
1024	神宗 15年	天聖 2年

18. 年紀 換算表

檀君紀元	=	西紀	+	2333
朝鮮開國紀元	=	西紀	−	1391
大倧教開天紀元	=	西紀	+	2457
天道教布德紀元	=	西紀	−	1857
黃帝卽位紀元	=	西紀	+	2669
孔子紀元	=	西紀	+	551
蒙古成紀	=	西紀	−	1205
佛教紀元(韓國·中國)	=	西紀	+	1207
佛教紀元(日本)	=	西紀	+	566
日本紀元	=	西紀	+	660
回教紀元	=	西紀	−	621

19. 歲陰歲陽表

種別 \ 天干	木.青.東		火.赤.南		土.黃.中		金.白.西		水.黑.北	
	甲	乙	丙	丁	戊	己	庚	辛	壬	癸
爾雅	閼逢	栴蒙	柔兆	彊圉	著雍	屠維	上章	重光	玄黙	昭陽
史記	焉逢	瑞蒙	遊兆	彊梧	徒維	祝犁	商陽	昭陽	黃艾	尚章

種別 \ 地支	子	丑	寅	卯	辰	巳	午	未	申	酉	戌	亥
爾雅	困敦	赤奮若	攝提格	單閼	執徐	大荒落	敦牂	協洽	涒灘	作噩	閹茂	大淵獻
史記	同	同	同	同	同	同	同	同	同	同	同	同
歲次	玄枵	星紀	析木	亶安(大火)	壽星	鶉尾	大律(鶉火)	鶉首	實沈	大梁	降婁	諏

20. 月名 異稱一覽

正月(寅)	元月, 端月, 泰月, 陬月, 初春, 肇歲, 靑陽, 正陽, 孟陬, 大簇, 月正
二月(卯)	如月, 令月, 麗月, 大壯月, 仲春, 酣春, 仲陽, 陽中, 夾鍾, 華朝, 惠風, 桃月
三月(辰)	花月, 嘉月, 蠶月, 病月, 晚春, 暮春, 季春, 殿春, 載陽, 姑洗, 清明, 穀雨, 中和
四月(巳)	余月, 乾月, 初夏, 孟夏, 始夏, 維夏, 新夏, 立夏, 槐夏, 麥秋, 正陽, 仲呂, 小滿
五月(午)	皐月, 梅月, 姤月, 鶉月, 雨月, 仲夏, 梅夏, 署月, 梅天, 薰風, 午月, 滿月, 蜩月, 鳴蜩, 長室, 蕤賓月
六月(未)	季月, 伏月, 季夏, 晚夏, 常夏, 災陽, 小暑, 流月, 螢月, 林鍾月, 朝月
七月(申)	涼月, 冷月, 桐月, 初秋, 孟秋, 新秋, 上秋, 流火, 處暑, 瓜月, 蟬月, 相月, 棗月
八月(酉)	桂月, 素月, 仲秋, 寒旦, 巧月, 佳月, 鴈月, 南呂, 壯月, 白露
九月(戌)	玄月, 菊月, 詠月, 剝月, 暮秋, 殘秋, 晚秋, 高秋, 霜辰, 無射, 授衣
十月(亥)	陽月, 良月, 坤月, 初冬, 孟冬, 立冬, 小春, 小陽春, 應鍾月
十一月(子)	暢月, 辜月, 復月, 仲冬, 陽復, 南至, 黃鍾, 葭月, 至月
十二月(丑)	嚴月, 臘月, 蜡月, 除月, 氷月, 涂月, 暮冬, 晚冬, 窮冬, 暮歲, 暮節, 嘉平, 大呂

안기수(安圻洙)

전북 남원에서 출생하였음.

중앙대학교 문학박사.

1997년부터 현재 남서울대학교 교수로 재직 중.

『영웅소설의 수용과 변화』(2004), 보고사.

『영웅소설의 활용과 게임 스토리텔링』(2023), 보고사.

「영웅소설의 구성원리」, 「영웅소설의 문화콘텐츠화 방안연구」 등 다수의 연구논문이 있음.

의사소통을 위한 생활한자

2024년 6월 26일 초판 1쇄 펴냄

지은이 안기수
펴낸이 김흥국
펴낸곳 보고사

책임편집 이순민
표지디자인 김규범
주소 경기도 파주시 회동길 337-15 보고사
전화 031-955-9797(대표)
팩스 02-922-6990
메일 bogosabooks@naver.com
http://www.bogosabooks.co.kr

ISBN 979-11-6587-721-7　93720
ⓒ안기수, 2024

정가 18,000원